# 统筹城乡发展概论

杨波 主编
张建华 侯永元 副主编

·北京·

## 内 容 提 要

本教材综合运用经济学、社会学、统筹学、系统论、信息论等学科知识和理论，以中国特色社会主义理论为指导，系统地总结了人类社会在统筹城乡发展中取得的重要成果与经验；以国际化视野，从纵向和横向两个维度，着力探寻我国实施统筹城乡发展战略，乡村振兴战略，构建新型工农关系、城乡关系，加快推进城乡一体化发展、城乡融合发展的规律和特点。本教材按照板块化设计的要求，全面展现了我国统筹城乡发展战略的内涵及实践成果，系统介绍了与统筹城乡发展紧密联系的我国新型工业化、新型城镇化、农业现代化的规律与特点，以及亿万人民群众在振兴乡村的伟大实践中所取得的重大进展。

### 图书在版编目（CIP）数据

统筹城乡发展概论 / 杨波主编. -- 北京 : 中国水利水电出版社, 2020.12
ISBN 978-7-5170-9105-9

Ⅰ. ①统… Ⅱ. ①杨… Ⅲ. ①城乡建设－研究－中国 Ⅳ. ①F299.2

中国版本图书馆CIP数据核字(2021)第004127号

| | |
|---|---|
| 书　　名 | **统筹城乡发展概论**<br>TONGCHOU CHENGXIANG FAZHAN GAILUN |
| 作　　者 | 杨　波　主编<br>张建华　侯永元　副主编 |
| 出版发行 | 中国水利水电出版社<br>（北京市海淀区玉渊潭南路1号D座　100038）<br>网址：www.waterpub.com.cn<br>E-mail：sales@waterpub.com.cn<br>电话：（010）68367658（营销中心） |
| 经　　售 | 北京科水图书销售中心（零售）<br>电话：（010）88383994、63202643、68545874<br>全国各地新华书店和相关出版物销售网点 |
| 排　　版 | 中国水利水电出版社微机排版中心 |
| 印　　刷 | 北京瑞斯通印务发展有限公司 |
| 规　　格 | 184mm×260mm　16开本　14印张　341千字 |
| 版　　次 | 2020年12月第1版　2020年12月第1次印刷 |
| 定　　价 | **48.00**元 |

# 前　言

2018 年 9 月，为面向新时代推进重庆广播电视大学教育的特色发展，探索重庆广播电视大学办学系统转型发展的新路径、新模式，创新重庆广播电视大学办学体系的管理体制和运行机制，激发学校办学活力，重庆广播电视大学启动了特色学院建设工作。经重庆广播电视大学批准，重庆广播电视大学和重庆市南川区人民政府以重庆广播电视大学南川分校为基础，合作共建重庆广播电视大学乡村建设学院，促进南川区统筹城乡一体化发展，培养乡村振兴所需的专业人才和新型职业农民，为南川区实施乡村振兴战略提供重要的人才支撑和智力保障。

南川区地处渝黔、渝湘经济带的交会点，是连接重庆“一小时经济圈”与渝东南的中心城市，面积 2 602 平方千米，辖 34 个乡镇（街道），约 70 万人口。南川区人杰地灵，区位优越，山川秀美，产业集聚。拥有“南方如初佛地，巴蜀第一名山”的世界自然遗产、国家 AAAAA 级风景区金佛山。城区三山聚首，三江汇流，绿化覆盖面积达 42.2%，荣膺联合国“杰出生态绿色城市”“中国十佳魅力城市”称号。从 2018 年以来，在中共重庆市委和重庆市人民政府的坚强领导下，南川区大力实施乡村振兴战略，加快建设“山清水秀旅游名城、大健康产业集聚区、全市特色工业基地”和景城乡融合发展的新南川，南川区迈进了区域发展的快车道。

为适应南川区城乡统筹发展、一体发展、融合发展的需要，推动产教深度融合，提升重庆广播电视大学乡村建设学院学生推动城乡统筹发展、实施乡村振兴战略的能力和水平，推动乡村建设学院教学内容的变革和人才培养模式改革，提升重庆广播电视大学乡村建设学院的办学特色，南川区委、区人民政府与重庆广播电视大学乡村建设学院开展校地合作办学，共同实施乡村振兴人才培养计划，为南川统筹城乡发展、实现乡村振兴与脱贫攻坚培养人才，在反复调研、多方论证的基础上，基于统筹城乡发展重在弥补农村短板的实际，以及课程知识与乡村振兴所需理论和实践知识的高度契合，乡村建设学院特编写《统筹城乡发展概论》教材，为高等学校乡土特色教材所用，供广播电视大学学生选修学习。

本教材综合运用经济学、社会学、统筹学、系统论、信息论等学科知识和理论，以中国特色社会主义理论为指导，系统地总结了人类社会在统筹城乡发展中取得的重要成果与经验，并以国际化的视野，从纵向和横向两个维度，着力探寻我国实施统筹城乡发展战略、乡村振兴战略，助力脱贫攻坚，构建新型工农关系、城乡关系，加快推进城乡一体化发展、城乡融合发展的规律和特点。本教材按照板块化设计的要求，全面展现了我国统筹城乡发展战略的内涵及其实践成果，系统介绍了与统筹城乡发展紧密联系的我国新型工业化、新型城镇化、农业现代化的规律与特点，以及亿万人民群众在振兴乡村的伟大实践中所取得的重大进展。

本教材是重庆广播电视大学特色学院教材，按照教学大纲的要求列入专业教学计划由学生选修，学生学完本课程内容经考核合格，即取得该门课程的学分。

在本教材编写过程中，编者参考阅读了大量相关文献，因篇幅有限，对于那些为编者提供了写作思路的文献作者并没能一一列出，在此向相关作者致歉并表示感谢。

对于本教材中把握不当与错漏之处，肯盼读者及专家批评指正。

**编者**

2020 年 8 月

# 目　录

# 绪 论

2019年4月15日，《中共中央 国务院关于建立健全城乡融合发展体制机制和政策体系的意见》发布实施，明确指出“我国在统筹城乡发展、推进新型城镇化方面取得了显著进展，但城乡要素流动不顺畅、公共资源配置不合理等问题依然突出，影响城乡融合发展的体制机制障碍尚未根本消除。为重塑新型城乡关系，走城乡融合发展之路，促进乡村振兴和农业农村现代化”，需要“坚持新发展理念，坚持推进高质量发展，坚持农业农村优先发展，以协调推进乡村振兴战略和新型城镇化战略为抓手，以缩小城乡发展差距和居民生活水平差距为目标，以完善产权制度和要素市场化配置为重点，坚决破除体制机制弊端，促进城乡要素自由流动、平等交换和公共资源合理配置，加快形成工农互促、城乡互补、全面融合、共同繁荣的新型工农城乡关系，加快推进农业农村现代化。”这标志着我国统筹城乡发展已进入城乡融合发展的新阶段。

统筹城乡发展，是世界各国经济社会发展必须经历的一个重要阶段。英国工业革命以来，统筹城乡发展理念历经近300年时间，并在西方发达国家取得了成功，促进了这些国家城乡一体化发展。我国从2002年提出统筹城乡发展的思路，到2008年将其确定为国家发展战略，2012年党的十八大提出城乡一体化发展，工业化、信息化、城镇化、农业现代化“四化”同步的方针，再到2017年党的十九大提出“促进农村一二三产业融合发展”，2018年国家实施乡村振兴战略，2019年中央提出城乡融合发展，在这不到20年的时间里，虽然我国统筹城乡发展取得了举世瞩目的成效，但城乡发展仍然不均衡，统筹城乡发展的任务仍然十分艰巨。2020年8月24日，习近平总书记在主持召开经济社会领域专家座谈会上就指出“要统筹好发展和安全”，这里的“统筹好发展”，自然也包含了“统筹城乡的发展”。也是在2020年8月，习近平总书记在安徽合肥召开的“长三角一体化”发展座谈会上，又再次强调“长三角”的发展，关键在“一体化”和“高质量”，显然，这个“一体化”和“高质量”就包含着统筹区域发展、统筹城乡发展的战略指导思想。在推进统筹城乡发展的过程中，我国理论界、学术界和其他社会各界，坚持从中国特色社会主义出发，从不同角度对统筹城乡发展、推动城乡融合发展开展了大量的理论研究和实践探索，取得了一系列的学术成果，促进了我国城乡关系、工农关系的改善和经济社会的快速发展。但迄今为止，无论是统筹城乡发展还是城乡融合发展，在我国都还没有形成理论化、系统化和比较完整的知识体系，因此，统筹城乡发展、推动城乡融合发展，不仅是事关中华民族伟大复兴的国家重大发展战略，也是高等学校需要深入研究、着力建设的一门全新课程。

## 一、课程特点

### （一）多学科支撑

本课程的学科归属为经济学学科，二级学科为区域经济学，其知识体系的整体建构，以社会发展理论、系统论的整体观念，统筹学的整体统一筹划的理论方法，科学发展观等学科理论为支撑，具有知识综合性、理论支撑多学科的特点。

**（二）国际化视野**

统筹城乡发展是人类社会发展必须经历的一个重要阶段，具有世界性和历史性结合的特征。在世界近现代发展过程中，各国几乎都经历过或正在经历统筹城乡发展。本课程知识体系的建构，力求用国际化的视野，来探索统筹城乡发展的规律与特点。

**（三）板块化设计**

本课程涉及的内容十分丰富，为了让学习者能够系统掌握统筹城乡发展的基本理论、基本知识和实践成果，我们在课程知识体系的建构上进行了板块化设计，即把课程内容分为三大板块：第一章至第四章着重阐述基本理论，介绍基础知识，以夯实课程的理论基础；第五章至第七章，从纵向和横向两个维度，全面展现我国统筹城乡发展战略的内涵及其实践成果，引领城乡一体化发展；第八章至第十章，分别阐述与统筹城乡发展紧密联系的新型工业化、新型城镇化、农业现代化的规律、特点，以及统筹城乡发展在我国亿万人民群众的伟大实践中所取得的重大突破。三个板块构成了本课程从理论到实践，再到专题的知识结构体系。

**（四）理论与实践结合**

本课程既有丰富的理论支撑，又有大量的实践案例和成果展现，较好地实现了理论与实践的统一，能够满足各类教育，包括高等职业教育、成人高等教育、远程开放教育和非学历培训等不同类别学习者学习的需要。

**（五）便于学习者自学**

课程以方便学习者自主学习为定位，理论阐释深入浅出，知识陈述言简意赅，知识结构脉络清晰，语言简洁流畅，同时还十分注重学习者学习成果的转化，力求兼顾不同类型学习者的特点和学习需求，强调知识性和实践性的结合。

## 二、课程学习的意义

（1）学习者通过本课程的学习，可全面了解我国实施的统筹城乡发展战略对构建新型城乡、工农关系，破解城乡二元结构，解决农村、农业和农民（简称“三农”）难题，实现城乡一体化发展，促进国家现代化建设和全面建成小康社会的重大意义，进而坚定实现中华民族伟大复兴的决心和信心。

（2）统筹城乡发展是我国亿万人民群众在新的历史时期所进行的伟大实践创新活动，学习者通过本课程的学习，可全面了解统筹城乡发展的规律和特点，掌握统筹城乡发展的理论、知识、战略、策略、方针、政策、路径、措施等，可有效提高自身参与实践的能力和自觉性。

（3）本课程知识较为丰富、综合性极强，学习者通过本课程的学习和参与相关的实践训练活动，可有效拓展知识领域，提高综合学习能力，开阔视野，有助于增强自身适应社会的能力。

## 三、课程学习总目标

根据教学大纲，要求经济学、管理学、社会学各专业的本科学生，通过本课程的学习，掌握统筹城乡发展的基本理论，学会运用系统论的整体观念、统筹学的理论方法、科学发展观和习近平以人民为中心的核心理念，指导统筹城乡发展实践。要求专科学生（高职教育、成人教育、远程教育）通过本课程的学习，了解统筹城乡发展的基础理论和知识、推动城乡融合发展的基本方法；具有一定的运用统筹城乡发展的思想和方法，参与统筹城乡发展实践活动的能力。

（1）了解统筹城乡发展的理论基础、指导思想、基本概念。

（2）了解统筹城乡发展的一般规律、主要特点、发展走势（阶段划分）。

（3）了解我国统筹城乡发展战略的形成过程、基本内涵、本质特征和主要成就。

（4）掌握我国统筹城乡发展战略的指导思想、战略目标、战略方针、战略重点、战略任务和战略措施。

（5）掌握我国统筹城乡发展的战略路径，构建新型城乡关系、工农关系的措施和办法，以及工业化、信息化、城镇化、农业现代化"四化"结合，推进城乡一体化发展的实践途径。

（6）具备初步的分析能力，对国家实施统筹城乡发展战略的本质有较为深入的理解和认知，对课程内容产生兴趣，并勇于在我国推进城乡一体化发展的伟大实践中创新。

## 四、课程学习内容

本教材坚持以政策为中心、共识性观点为基础、最新研究成果为补充的原则，尽可能地提升理论与实践的结合度。主要论述统筹城乡发展的基本理论、战略内涵、实践模式，展现实践成果。有关统筹城乡发展的社会背景、思想渊源、理论依据、基础知识，贯穿在全书之中。具体内容安排如下：

绪论介绍课程特点、学习意义、学习总目标、学习内容、教学设计、考核评价方式等，使授课教师、课程辅导教师、学习者对课程教学的总体要求、知识体系和结构有一个清晰的认知和整体性把握，为课程的教和学进行铺垫，打下基础。

第一章和第二章，重点介绍西方发达国家在统筹城乡发展中所进行的理论与实践探索，以及形成的相关理论、发展成就、经验教训和典型模式，为我国实施统筹城乡发展战略提供借鉴和启示。

第三章系统介绍我国统筹城乡发展的时代背景、内涵特点、本质要求、理论支撑、基础工程等，使学习者全面了解我国统筹城乡发展的基本理论和基础知识，进而对统筹城乡发展有较为全面深入的认知。

第四章从历史和现实两个维度，介绍我国统筹城乡发展战略产生的历史必然性，明确实施统筹城乡发展战略的主要任务和战略布局，深入认识实施统筹城乡发展战略对推进城乡一体化发展，促进全面小康社会建设，实现中华民族伟大复兴的战略意义。

第五章至第七章全面介绍我国统筹城乡发展战略的实施，并从纵向和横向两个维度展现我国实施统筹城乡发展战略所取得的巨大成就。其中第五章介绍国家统筹城乡发展的战略部署，重点介绍我国统筹城乡发展的战略措施，构建新型城乡关系、工农关系，打破城乡二元结构，破解"三农"难题，惠农扶农的战略措施和办法，以及统筹城乡发展逐步深化，"三化同步"（工业化、城镇化、农业现代化）到"四化同步"（增加信息化），在推进城乡一体化发展中所取得的伟大成就。第六章介绍重庆市作为具有省级架构的全国统筹城乡综合配套改革试验区，在统筹城乡发展，促进乡村振兴过程中取得的主要进展、基本经验、模式特征以及对全国的借鉴意义。第七章从纵向维度介绍成都市、苏州市、天津市（华明街）的统筹城乡发展，以及从横向维度重点介绍全国部分地级市统筹城乡发展取得的成绩、经验和特色，通过纵横两个维度，使学习者对我国实施统筹城乡发展战略取得的成效，有一个整体性的把握。

第八章至第十章分别用三个专题，全面介绍我国在统筹城乡发展中新型工业化、新型城镇化、农业现代化发展的背景、历程、规律、特点、路径、成效、制约因素、发展走势等，进一步贯彻落实中央以工哺农、以城带乡的统筹城乡发展方针，促进城乡一体化发展。

## 五、课程教学设计

板块化的知识架构和适应学习者自主学习的教学设计，可实现教学模式的多样化，有利于推进高等职业教育和远程开发教育人才培养模式改革，适应非学历培训的需要。

第一，有利于远程开放教育与职业教育融合。在本课程的教学过程中，高等职业教育可借鉴远程开放教育的开放学习理念和信息技术在教学中的应用经验，推动人才培养模式改革；远程开放教育可吸纳高等职业教育在实践教学中的特色，加强学习者实践技能训练，提高人才培养的质量。课程教学资源和教师的共享，还可以进一步促进教师教学思想的融合与发展。

第二，促进教育与信息技术的深度融合。本课程的教学可采取课堂教学、网上学习和远程辅导等多种方式，尤其是在教学和考核环节，组织者应充分发挥信息技术的作用，促进教育与技术的深度融合。

第三，课程内容的板块化设计，有利于按照非学历培训的需要进行分解，按专题进行教学、开设讲座等，如第四章至第六章、第八章至第十章，每章的内容都可以独立开设培训讲座。针对学习本课程的高等职业教育学生，可结合实际安排 14 周的课堂教学，安排 4 周的社会调查实践活动。

本课程除学习内容外，还在每章增加了“内容提要”“学习指导”“实践建议”“思考与测试”四个部分的内容，力求为教和学，尤其是学习者的个别化自主学习提供帮助。

1. 内容提要

“内容提要”概括浓缩了本章学习的核心内容，可以使教师和学习者看后对本章“教”什么、“学”什么有一个比较清楚的了解，帮助授课教师、课程辅导教师和学习者对本章的主要教学内容有所把握。

2. 学习指导

“学习指导”针对学习者对本章内容的学习提出了明确要求，学习者需要了解什么、把握什么、掌握什么都非常清晰明了，以帮助他们增强课程知识学习的针对性和有效性。

3. 实践建议

“实践建议”结合本章学习内容，提出了实践训练的要求，有助于促进学习者知识向能力的转化。针对高等职业教育的学生，实践建议则以实训教学的基本要求为主，教师可以根据课程教学的实际情况酌情进行安排。

4. 思考与测试

“思考与测试”是安排在每章内容之后的一些思考题和测试题。思考题不但列出了需要学习者掌握的重要知识，而且有的思考题还具有一定深度，可以帮助学习者深入思考，拓展知识，增强学习效果。测试题分为填空题和选择题两种类型，几乎覆盖了每章学习内容中需要学习者掌握的所有知识点，学习者可用来进行自我训练、复习、测试，巩固所学知识，学习者应予以高度重视。

## 六、多形式考核评价

本课程的学业考核可采取综合考核（如提交区域统筹发展的调研报告）、网上边学边考、终结性考试等多种方式进行。具体方式由院校教务管理部门决定。

## 七、教学方法建议

本课程的教学可综合采取集中授课、个别化自主学习、小组协作学习、教师集中辅导讲解的方式进行。学习者按照课程教学要求，设计个别化自主学习、小组实践学习活动，教师跟进开展教学辅导、实践指导和对课程知识学习的全面系统复习等。学习者在学习过程中，还可按照“阅读、理解、记忆、观察、思考、测试”的“六步学习法”进行个别化自主学习。

### （一）阅读

由于这是一门全新的课程，目前国内比较系统的相关文献资料还很少，因此在学习本课程时，学习者应重点阅读教材内容，从而了解课程的知识体系，把握教材内容的重点，对难点进行思考，为全面系统的学习做准备。同时，学习者还可结合时事，查阅与统筹城乡发展有关联的文献资料，以拓宽知识面。

### （二）理解

理解是掌握知识的钥匙，是在阅读基础上对知识的内化。只要具备了中等教育水平的人，都能够经过学习，理解本课程的教学内容。学习者在对课程内容进行理解和知识内化的过程中，应结合身边相关联的事物进行思考，以深化理解，帮助记忆。对不能理解的知识，应及时向教师寻求帮助。

### （三）记忆

学习任何知识都需要记忆。在本课程的学习过程中，学习者需要记忆基本知识、基本概念、知识性的重大事件的核心内容、特别重要的时间节点等内容。除特别重要的知识点需要牢记外，对主要的学习内容应进行理解性记忆。理解性记忆的关键在于把握住知识点的核心内容，由此引发对相关知识的联想，进而加深对课程知识的记忆。

### （四）观察

本课程涉及的许多内容，都是发生在我们身边的事，学习者只要稍加留意就可以发现，与统筹城乡发展息息相关的工业化、信息化、城镇化、农业现代化等各方面的信息随处可见。这些信息都可以和课程学习内容联系起来，关键是学习者要学会联系所学知识进行观察，再通过观察加强对课程知识的理解和拓展，深化知识，这对于学习和理解知识十分有利。

**（五）思考**

古人云，“学而不思则罔”。学习本课程，尤其要注意思考。教材在每章内容之后，列出了部分思考题，目的是让学习者通过思考，进一步加深对课程重要知识的理解。学习者将课程教学内容与自己的实践、所见所闻结合起来进行思考，对掌握所学知识大有助益。

**（六）测试**

测试是检测学习效果的重要环节，教材在每章末都提供了测试题，学习者在学完各章内容后进行自我测试，以判断学习的效果。在教材的最后，还给出了相关答案，供学习者对照参考，以帮助学习者个别化自主学习。

# 第一章　统筹城乡发展理论概述

**内容提要：**

统筹城乡发展理论萌芽于欧洲工业革命后的空想社会主义思想，马克思、恩格斯关于城乡融合、平等、人的全面发展思想，进一步丰富了萌芽时期统筹城乡发展的理论。乔根森等提出的城乡协调发展理论、赫希曼提出的“涓滴效应”理论、利普顿等提出的城市偏向理论、道格拉斯提出的网络和“流”等新理论，不断推动着西方统筹城乡发展理论的形成与发展。费孝通关于“城”和“乡”关系的研究，开启了我国统筹城乡发展理论研究的先河。城市中心论、农村本位论、城乡联系论、城乡一体化论思想和观点，丰富和发展了具有中国特色的统筹城乡发展理论。

**学习指导：**

把握国际统筹城乡发展理论不断丰富发展的脉络，了解城市偏向理论、“刘易斯—拉尼斯—费景汉”模型、“田园城市”思想、“涓滴效应”理论、网络和“流”等理论的特点。掌握城市中心论、农村本位论、城乡联系论、城乡一体化论等统筹城乡发展理论的基本内涵。

欧洲工业革命后，在工业化的推动下，城市得以迅速发展，城市与农村的差距也在逐渐拉大，城市和农村发展的不协调引起了空想社会主义者的注意，进而催生了统筹城乡发展理论的萌芽。随着世界各国工业化、城镇化进程的加快，城市和农村发展出现的差距引起了更多欧美学者的关注。在工业化、城市化进程中，欧洲各国和美国产生了各种各样关于统筹城乡发展的理论和思想观点，影响并推动着世界各国统筹城乡发展的实践。在国际统筹城乡发展理论的影响下，加之我国城乡经济社会发展提出的统筹发展的要求，我国统筹城乡发展的理论研究逐步走向深入，形成了一些比较有影响的理论观点，为推进我国统筹城乡发展实践奠定了重要的理论基础。

## 第一节　早期的统筹城乡发展理论

早期出现的统筹城乡发展理论中，多数并不直接以统筹城乡发展为描述内容。统筹城乡发展的思想火花，最早出现在空想社会主义的思想中，如圣西门的城乡社会平等观，傅立叶的“法郎吉”与“和谐社会”，欧文的“理性社会制度”与“共产主义新村”等，都反映了对城乡协调发展的思考。在英文和法文有关城市科学的资料中，与“城乡协调发展”概念较相近的是“城乡融合”，其含义是指 19 世纪末 20 世纪初以来西方发达国家的工业从原来的大都市向一些小城镇和以农业为主的乡村地区转移，从而形成城乡混合的新型区域，其中一些研究与统筹城乡发展理论有较为直接的关联。

早期城市规划理论研究者也注意到统筹城乡发展的必要。城市规划理论的重要奠基者霍华德提出了“田园城市”的思想；美国著名城市学家芒德福从保护人居系统中的自然环境的思想出发，提出了城乡关联发展的重要性；赖特的“区域统一体”和“广亩城”理论，都主张城乡发展应采取整体的、有机的、协调的发展模式。

马克思和恩格斯对城乡关系给予了极大关注，他们将城乡对立和在此基础上建立的城乡关系作为理论依据，对不同历史时期和社会制度下的城乡关系进行了深入的剖析，其中最为核心的内容就是在城乡实现无处不平均、无处不饱暖的愿景。马克思认为，消除城乡之间的对立依赖许多物质条件，只依靠意志是不会实现的。恩格斯最早提出了城乡相融合的思想，指出要废除旧的分工模式，进行职业教育，实行工种轮换制，使全体公民的才能得到发挥，实现人的全面发展，并共享城乡大融合带来的福利。恩格斯还指出，实现城乡融合“最为重要的是市民和农民称谓的消亡和人口不均衡现象的消失”[1]，他认为“乡村农业人口的分散和大城市工业人口的集中只是工农业发展水平不够高的表现，它是进一步发展的阻碍”[2]。对于城乡融合后未来大城市的走向，恩格斯认为，“随着城与乡的消失，大城市会走向消亡，虽然这是一个极长期的过程”；但斯大林对此有自己的看法，他认为，“城乡对立消灭以后不仅大城市不会毁灭，并且还要出现新的大城市，它们是文化最发达的中心，它们不仅是大工业的中心，而且是农产品加工和一切食品工业部门强大发展的中心。”[3] 斯大林的观点进一步调整和深化了恩格斯关于城乡发展的思想。

## 第二节　现代西方统筹城乡发展理论研究

西方各国统筹城乡发展的理论经历了一个逐步发展的过程，在 20 世纪形成了一些相当有影响力的理论思想和观点，比较有代表性的有城乡协调发展理论、城市偏向理论与批判、新的城市发展观等理论，从不同侧面支撑着统筹城乡发展实践不断深化。

### 一、城乡协调发展理论

20 世纪 60—70 年代，国际上出现了城乡协调发展理论，这一理论围绕城乡发展关系进行研究，“刘易斯—拉尼斯—费景汉”模型是这一理论的典型代表。刘易斯把发展中国家的经济结构概括为现代部门与传统部门并存，提出“二元经济”的概念和分析方法，并在此基础上建立了两部门经济发展模型，从而奠定了劳动力无限供给条件下二元经济结构理论的基础。后来，拉尼斯和费景汉把二元经济结构的演变划分为三个阶段，深化和发展了刘易斯的两部门经济发展模型，此模型也被称为“刘易斯—拉尼斯—费景汉”模型。“刘易斯—拉尼斯—费景汉”模型认为，经济增长和现代化需要“城市工业”加速的增长和向以城市社会为基础的社会转化，需要将剩余劳动力从农村农业部门转移到城市工业部门，因而城市掠夺农村的资源、资金和劳动力理所当然。

美国经济学家戴尔·乔根森于 1967 年在《过剩农业劳动力和两重经济发展》一文中，依据新古典主义（new classicalism）的分析方法，对“刘易斯—拉尼斯—费景汉”模型的“劳动力无限供给”等假设进行思考后提出了乔根森理论，认为农村剩余劳动力转移的前提条件是农业剩余。乔根森认为，当农业剩余等于零时，不存在农村剩余劳动力转移；只有当农业剩余大于零时，才有可能形成农村剩余劳动力转移。在农业剩余存在的前提条件下，乔根森又提出了一个重要假设，即农业总产出与人口增长相一致。在这种条件下，随着农业技术的不断发展，农业剩余的规模将不断扩大，更多的农村剩余劳动力将转移到工业部门。因此，农业剩余的规模决定着工业部门的发展和农村剩余劳动力转移的规模。1970 年，美国发展经济学家托达罗提出了农村劳动力向城市迁移决策和就业概率劳动力流动行为模型，他认为发展中国家的城市存在着普遍失业问题，而人口是在农村劳动力没有剩余这一条件下流动的，流动的结果不仅是城市失业人口大量增加，而且还导致农村劳动力严重不足，进而影响农业的发展，因此应该控制农村劳动力向城市迁移。

需要指出的是，托达罗的模型虽有积极意义，但也存在着明显的缺陷：

第一，托达罗假定流入城市的农村劳动力即使找不到新工作也会做临时工或完全闲置。而实际上，流入城市的农村劳动力在城市如果找不到工作，一般都会返回农村，或者赚到一些钱后，又返回到农村。

第二，托达罗假定发展中国家农村部门不存在剩余劳动力，认为农业劳动边际生产力始终是正数。因此，托达罗模型没有考虑到农村剩余劳动力的供给不断增加的问题，或者说没有考虑到发展中国家农村人口的增长率大大高于城市人口的增长率的问题。

第三，托达罗也没有看到第三产业在国民生产总值中的比重不断增加所导致的该产业，特别是传统服务业对劳动力的大量需求。由于人口集中使服务性产业效率提高，第三产业发展与城市化和城市规模成正相关关系。农村劳动力的进入为城里人提供了服务，城市人口反过来又有许多就业机会为流入城市的农村劳动力服务，二者都扩大了就业门路，增加了收入。

第四，托达罗只看到了农业发展缩小了城乡差距，缩小了迁移人口的预期收入差距，减少了农村中愿意迁往城市的人口数量，没有看到农村人口收入的增加对城市经济增长的拉动作用。

第五，托达罗模型假定发展中国家不存在剩余劳动力，而事实上广大发展中国家存在着大量的剩余劳动力。在我国，由于户籍制度和劳动人事制度对劳动力迁移的限制，导致我国剩余劳动力不能有效发挥作用。

布德维尔、谬尔达尔、赫希曼和弗里德曼等学者共同创造了增长极理论，倡导发展中国家可以通过加大对大城市中心或地区中心的资本密集型工业的投资力度，来刺激当地经济的增长，并且认为这是对社会福利的一种改进，预期这种增长会通过“涓滴效应”扩散到乡村地区。

“涓滴效应”理论由世界著名发展经济学家赫希曼提出。赫希曼认为，如果一个国家的经济增长率先在某个区域发生，那么它就会对其他区域产生作用。他把经济相对发达的“北方”的增长对经济欠发达的“南方”产生的不利和有利的作用，分别称为“极化效应”和“涓滴效应”。城市和农村是构成区域的基本地域单元，在区域经济发展初期，城市由于具有比较优势而先于农村发展起来，成为经济相对发达的地区，而农村则成为经济欠发达的地区。处于区域经济发展主导和支配地位的城市，不断地从腹地——农村地区获取一切有利于其发展的各种要素和资源，从而使城市的经济发展水平不断提高，农村的发展受到压制。许多国家和地区经济发展的实践证明了极化效应对区域经济发展所产生的影响，以及造成的城乡经济差距过大的后果。在区域经济发展的初期阶段，由于极化效应大于涓滴效应而使经济相对发达的“北方”占据优势，但从长远来看，涓滴效应最终会大于极化效应，即“北方”的发展将会带动“南方”的经济增长。所以，正确运用上述学说对于解决城乡经济发展失衡问题，具有现实的指导意义。

## 二、城市偏向理论与批判

20 世纪 70 年代以后，美国学者利普顿对城乡发展关系理论提出了批判，他认为发展中国家城乡关系的实质，在于城市人利用自己的政治权力，通过“城市偏向”理论衍生出来的理论使社会的资源不合理地流入自己利益所在的地区，而资源的这种流向很不利于乡村的发展，其结果不仅使穷人更穷，而且还会引起农村地区内部的不平等。

昂文认为，假设城乡主要差别在于它们的社会“阶级”构成，利普顿的“城市偏向”理论的主要问题在于将人口和空间合并。昂文则认为是人口，而非空间对创造城市之间的“流”起重要作用。

考布里奇认为“城市偏向”理论的症结，在于低廉的粮食价格以及其他一系列不利于农村的价格政策，偏向于城市工业的投资战略，并由此引起农村地区技术的缺乏，以及农村地区普遍存在的医疗、教育等基础设施的落后。

“城市偏向”理论的提出引发了人们对城乡发展战略自下而上探索。这一理论主要体现在广大发展中国家的工业化政策上，大部分的发展中国家，实行的都是通过剥削农业（squeeze agricultural）以发展进口替代工业化的政策。

弗里德曼和道格拉斯首次提出了乡村城市发展战略，主张通过在地方层面与城市发展相关联，以使乡村发展取得更好的效果；城镇应作为非农业和行政管理功能的主要场所，而不是作为一个增长极；本地文化应该纳入地区规划的范畴，而行政区是适当的发展单位。

## 三、新的城乡发展观理论

20 世纪 80 年代后，统筹城乡发展思想出现了根本性的分化，各种理论流派纷纷涌出。施特尔和泰勒提出了选择性空间封闭发展理论；道格拉斯从城乡相互依赖角度，提出了区域网络发展模型。道格拉斯认为“网络”概念是基于许多聚落的簇群，每一个都有它自己的特征和地方化的内部关联，而不是努力为一个巨大的地区选定单个大城市作为综合性中心。他还认为乡村的结构变化和发展，是通过一系列“流”与城市的功能和作用相联系的，并划分了五种“流”，即人流、生产流、商品流、资金流和信息流，每一种都有多重要素和效果，体现出不同的空间联系模式和利益趋向特点。为确保均衡发展目标的实现，“流”必须导向“城乡联系的良性循环”。

20 世纪 90 年代以来，经济全球化和科技的发展使城市规模得到空前扩张，处于城市边缘的乡村逐步被蚕食直至消失，城市与农村的联系更加紧密，同时，农村与城市之间发展的差异问题也引起了更多人的关注。20 世纪末，麦基在研究亚洲许多核心城市边缘及其间的交通走廊地带时发现，这种“城市与乡村界限日渐模糊，农业活动与非农业活动紧密联系，城市用地与乡村用地相互混杂”的空间形态，代表了一种特殊的城市化类型，他称之为“城乡融合”（Desakota）模式。麦基是从城乡联系与城乡要素流动的角度，研究社会与社会变迁对区域发展的影响，其着重点不在于城乡的差别，而在于空间经济的相互作用，及其对聚居形式和经济行为的影响。

进入21世纪后，与过去城乡分割发展理论不同的是，新的发展理论更加关注网络和“流”的城市偏向，关于城乡间的联系和“流”的城乡相互作用理论探讨，也因此发展起来。新的理论更注意城乡之间的联系，而不是差距。

## 第三节 我国统筹城乡发展理论研究

我国对统筹城乡发展理论的研究，始于费孝通对“城”和“乡”的研究。费孝通以乡土性为切入点，看中国“城”与“乡”的关系。他认为：“从基层上看去，中国社会是乡土性的。我说中国社会的基层是乡土性的，那是因为我考虑到从这基层上曾长出一层比较上和乡土基层不完全相同的社会，而且在近百年来更在东西方接触边缘上发生了一种很特殊的社会。”[4]

美国著名历史学家费正清认为：“一直以来中国存在两个社会，一个是以农业生产为根本的乡村社会，一个是垄断权势及其他社会优势资源的城市社会。”[5] 高文杰研究发现，世界上界定城乡的标准无外乎人口多少、行政区域划分、主要职业占比、产业比例等。他认为，行政区划标准是主导，按此种标准，城市包括县城及其以上的地区，乡村则是县城以下的广大的乡镇和农村。

林贤郁则认为按照国务院关于城市乡镇的有关规定及我国的行政区划，在城市和乡村的实际划分下，则分为两部分。城镇包括城区和镇区，乡村则指乡中心区和村庄。张承良研究了中国关于城镇地区的界定在20世纪50年代、60年代和80年代的3次改动，现在通行的城镇划分做法确立于20世纪80年代，它的评价标准是城镇非农业人口一定要多于6万，国民生产总值要超过2亿元人民币，人口少于6万时，那么该地区必须是重要的工矿产业基地或者是省市镇政府部门驻地，或者是大规模的物流集散地，又或是位于边远地区的重要城镇。

雷海章提出，农村是一个历史的、变化和发展的概念。现代农村已不仅是指以农业生产为主的广大区域，而已成为具有特定的政治、经济、文化特征的综合体。农村是与城市相对而言的地域，是生产、生活集聚度较低，又有特定自然风貌的地区。还有一些学者认为，中国城乡界定的主要标准是户籍因素，是城市还是乡村，主要看农业和非农业户口的占比。南方的一些农村工业经济产值往往超过西部一个县或地区的乡镇，但因为居民和劳动者大多是农业户口，所以这些地方也只能算是农村地区。[6]

近年来，我国不少学者紧紧围绕统筹城乡发展研究，产生了一些重要的理论观点和成果，这些研究虽然侧重点不同，但都蕴藏着一个共同的内涵，即城乡统筹主要包括经济和社会两大方面，涵盖了城乡地位平等、城乡开放互通、城乡优势互补、城乡协调发展四个方面的要求。把城市与农村纳入统一的社会经济发展大系统中，打破城乡分割局面，实现资源要素在城乡的合理配置，逐步消除城乡二元结构，缩小城乡差距。我国学者关于统筹城乡发展的思想观点和理论，概括起来主要有城市中心论、农村本位论、城乡联系论、城乡一体化论四个方面。

## 一、城市中心论

城市中心论强调"城市—工业"的重要作用，发挥城市对农村的辐射带动作用，主张跳出"就农业论农业，就农村论农村"的传统思维局限，将新农村建设与城镇化相结合，通过城镇化促进城乡经济相融，推进城乡统筹发展。

城市中心论以佩鲁的增长极理论和弗里德曼的"核心—外围"理论为基本思想来源，主张增强城市中心的能量辐射农村地区，对以城带乡、以工哺农具有积极的指导意义；但集聚不经济的存在将造成城市扩张受到合理边界的约束，而且增长极的极化周期长，极化效应往往强于涓滴效应，将制约农业和农村本身的发展，不符合城乡统筹的本质要求。支持城市中心论的代表主要有王德勇、周国富、朱宝树、王新哲、王瑾等学者。

## 二、农村本位论

农村本位论认为统筹城乡发展不只是靠工业化来解决农业问题，不只是靠市民化来解决农民问题，不只是靠城镇化来解决农村问题，不能把农业和农村仅当作工业化和城市化的工具，而应该把农业和农村当作和工业化、城市化既独立又密切联系的目标，从政策层面上转变过去我国实行的重工轻农的工业化发展战略，通过政策倾斜调整农村发展的视角，转变目前农业为弱质产业、农民为弱势群体的格局，从调整农村内部结构入手，提高农业生产能力，大力发展农村经济。

农村本位论强调以农业和农村本身的发展来缩小城乡差距，有利于农村生产和生活条件的改善，强化了农业和农村的地位，但忽视了农村分散化的弊端，忽略了城市对农村的辐射带动作用，进而限制了利用工业化和城市化的成果来加速发展农业和农村。支持农村本位论的主要代表有张青霞、蒋永穆、戴中亮等学者。

## 三、城乡联系论

城乡联系论摒弃了传统的城市化理论，从城乡关联视角分析，指出通过加强城乡联系来统筹城乡发展，提出强调城镇网络化水平、强化基础设施网络化功能、加快产业网络化进程、健全市场网络化体系的城乡网络化模式，主张通过人流、物流、软件流、资金流等要素促进城乡二元结构的转变和城乡之间的协调发展，以切实推进城乡统筹战略的实现。

城乡联系论认为城乡是不可分割的一个整体，强调城乡双向互动的重要性，打通城乡联系的通道对找准统筹城乡发展的切入点有重要意义。支持城乡联系论的代表主要有高云虹、曾菊新、方丽玲、陈晓红、宋玉祥等学者。

## 四、城乡一体化论

城乡一体化论指出城乡统筹发展是把城乡进行一体化整合，使城市和农村成为一个共同发展的有机整体，通过城乡间的资源和要素的自由流动，通过城乡产业分工一体化、基础设施建设一体化、教育卫生和社会保障等公共服务一体化，实现城乡的经济、社会、文化、政治等全面协调发展。

城乡一体化论以城乡联系论思想为基础，站在国民经济的高度，把城市和农村纳入整个经济社会大系统的框架中统筹兼顾。城乡一体化不是乡村都城市化，也不是把城市变成乡村，而是在保留“城”与“乡”各自特点的基础上，创造平等统一的新型城乡关系，营造城乡相互融合、双向演进的协调发展氛围，促进城市和农村的共同发展。支持城乡一体化论的主要代表有黄新萍、谭义英、林凌、姜作培等学者。

**(一) 制度创新论**

制度创新论认为要实现统筹城乡发展，必须改革城乡分割的体制，建立适宜城乡协调发展的机制，包括统一城乡制度，完善经济法保障城乡统筹战略的实施等。

制度改革在城乡统筹发展中的重要地位，在学术界和政策界基本上没有受到过异议和质疑，制度创新论在理论层次上论证了制度在城乡统筹发展中的意义，并阐述了城乡制度体系的建设内容，为城乡统筹发展战略的推行找准了突破口。支持制度创新论的代表主要有韩俊、杨晓达、张莉等学者。

**(二) 人本论**

人本论将“以人为本”作为统筹城乡的发展宗旨，重视农村劳动力转移，注重积累留守农民的人力资本（知识技能、卫生健康、福利和文化观念等），以牵动城乡统筹发展全局。

人本论指出实现农村居民与城镇居民享有平等的福利是统筹城乡发展的最终目标，强调农民在统筹城乡发展中的主体地位——统筹城乡发展的主力军和最终归宿点，明确了城乡发展战略的核心精神。支持人本论的代表主要有姜作培、黄陵东等学者。

除上述主要观点外，针对城乡统筹发展战略，国内学者还指出了政府主导、统一的城乡规划、外来投资及城乡居民的利益追求等诸多方面对城乡统筹发展的作用。

## 参 考 文 献

[1] 孙璐．统筹城乡发展理论国内外研究综述［J］．菏泽：菏泽学院学报，2013（35）1：84.

[2] 马克思，恩格斯．马克思恩格斯全集：第一卷，第三卷［M］．北京：人民出版社，2003：57.

[3] 马克思，恩格斯．马克思恩格斯全集：第一卷，第三卷［M］．北京：人民出版社，2003：222.

[4] 费孝通．乡土中国［M］．北京：北京出版社，2005：5.

[5] 费正清．美国与中国［M］．北京：世界知识出版社，2008：46.

[6] 孙璐．统筹城乡发展理论国内外综合研究［J］．菏泽学院学报，2013，35（1）：84－87.

## 思 考 与 测 试

**一、思考题**

1. 国外统筹城乡发展产生了哪些重要的理论观点？

2. “涓滴效应”理论对指导我国统筹城乡发展有什么指导意义？

3. 我国在统筹城乡发展中形成了哪些重要的理论观点？

**二、测试题**

（一）填空题

1. 统筹城乡发展理论（　　）于欧洲工业革命后的空想社会主义思想。

2. 城市规划理论的重要奠基者霍华德提出了（　　）的思想。

3. 恩格斯最早提出了（　　）的思想，指出要废除旧的分工模式，进行职业教育，实行工种轮换制，共享城乡大融合带来的福利，使全体公民的才能得到发挥，实现人的（　　），并共享城乡大融合带来的福利。

4. 刘易斯把发展中国家的经济结构概括为现代部门与传统部门并存，提出（　　）的概念和分析方法，并在此基础上建立了（　　）经济发展模型。

5. 乔根森认为，当（　　）等于零时，不存在农村剩余劳动力转移；只有当农业剩余大于零时，才有可能形成农村（　　）转移。

6. 赫希曼认为，如果一个国家的经济增长率先在某个区域发生，那么它就会对其他区域产生作用。他把经济相对发达的“北方”的增长将对经济欠发达的“南方”产生的不利和有利的作用，分别称为（　　）和（　　）。

7. 美国学者（　　）对城乡发展关系理论提出了批判，他认为发展中国家城乡关系的实质，在于城市人利用自己的政治权力，通过（　　）理论的相关政策，使社会的资源不合理地流入自己利益所在的地区。

8. 进入21世纪后，与过去城乡分割发展理论不同的是，新的发展理论更加关注（　　）和（　　）。

9. 我国对统筹城乡发展理论的研究，始于费孝通对（　　）和（　　）的研究。费孝通以（　　）为切入点，看中国“城”与“乡”的关系。

10. 美国著名历史学家费正清认为，一直以来中国存在两个社会，一个是以农业生产为根本的（　　）社会，一个是垄断权势及其他社会优势资源的（　　）社会。

11. 一些学者认为，中国城乡界定的主要标准是（　　）因素，是城市还是乡村，主要看农业和非农业户口的占比。

12. 城市中心论以佩鲁的（　　）理论与弗里德曼的“核心—外围”理论为基本思想来源，主张增强城市中心的能量辐射农村地区，对（　　）、以工哺农具有积极的指导意义。

13. 城乡联系论认为城乡是（　　）的一个整体，强调城乡（　　）的重要性，重点从打通城乡联系的通道入手，对找准（　　）发展的切入点有很大的启发意义。

14. 城乡一体化论以（　　）论思想为基础，站在国民经济的高度，把城市和农村纳入整个经济社会（　　）的框架中统筹兼顾。

15. 制度创新论在理论层次上论证了制度在（　　）中的意义，并阐述了城乡制度体系的建设内容，为城乡统筹发展战略的推行找准了（　　）。

（二）单项选择题

1. 统筹城乡发展的理论最早萌芽于（　　）。

A. 涓滴理论　　B. 空想社会主义思想　　C. 增长极理论　　D. 人本论

2. 傅立叶的“法郎吉”与“和谐社会”，欧文的“理性社会制度”与“共产主义新村”等，都反映了（　　）的思考。

A. 城乡协调发展　　B. 城市偏向发展　　C. 农村自主发展　　D. 以城带乡发展

3. 布德维尔、谬尔达尔、赫希曼和弗里德曼等学者共同创造了（　　）理论。

A. 涓滴效应　　B. 网络与流　　C. 增长极　　D. 城市偏向

4. 农村本位论强调以农业和农村本身的发展来缩小（　　）。

A. 区域差距　　B. 城乡差距　　C. 东西部差距　　D. 农村差距

5. 制度创新论认为要实现城乡统筹，必须改革（　　）的体制，建立适宜城乡协调发展的机制，包括统一城乡制度，完善经济法保障城乡统筹战略的实施等。

A. 城乡协调　　B. 城乡分割　　C. 城乡一体　　D. 城乡发展

答案见第 208 页“附录　测试题参考答案”。

# 第二章　国外统筹城乡发展的模式

**内容提要：**

模式是描述客观事物内在机制及相互间的本质联系的简化形式。发达国家在统筹城乡发展的过程中形成了一批较有代表性的发展模式。

英国是世界上最早推进城市化的国家，在统筹城乡发展中经历了单一城市化、单一乡村建设等阶段，最终形成了以市场为主导的英国统筹城乡发展模式，并在保护乡村环境和文化方面形成了自己的特色。经济和人文发展指数名列前茅的挪威，在统筹城乡发展中采取资源下放、扶持生产和财政补贴等措施，支持农村和落后地区发展，缩小城乡差距，实现了城乡一体化，被国际社会公认为是民主化程度最高、人民生活最舒适、社会最有活力的国家。美国充分利用农业资源富足和工业发展条件好两大优势，在统筹城乡发展中走出了城乡同时发展的美国道路。日本在统筹城乡发展的过程中，特别重视农村和教育发展，培育国家核心竞争力，逐步形成了以政府为主导，优先发展工业的模式。韩国在统筹城乡发展的过程中，建立了以农业现代化和跨越式工业化发展战略为支撑的韩国城乡统筹发展模式。

对农村、农业、农民的关注，是发达国家统筹城乡发展的共同特点。如英国大力开展“中心村”建设计划，注重乡村环境治理，突出乡村文化特色，对保护乡村环境的经营活动实行政府补贴；挪威以不均衡战略改善“三农”状况；美国建立完善的土地法规；日本开展造村运动；韩国实行“新村运动”计划；等等。

西方发达国家在统筹城乡发展的过程中取得的经验，对我国实施统筹城乡发展战略具有重要启示。如充分发挥政府的主导作用，实施强有力的政府干预；制定城乡协调发展的相关法律，通过立法扶持弱势地区发展；采取多种支农惠农经济措施，减轻农民负担，提高农民收入；重视农村基础设施和社会事业建设，改善农村的生产和生活条件；建立完善的政府和民间组织，发动社会力量广泛参与；等等。

**学习指导：**

了解英国、挪威、美国、日本、韩国统筹城乡发展模式的特点，分析上述国家重农、助农、惠农的措施和办法。掌握日本统筹城乡发展的特点和国际经验对我国统筹城乡发展的启示。

**实践建议：**

分小组对中国和日本统筹城乡发展的环境条件进行分析，以小组为单位提交1000字左右的分析报告。

关于“模式”的定义，英国传播学家丹尼尔·麦奎尔认为，“模式……表明任何结构或过程的主要组成部分以及这些部分之间的关系”[1]。也就是说，某一被研究对象的主要因素、结构及其转换关系、相互作用的原理可以用一种有意义的简化形式进行描述。美国著名比较政治学家比尔和哈德格雷夫在研究了一般模式后，认为“模式是再现现实的一种理论性的、简化的形式”。由此有学者认为：“模式是对客观存在事物的内在机制以及事物间的本质联系所进行的简化性、直观性描述形式。”[2] 我国社会学家费孝通在 20 世纪 90 年代初就认为：“模式是从发展方式上说的，因为各地的乡镇所具备的地理、历史、社会、文化等条件不同，在向现代经济发展的过程中采取了不同的路子。不同的路子就是我们所说的不同发展模式。”他在对温州进行考察后对“发展模式”概念有了更深一步的认识，明确了它的意义：“在一定地区、一定历史条件下，具有特色的发展路子”[3]。世界各国在统筹城乡发展中，也形成了一些具有典型意义的模式，值得我们借鉴。

## 第一节　英国统筹城乡发展的模式

英国是世界上早期推进城市化的国家之一，第一次工业革命就爆发于英国，城市化始终伴随着英国工业化的脚步。17 世纪时，英国就有一半的农民在农闲时从事工业生产，无形中加快了英国的城市化进程；19 世纪时，英国的城镇人口已占据全国总人口的 33%；到了 20 世纪，英国的城市化程度已达 90%以上[4]。可以说，英国推动工业化、城市化、现代化的速度十分惊人。但是，在城市化进程中，英国和其他国家一样，不可避免地出现了“城市病”弊端，由此产生了许多社会问题，对比城市的加速发展，农村的发展显得十分落后，城乡之间的差距越来越大。

在城市化、工业化、现代化进程中，英国的乡村经历了“先冷后热”的过程。第二次世界大战后，伴随着城市化、工业化、现代化的发展，英国乡村的人口不断向城市聚集，致使乡村人口大量减少，乡村建设处于无人问津的境地。城市化带来的问题引起了政府的注意，政府开始关注城市周边的发展，城市周边又开始聚集一些人口，乡村的发展有了新的契机。

20 世纪 50 年代，英国政府意识到城市和乡村不能分开搞建设。为了把城市和乡村的建设结合起来，英国开始建设“中心村”，针对乡村开展了大规模的发展规划运动，缓解城市和乡村发展之间的矛盾，改善乡村人口不足、基础设施薄弱等状况。为了最大可能地发挥乡村的经济作用，使乡村成为新的经济增长中心，政府制定了综合性的政策规划，完善“中心村”的基础设施和服务设施，为乡村人口提供居住、就业条件，促进乡村人口向“中心村”转移。

到了 20 世纪 70 年代中期，单一化发展的乡村又出现了政治、经济、文化等方面新的社会问题，阻碍了英国经济的发展。在单一化乡村建设受阻后，英国政府开始调整针对“中心村”的发展策略，改过去单一化的大规模发展模式为“中心村”结构发展模式，即不再按照统一框架模式建设所有的“中心村”，而是让“中心村”按照自己的要求去发展，各个地区可以根据自身的特色和特殊情况来发展，因此才有了现在英国乡村欣欣向荣的景象[4]。

保护乡村环境和乡村文化，是英国统筹城乡发展的重要特色。工业革命爆发后，英国面临着工业发展带来的严峻的环境问题，如今在英国乡村随处可见的优美景色，与英国政府注重乡村环境和乡村文化特色保护有很大关系。1949 年，英国政府就颁布了《国家公园和享用乡村法》(*National Parks and Access to the Countryside Act*)，通过法律来保护英国乡村的传统文化。英国政府重视乡村文化特色保护，英国乡村的老房子、老教堂等都保持着乡村的原汁原味。同时，英国政府还鼓励和扶持具有地方特色的农产品生产和经营，以此保护地方传统文化。现在，英国的每个乡村都有自己的专属特色。英国的乡村还有许多稀奇古怪的节日，以吸引城里人来乡村休闲娱乐。政府也借此建立了许多乡村协会和俱乐部，希望与国民共同努力来维护乡村的特色。除英国政府之外，致力于保护乡村文化特色的还有许多民间组织，英国乡村保护协会（Campaign to Protect Rural England，简称 CPRE）就是其中的一个。这个组织在英国已有 90 多年的历史，在英国乡村受到巨大的摧残之后，人们开始通过这个组织去重新思考乡村存在的意义，发掘乡村的传统文化，并保护能与城市现代文化并驾齐驱的乡村传统文化，使城市和乡村可以融为一体。可以说，英国乡村保护协会在保护英国乡村传统文化方面作出了重要贡献。

英国政府还非常注重农业和农民的发展。在工业化程度非常高的英国，农业虽然在英国整个国民经济中所占的比例非常低，但并没有因此受到轻视。英国对本国农业实行补贴和支持保护的政策，如开展农业基础设施建设，改善农业生产条件，提高农业生产力，对农产品给予适当补贴，对进口农产品实行强制性的关税等。在英国，农民的地位非常高，最低工资标准受到国家法律的保护，法律给农民生活提供了保障。英国政府还对农民保护环境性的经营给予适当补贴，可以说这是英国在实现城乡一体化过程中的最大亮点[5]，这项政策的实施，使保护环境的效果十分显著。

建立在资本主义工业处于世界领先地位特定历史时期的英国统筹城乡发展模式，一个十分重要的特点就是强制性产生剩余劳动力。由于城市工业发展十分迅速，有足够吸纳新生劳动力的能力，乡村人口大量向城市转移，农业用地被大量侵吞，农村地区日益荒凉，城乡差距不断扩大。城乡发展不平衡的矛盾，在一定程度上阻碍了经济的发展，造成了大量的社会问题。把城市问题与乡村问题合并解决的城市规划和“中心村”建设，催生了英国的“田园城市”构想，并在全国范围内形成了城乡规划的共识。1948 年，英国制定了《城乡规划法案》，建立了世界上第一个完整的城乡规划体系，设立了从地方到中央独立的城乡规划管理机构。同时，英国还通过立法为政府干预和指导城市问题的治理、引导城乡有序发展提供了法律依据与行动框架。

以市场为主导的英国统筹城乡发展模式，是资本逐利行为的结果，具有交易成本低、城乡发展差距小、城乡融合稳步推进等优点。只有在国家的工业发展水平居于世界领先地位，面临的国际竞争较弱，国际、国内市场对工业产品需求十分旺盛，城市工业能够持续创造新的工作机会并不断产生吸纳农业剩余劳动力的能力等诸多条件下，这种模式才可能成功。

## 第二节　挪威统筹城乡发展的模式

挪威是北欧国家，面积 38.5 万平方千米，人口 529 万人，经济和人类发展指数均居世界前列。据挪威国家统计局公布的最新数据显示：2018 年，挪威国内生产总值（gross domestic product，GDP）总值为 35 356 亿挪威克朗，折算美元约为 4 343.92 亿美元，人均 GDP 达 8.15 万美元。[6] 在联合国开发计划署 2017 年公布的“全球最适宜居住国家”的 10 个国家中，挪威位居榜首。进入 21 世纪的挪威已经被国际社会公认为民主化程度高、人民生活舒适、社会具有活力的国家之一。

20 世纪初，挪威 70%的人口生活在贫困之中。第二次世界大战结束后，挪威城乡和区域发展不平衡问题开始显现。20 世纪 60 年代，挪威城乡居民收入差距一度达到 3∶1 以上，城乡发展严重失衡。大量农民因此流向城市，社会结构性失业严重。从 20 世纪 60 年代开始，挪威政府将“三农”问题作为改善区域发展不平衡的重要内容，采取了一系列的对策和措施缩小城乡差距，如 1960 年实施的“地区发展计划”、1970 年实施的“北挪威发展计划”和“道级发展计划”，以及 1980 年实施的“应急项目”等。

在推进城乡统筹发展的过程中，挪威政府采取资源下放、扶持生产和财政补贴等方式，不惜重金支持条件艰苦的农村地区。一是平衡中央和地方之间的税收收入水平，不断扩大政府财政转移支付规模，推动农村地区的经济发展。从 1973 年开始，挪威政府开始对农业采取投资倾斜政策，政府的农业年投资额是其他产业投资额的 2～3 倍，1977 年甚至达到过 4 倍。二是十分重视农业和农村地区的可持续发展。在制定农业政策时充分考虑环保要求，建立相应的环保监控系统，对环保执行情况进行系统的年度评估。三是不断完善农村基础设施，在全国提供城乡统一的基础设施和公共服务，公共服务不断向农村倾斜，带动了农村地区第二、三产业的发展，解决了一大批人的就业问题。

经过几十年坚持不懈的努力，挪威经济社会发展取得了显著成就。到 20 世纪末，挪威经济和人类发展指数在世界各国中名列前茅，已经基本消灭了城乡差别，农村地区居民的收入水平、生活条件、社会福利水平及可持续发展能力均不低于城市居民。据“统计挪威”（Statistics Norway）的数据显示，“2019 年，挪威的城市化率已达 87%，农业劳动力占全国就业人口的比例从 20 世纪 50 年代的 43%下降到 1.7%。从失业率看，挪威自 20 世纪 80 年代起就成为欧洲乃至世界发达国家中失业率最低的国家，CEIC 提供的挪威失业率数据处于定期更新的状态，2008 年 4 月的 2.40%为历史最低值。即使是在新冠肺炎疫情最严重的 2020 年 6 月，其失业率也仅为 5.2%[7]，大大低于欧洲的平均水平。

从社会人文发展指数来看，挪威的城乡居民在入学、就医和享受退休金保障方面已经没有明显的差别。从 20 世纪 90 年代开始，挪威各种社会人文发展指数开始进入世界前列。1998 年，挪威的综合入学率已达到 100%，成人识字率达到 99%，出生人口预期寿命接近 80 岁（其中女性 82.22 岁，男性 76.15 岁）。挪威不仅向本国的全体国民开放免费高等教育，而且也向外国公民开放免费高等教育。挪威在城乡基础设施建设和公共产品、公共服务提供方面已经实现了城乡一体化，城乡居民可以平等享受来自政府的公共服务，即使是在居民完全散居的乡村，在服务半径 5km 以内，居民就可以享受综合商社、电影院、游泳池、垂钓中心、足球场等公共服务与休闲设施。挪威的城乡协调发展不仅仅表现在不同居住类型的居民能够享受到完全相同或相近的经济收益、物质福利和生活设施；更为重要的是，他们可以享受相同的民主权利和发展机会。挪威有非常简洁的国家政治架构和高度透明的政治运作体系，所有的公民均具有相当的社会参与能力并获得完全平等的社会参与机会。作为传统意义上的弱质产业和弱势群体——农业和农民，在挪威的政治舞台上有着相对强大的影响力。2017 年 9 月的挪威新一届议会选举中，中左阵营的工党获得

49 席，同属中左阵营的中间党和社会主义左翼党的支持率有所上升，分别获得 18 席和 11 席[8]，而中间党的前身就是农民党。农民党代表的社会利益群体（农、林、渔就业人口）占全国总人口的比重虽小，但在挪威政坛上影响很大。

## 第三节　美国统筹城乡发展的模式

美国是建立在一片新大陆之上的国家，最初面临的问题是国土面积广袤而人口太少，因此美国的农业土地政策以促进美国农业规模化经营为主。1785 年，美国颁布了第一个土地法规。根据该法规设立的联邦机构负责丈量和出售公有土地。按照规定将土地划分成区，每区占地 36 平方英里（1 平方英里≈2.58 平方千米），再把每区划分成 36 块，指定第 16 块用于发展公共教育事业，其他的地块出售。区的一半以整块出售，另一半以 640 英亩（1 英亩≈0.004 平方千米）为单位出售，每英亩售价仅为 1 美元。1787 年联邦会议在通过的《西北土地法令》中进一步完善了上述规定。1862 年，美国政府颁布了《宅地法》，规定凡是连续耕种国有土地 5 年的农户，或年满 21 岁的美国公民，或已递交入籍申请者，只需缴纳 10 美元证件费即可获得 160 英亩国有土地的所有权。1873 年，联邦政府又通过了《育林法》，该法规定对愿意植树 40 英亩的家庭另外授予 160 英亩土地。5 年后，《育林法修正案》又把植树面积减至 10 英亩。1877 年，政府颁布了《荒地法》，规定每个移民按每英亩 1.25 美元的地价预付 0.25 美元即可占地 640 英亩。1891 年，美国政府又通过了《土地修正法》，制定公共土地的大规模私有化政策。此后，美国政府还颁布了《森林保护条例》。以上法律制度推动美国形成了家庭农场大规模化的农业生产方式。

美国和英国一样，也是开展工业革命较早的国家，在解决二元经济及城乡统筹发展问题上取得了成功。在美国，政府很少干预经济，主要由市场自由配置生产资源。还在工业化的早期，美国的资本就开始在农业领域寻求利润，农业与工业的差距并不大，随着工业化的推进，农业也逐步实现了现代化。在统筹城乡发展过程中，美国主要加强了以下几个方面的工作：

一是建立完善的农业保护政策体系促进农业发展。美国始终重视强化农业作为第一产业的地位，政府采取多种措施对农业直接进行扶持。如通过保护性收购政策和目标价格支持相结合的做法来稳定和提高农民收入，通过所谓生产灵活性合同和反周期补贴等形式给予农民直接补贴。在美国联邦财政补贴项目拨款上，联邦政府还要求当地政府拿出一定比例的配套资金扶持农业发展。

二是加强农村基础设施建设和社会事业建设。美国自 20 世纪 30 年代以来，一直重视农村的道路、水电、排灌等基础设施及教育、文化、卫生等社会事业建设，目前大部分乡村的基础设施和公共服务与城市相差无几。如 2000 年，美国农村公路里程就已达 300 多万千米，占全国公路总里程的一半，虽然承担的运输强度不大，但在经济和社会发展方面起到了重要作用。

三是健全推进统筹城乡发展的法律体系。从 20 世纪 50 年代后期起，美国政府就制定了一系列优惠的郊区税收政策，鼓励工厂和居民从都市迁往郊区。

我们必须清楚地看到，美国城乡统筹发展也是由资本逐利行为引导完成的，这种资本逐利行为同时在工业和农业中展开，实现了农业和工业的同时发展。如果农业和工业发展都有利可图，资本肯定会不断地在二者之间转移以追求高额利润，这样就自然而然地促进了统筹城乡的发展。从上述分析中不难发现，美国统筹城乡发展的模式有两个关键点：一是农业资源富足，二是工业发展条件较好。农业资源富足确保了农业在支持工业发展的同时，自身还有很多剩余，可以为从事农业生产的经营者提供社会平均利润；工业发展条件较好，有利于产生持续的工作岗位，促进劳动力转移。美国拥有广袤的国土面积，富足的耕地，而人口相对较少，人均农业资源十分丰富，为农业发展提供了十分有利的条件。美国工业革命虽然比英国晚起步几十年，但并不落后英国很多。而且，美国拥有经济规模发展基数大、自然资源丰富等优势，在工业发展的道路上一路高歌猛进，迅速超过了英国等国家，成为世界头号资本主义工业国。美国正是凭借农业和工业两方面的优势，走出了城乡同时发展的美国道路。

## 第四节　日本统筹城乡发展的模式

日本国土面积狭小，人均耕地面积少，为了实现经济腾飞，针对本国情况制定了较符合国情的土地制度。日本建立土地制度分为两个阶段：第一阶段主要是建立自耕农制度，第二阶段是建立促进农业规模化生产的土地制度。

第一阶段的土地制度确立了日本的小农生产形式。1950 年，日本政府颁布了《农地法》，规定了农户拥有土地的最高限额和出租土地的最高限额，超出的土地必须按地价卖给政府，而政府又以地价转卖给其他少地的农户。《农地法》严格限制土地集中，规定只有自由土地在 3 公顷以下的农户才能购买土地。这一法案将日本土地从封建地主手中解放了出来，农民获得了土地，建立起小农生产形式。

第二阶段的土地制度主要是为了促进土地集中和农业规模化经营。日本政府在 1961 年颁布的《农业基本法》，明确把调整土地经营规模作为农业政策的主要目的。1962 年，日本政府对《农地法》进行修改，放宽农户拥有土地的上限，规定在自家劳动力耕作的情况下，自由土地可以超过 3 公顷。1970 年和 1982 年，日本又对《农地法》进行了修订，核心内容是放宽对土地租赁的限制，实行地租自由化。1980 年，日本政府颁布了《农地利用增进法》，主要内容是鼓励土地经营权流转，促进土地集中连片经营等。

从 1961 年起，日本政府采取了一系列措施来消除城乡经济社会发展中的差距。

一是加强农村基础设施建设。政府运用公共财政加大对农业生产基础设施整治、农村生活环境整治，以及农村地区的保护与管理的投资，加强城乡之间的物质和信息联系，促进农业生产率的提高。

二是发展农村基础教育和职业教育。除了普及高中教育外，政府还特别重视农村职业技术教育。职业教育的发展，不仅为农业、工业和服务业等产业提高效率夯实了基础，也促进了农民的顺利城市化。

三是大力发展各类农业协会。几乎每个市町村都设有农业协会（简称“农协”），农协提供的服务涉及农户生产、生活的各方面，甚至在很多地方取代了政府，承担着提供公共服务的功能，为提高农业劳动生产率和农民的生活质量发挥了积极作用。

四是建立城乡一体化的社会保障体系。日本农村基本上建立起了以医疗保险和养老保险为主的农村社会保障体系，形成了城乡一体化的国民公共医疗和养老保险体系。

日本在统筹城乡发展中，逐步形成了以政府为主导，优先发展工业的模式，一方面在城市聚集发展工业，另一方面又将一部分工业分散到农村地区，利用当地低廉的劳动力资源和原材料就近生产，使工业发展获得低成本优势。农村地区工业的发展，使农民获得了兼职机会，增加了农民的家庭收入，使农民获得了购买农业机械的资金，进而为农业的机械化生产提供了资金条件。农民就近就可获得兼业机会，大大减少了农村劳动力涌向城市对城市造成的压力；青壮年劳动力留在农村，还保证了农村劳动力的素质。当工业化进行到一定阶段后，日本就开始发展农业现代化，提高农业生产效率。

日本统筹城乡发展的特点，表现在以下几个方面：一是国家注重培育核心竞争力，通过创新活动在国际竞争中获得优势，确保本国工业产品能够持续稳定地被国际市场吸纳，从而增加工业的就业岗位。二是国家重视教育工作，注重提高劳动力素质，使劳动力能很快适应工业工作要求和城市生活环境。三是农村具有吸引城市工业的优惠政策，能为企业减轻生产成本压力，使企业有利可图。四是建立了完善的农村社保体系，为失地农民生活提供充足保障。五是建立了农村社会化生产服务体系，为农业产前、产中和产后提供全方位服务，这种服务既可以是公益性质的，也可以由营利性机构承担。六是注意保护基本耕地面积，政府出台了严厉的法规保护基本耕地，严禁工业发展侵占基本耕地，以确保国家粮食安全。

日本统筹城乡发展的道路，对我国有一定的借鉴意义。首先，我国实施的工业化战略创造了大量的工作机会，能够吸纳一定数量的农村剩余劳动力。其次，我国大力发展乡镇企业和中小企业，积累了农村工业的基础。再次，我国城市化率还不高，将工业向农村有效分散，可以减轻城市的就业压力，既可在一定程度上避免产生“城市病”，还可使农民就近增加收入。最后，我国有运行这一模式的条件，如加大教育力度、扩大基础设施建设、出台优惠政策、加强农村社会保障建设等。

## 第五节　韩国统筹城乡发展的模式

20 世纪 60 年代，韩国开始实施非均衡发展战略，拉开了韩国创造发展奇迹的序幕。1962 年，韩国的人均 GDP 仅为 87 美元，到 1991 年已高达 6 546 美元，历经 30 年的经济建设和发展，韩国的人均 GDP 增长了 75.2 倍[9]，从落后的农业国转变为发达的工业化国家。20 世纪 70 年代，韩国政府在其第三个“五年计划”开始时，推出了著名的“新村运动”，这项农业改革运动以农业现代化为核心内容，使韩国政府实现了城乡统筹协调发展。

在“新村运动”前，韩国农业发展十分缓慢，农民收入很低，农村生活条件很差。韩国农业发展缓慢主要受到以下诸多不利因素的影响：一是韩国人多地少，自然资源匮乏；二是韩国被日本殖民统治了多年，农业发展缓慢；三是内战进一步严重破坏了国家经济，朝鲜战争使韩国的经济再次遭受重创；四是韩国优先发展工业的不均衡发展战略，牺牲了农业的发展；五是限制土地经营规模的政策，不利于农业规模化生产。

为了改变农业的落后状况，1970 年韩国政府推出了“新村运动”。“新村运动”主要有改善农村生活环境，提高农业生产效率、增加农民收入两个任务，分为四个阶段实施。

第一阶段是选好建设目标任务。在这一阶段，韩国政府做了有效得力的政策引导。1970 年 10 月，韩国政府向全国 34 665 个农（渔）村免费提供水泥，用于村里的公共事业。经过几年的建设，农村硬件设施有了很大改善。

第二阶段是提高农业生产效率，增加农民收入。为提高农业生产效率，政府通过农地改革推广规模化经营，扶持机械化生产，科学种田提高产量，建立各种农业社会服务体系，为农业全过程生产服务。在农民增收方面，韩国主要是通过农产品价格保护政策，并学习日本农村工业化的做法，在农村推行“农工地区计划”，为农民创造兼业机会，增加农户收入。

第三阶段是健全农村社会保障制度，发展卫生、教育等公益性事业。从 1981 年至 1999 年，韩国政府用了将近 20 年时间，建立了包含医疗保险、产业保险、农民年金和基本生活保障在内的四大社会保障制度。政府很重视农村教育事业发展，通过举办各种培训班，将“新村运动”的政策、精神传播到社会的各个角落，让全社会都来关注“新村运动”，建设新农村。

第四阶段是加强新农村精神文明建设。从 20 世纪 80 年代末开始，政府兴建各种丰富农民精神文化生活的基础设施，积极倡导优良的社会风气，使韩国农村呈现出一片欣欣向荣的新农村景象。

通过以上四个阶段的“新村运动”，韩国迅速改变了农村落后的面貌，取得了巨大的成果，缩小了城乡差距。1965 年韩国农民的家庭收入为 11.23 万韩元，到 1988 年就达到了 699.63 万韩元，是 1965 年的 62 倍。农民家庭收入占城市家庭收入的比例，也从 1970 年的 67.1%提高到了 1988 年的 116%，超过了城市家庭收入。

在开展“新村运动”的同时，韩国也开始了工业化进程，通过工业化促进了农业劳动力的大转移。与日本相同，韩国也选择了政府主导的统筹城乡发展的模式，即由政府主导实行工业化。为快速提升工业水平，赶超欧美等发达国家，这种发展模式不可避免地以牺牲农业发展为代价。但农业发展有一个滞后期，到了工业化发展的中期，韩国与日本一样就开始对农业实行反哺政策。

韩国的工业化发展战略，经历了进口替代型到出口导向型的转变。韩国还采取了与美国、日本经济紧密相连的雁形发展模式，确立了劳动密集型产业优先发展的产业策略，这一策略在空间上表现为大力发展中心工业城市，将全国经济中心布局于首尔、釜山，在东南沿海城市、西海岸城市等建立次中心，大量吸收农村剩余劳动力。

在跨越式工业化国家经济发展战略背景下发展起来的韩国统筹城乡发展模式，使韩国在经过六个“五年计划”后，从发展中国家一跃变为发达国家。国家工业发展迅速，新创造的工作机会足以吸收农村剩余劳动力；国家人口绝对数量不多，中心城市能够承载流动到城市的劳动力——这两大因素支撑了韩国统筹城乡发展模式的成功运行。

## 第六节　国外统筹城乡发展模式的启示

世界各国在探索统筹城乡发展的历史进程中取得了一系列的成功经验，促进了城乡一体化发展。尽管各国统筹城乡发展的国情条件、文化背景相差甚远，但不可否认的是，它们在实践中创造出的模式、总结出的经验，对于我国实施统筹城乡发展战略，具有重要的借鉴意义和启示。

## 一、政府干预

实施强有力的政府干预，充分发挥政府的主导作用。20 世纪 20—30 年代，西方国家都将区域、城乡发展不平衡视为一种暂时现象，相信依靠市场力量这种不平衡可以自动地消除，然而现实打破了这些国家对市场的迷信。许多发达国家的经验表明，市场经济单一的逐利行为不仅容易使城乡差距在一定时间内恶性扩张，而且还可能使这个阶段的持续时间很长。因此，仅仅依靠经济发展自身规律来缩小城乡差距是远远不够的。政府应发挥主导作用，充分运用“政策干预”手段，将市场调节和政策干预结合起来，制定和实施有利于城乡协调发展的倾斜政策，切实有效地加快农村经济社会的发展。市场配置资源是城乡经济社会统筹发展的重要基础，政府的调控干预则是实现城乡经济社会统筹发展的重要保障。挪威、日本和韩国的经验都说明，在农村基础设施落后的情况下，政府对农业的支持和保护是任何其他组织和个人都无法替代的，其政策取向在解决城乡发展失衡问题上具有举足轻重的作用。

## 二、立法扶持

制定统筹城乡发展的相关法律，通过立法扶持弱势地区发展。世界发达国家的经验表明，国家的区域政策和促进城乡协调发展的措施必须有法律做保障。英国最先通过立法来解决城市和乡村的发展问题，通过制定《城乡规划法案》，在法律上理顺了城市与乡村的规划关系，确立了区域规划的法律地位与相应规范，引导城市和乡村有序、规范、协调发展。日本在城市化中后期注意到农业、农村发展问题，也相应制定了大量法律促进农村发展。如在扶持山区农村及人口过疏地区经济健康发展方面的法律就有《过疏地域振兴特别措施法》《半岛振兴法》《山区振兴法》《大雪地区对策特别措施法》及《离岛振兴法》等；为了确保劳动力充分就业，向农村地区引进工商产业，制定了《向农村地区引入工业促进法》《新事业创新促进法》《关于促进地方中心小都市地区建设及产业业务设施重新布局的法律》等。而法国、巴西在进行区域开发时主要采取制订“方案”“规划”“计划”的形式，这些形式均无法律效力，容易受到政府更迭和国内外形势变化的影响。而且，这些“方案”“规划”“计划”不需要像制定法律一样经过严格的讨论和审批程序，故容易受到制定人的主观意志影响，出现所谓“丰碑工程”“政绩工程”，给国家造成巨大损失。事实上，法国和巴西两国在区域开发过程中的确出现了许多这方面的问题。

## 三、惠农政策

实行多种支农惠农经济措施，减轻农民负担，提高农民收入。发达国家在统筹城乡发展过程中，对农村地区大都采用了多种多样的优惠政策和援助措施。为提高农民收入，发达国家往往实行以下政策：向农民直接支付的支持政策，农业信贷、保险、灾害、环保补贴政策，农业优惠税收政策，农产品价格补贴政策等。如 20 世纪 70 年代，韩国实行购销倒挂的粮价双轨制，政府高价从农民手中收购稻米，廉价供应给城市居民，差价由政府补贴，以此来确保粮食产量，提高稻农所得。自 1998 年起，韩国又主要通过亲环境农业直接支付、退休农民直接支付、稻田直接支付这三种形式对农民进行直接补贴，最大限度地增加农民所得，政府直接支付已成为这一阶段韩国农民收入支持最重要的政策。此外，为提高农村地区的发展能力，发达国家大都对农村实行了大规模的转移支付和财政投资倾斜政策。

### 四、改善条件

重视农村基础设施和社会事业建设，改善农村的生产和生活条件。发达国家在统筹城乡发展的过程中，都非常注重农村基础设施和社会事业建设。日本在推进农业发展的过程中，特别重视基础设施发挥的作用，对农村基础设施基本建设的投入很大。日本运用财政支付大量投资，用于农业生产基础设施整治、农村生活环境整治以及农村地区的保护与管理等。农业和农村基础设施的改善，适应了土地规模经营的潮流，促进了农业生产率的提高，加强了城乡之间的物质和信息联系，为实现城乡一体化提供了可能。同时，农村的发展也为城市产业和人口的扩张开辟了道路。从 1970 年冬季开始，韩国政府无偿为各个农（渔）村提供水泥、钢筋等物质，着重改善农民的居住条件，此后又修建桥梁、改善公路，推动农村电气化，修建村民会馆和自来水设施，完善生产公共设施等，改善了农村居住环境，提高了农民的生活质量。20 世纪 70 年代后期，韩国全国实现了村村通车，到 90 年代，全国实现了电气化。1988 年前后，韩国的农村居民普遍认为他们的经济收入和生活水平已经接近城市居民。

### 五、建立组织

建立完善的政府和民间组织，发动社会力量广泛参与。韩国“新村运动”初期，政府行政占主导，中央内务部直接领导和组织实施，建立了全国性组织——“新村运动中央协议会”，形成了自上而下的全国性网络，同时建立“新村运动”中央研修院，培养大批新村指导员；后期“新村运动”成为全国性运动时，则变为各种民间组织占主导，政府只负责制定规划，发挥协调作用，以及提供一些财政、物质、技术等支持。日本在开展“新农村运动”和“造村运动”时，政府、金融机构、公共团体、企业等社会力量都积极参与其中。此外，在“造村运动”中日本形成了由三级农协组成的流通服务网络。这些农协组织成为集农业、农村、农户为一体的综合社区组织，它们覆盖了整个日本农村，发挥联合的力量，为农民提供及时、周到、高效的服务，向农民提供生产资料购买、信贷、技术经营指导，有效地保护了农民的利益。

## 参 考 文 献


［1］ 孙绿怡，丁新，丁兴富．中国远程教育论文集：1996—2000［M］．北京：中央广播电视大学出版社，2000：93．

［2］ 魏奇，钟志贤．教育传播学［M］．南昌：江西教育出版社，1992：210－211．

［3］ 付崇懒．城乡统筹发展研究［M］．北京：新华出版社，2005：67．

［4］ 马远军．城乡统筹发展中的村镇建设：国外经验与中国走向［J］．深圳：特区经济，2006，213（5）：94．

[5]　董宏林. 英国政府对农业的保护 [J]. 北京：乡镇论坛，2002 (5)：47.

[6]　中华人民共和国商务部. 2018 年挪威国内生产总值（GDP）总值约 4344 亿美元 [EB/OL]. (2019 - 07 - 12) [2019 - 08 - 09]. http：//www.mofcom.gov.cn/article/i/jyjl/m/201907/20190702881340.shtml.

[7]　倪建伟，何冬妮. 挪威城乡一体化核心制度安排及对中国的启示 [J]. 经济社会体制比较，2010 (6)：82 - 88.

[8]　梁有昶，张淑惠. 挪威中右联盟赢得议会选举 [EB/OL]. http：//www.xinhuanet.com/world/2017 - 09/12/c_1121649714.htm. 2017 (9) 12.

[9]　赵月华，李志英. 模式Ⅰ美国、日本、韩国经济发展模式 [M]. 济南：山东人民出版社，2006.

## 思考与测试

### 一、思考题

1. 概括发达国家在统筹城乡发展中所形成模式的基本特点。

2. 对于发达国家在统筹城乡发展中扶农、助农、惠农的措施和办法，你有什么看法？

3. 发达国家在统筹城乡发展中取得的经验，对我国实施统筹城乡发展战略有何启示？

### 二、测试题

（一）填空题

1. 模式是描述客观事物内在机制及相互间的（　　）的简化形式。

2. 英国是世界上最早推进（　　）的国家，在统筹城乡发展中经历了单一城市化、单一乡村建设，最终形成了以（　　）的英国统筹城乡发展模式。

3. 经济和人文发展指数在世界各国中名列前茅的是（　　），其在统筹城乡发展中采取资源下放、扶持生产和（　　）等措施，支持农村和落后地区发展。

4. 美国充分利用（　　）富足和（　　）条件好两大优势，在统筹城乡发展中走出了城乡同时发展的美国道路。

5. 日本在统筹城乡发展中，特别重视农村和（　　）发展，培育国家（　　），逐步形成了以政府为主导，优先发展工业的模式。

6. 韩国建立了以（　　）和跨越式工业化发展战略为支撑的城乡统筹发展模式。

7. 在城市化进程中，英国和其他国家一样，不可避免地出现了（　　）弊端，由此产生了许多社会问题。

8. 在单一的乡村建设受阻后，英国政府开始调整对（　　）的发展策略，改过去（　　）的大规模发展模式为“中心村”结构发展模式。

9. 英国政府重视（　　）特色保护，使英国乡村的老房子、（　　）、栅栏等都保持着乡村的原汁原味。

10. 英国（　　）在保护英国传统文化上作出了重要贡献。

11. 把城市问题与乡村问题合并解决的（　　）和“中心村”建设，催生了英国（　　）构想，并在全国范围内形成了城乡规划的共识。

12. 进入 21 世纪的挪威，已经被国际社会公认为是（　　）程度最高、人民生活（　　）、社会最有活力的国家之一。

13. 从 20 世纪 60 年代开始，挪威政府将（　　）问题作为改善区域发展不平衡的重要内容，采取了一系列的对策和措施（　　）城乡差距。

14. 挪威不仅向本国的（　　）开放免费高等教育，而且也向外国公民开放（　　）高等教育。

15. 挪威有非常简洁的国家（　　）和高度透明的政治运作，所有的公民均具有（　　）的社会参与机会并取得相当的社会参与能力。

16. 美国是建立在一片（　　）之上的国家，面临的问题是国土面积广袤而人口太少，因此美国的农业土地政策以促进美国（　　）经营为主。

17. 美国城乡统筹发展是由资本的（　　）引导完成的，这种资本逐利行为同时在（　　）和农业展开，从而实现了农业和工业的同时发展。

18. 1950 年，日本政府颁布了（　　），规定了农户拥有土地的最高限额和出租土地的最高限额，超出的土地必须按（　　）卖给政府，而政府又以地价转卖给其他少地的农户。

19. 20 世纪 60 年代，韩国开始实施（　　）发展战略，拉开了韩国创造发展奇迹的序幕。

20. 20 世纪 70 年代，韩国政府在其第三个“五年计划”开始时，推出了著名的（　　），这项农业改革运动以（　　）为核心内容，实现了城乡统筹协调发展。

21. 在农民增收方面，韩国主要是通过农产品（　　）政策，并学习日本的农村工业化做法，在农村推行（　　），为农民创造兼业机会，增加农户收入。

22. 与日本一样，韩国也选择了（　　）的统筹城乡发展模式，即由政府主导实行的工业化。

23. 20 世纪 70 年代，韩国实行（　　）的粮价双轨制，高价从农民手中收购稻米，廉价供应给城市居民，差价由（　　），以此来确保粮食产量，提高稻农所得。

（二）单项选择题

1. 1862 年，美国政府颁布了（　　），规定凡是连续耕种国有土地 5 年的农户，或年满 21 岁的美国公民，或已递交入籍申请者，只需缴纳 10 美元证件费，即可获得 160 英亩国有土地的所有权。

A. 《宅地法》　　B. 《荒地法》　　C. 《育林法》　　D. 《农地法》

2. 在日本，（　　）严格限制土地集中，规定只有自由土地在 3 公顷以下的农户才能购买土地。

A. 农业基本法　　B. 荒地法　　C. 农地利用增进法　　D. 农地法

3. 英国政府针对乡村做了一系列的发展规划，开始（　　）建设，以带动城乡一体化发展。

A. 新村运动　　B. 造成运动　　C. 中心村　　D. 新农村建设

4. 对农民保护环境性的经营给予适当补贴的是（　　）。

A. 美国　　B. 挪威　　C. 韩国　　D. 英国

答案见第 208 页“附录　测试题参考答案”。

# 第三章　我国统筹城乡发展的状况

**内容提要：**

统筹城乡发展，就是把城市和农村的发展纳入整个国民经济与社会发展全局进行通盘筹划，综合考虑，建立城乡一体化的新格局，其实质就是要给城乡居民平等的发展机会，缩小城乡、工农和地区差距，促进城乡经济社会均衡、持续、协调发展。进入21世纪后，我国城乡二元结构矛盾凸显，“三农”问题突出，城乡差距拉大。为全面建设小康社会，构建和谐社会，党和国家决定实施统筹城乡发展战略。

我国实施的统筹城乡发展战略具有战略思维、主动布局、一体发展的特点，呈现出工业化和城市化由早期到中期再到后期逐步推进的动态的、系统的时空演进过程。统筹城乡发展的基本要求包括统筹城乡空间布局、产业发展、社会进步三个方面。社会发展理论、系统理论、统筹学理论与科学发展观和习近平新时代中国特色社会主义思想，构成了我国统筹城乡发展的理论支撑体系。工业化是统筹城乡发展的引擎，教育是统筹城乡发展的基础性工程。

我国长期以来形成的城乡分离的二元制度设置，是造成城乡关系失调、“三农”问题突出的主要根源。源于计划经济体制的户籍制度、劳动就业制度、农村社会保障制度、教育制度和农村土地制度、财政制度等，严重阻碍了城乡关系协调和城乡一体化发展。用统筹城乡发展的思路和战略，解决中国的“三农”问题，就是要在发展战略、经济体制、政策措施和工作机制上有一个大的转变，最终实现城乡一体化发展的目标。统筹城乡发展，事关国家发展和人民幸福，必须以习近平新时代中国特色社会主义思想做指导，统筹处理城乡关系，破解城乡二元发展难题，解决“三农”问题，促进国民经济和社会发展的全面、协调、可持续发展。

正确处理城乡布局与城乡差异的关系，充分尊重城乡布局的规律与特点，坚持大中小城市（镇）协调发展，以统筹城乡空间布局。坚持城乡工业一体化发展、现代工业与传统农业协调发展，促使城乡产业融合，消除城乡产业断痕。建立农村劳动力转移制度框架，调整农村义务教育投入政策，建立和完善农村社会保障制度和体系，深化农村政治体制改革，实行村合自治制度，以统筹城乡社会进步。确立教育发展优先地位，高度重视城乡教育公平，夯实统筹城乡发展基础，落实教育在统筹城乡发展中的基础地位，为统筹城乡发展提供智力支撑和人才保障。

**学习指导：**

了解统筹城乡发展的理论支撑体系，了解我国城乡关系失调、“三农”问题突出的制度性原因；把握教育在统筹城乡发展中的基础地位；掌握统筹城乡发展的概念、内涵、特点和发展规律，以及我国统筹城乡发展的本质和要求。

**实践建议：**

在教师的指导下，选择学校附近或家乡的某一行政村，以个人或小组集体进行的形式，开展“三农”问题专题调研，提交1 000字左右的调研报告，教学组织机构按一定比例将结果纳入实践考核成绩。

进入21世纪后，我国国民经济持续快速增长，工业化和城镇化速度明显加快，城乡之间的发展差距也随之不断扩大，出现了工业持续增长与农村生产发展缓慢、城市快速发展与农村发展滞后、经济增长强劲与农民增收困难三大矛盾。城乡经济社会发展严重失衡，城乡差距越来越大，统筹城乡经济社会发展，解决好农村、农民和农业问题，逐步改变城乡二元经济结构，促进城乡融合发展，已经成为我国建成全面小康社会、推进习近平新时代中国特色社会主义建设的重大任务。

## 第一节 统筹城乡发展的时代背景

中华人民共和国成立后，我国逐渐形成了二元的经济和社会结构，城市和农村分属不同的发展天地，国家以牺牲农业为代价完成了传统工业的资本原始积累[1]，造成了工业和农业之间、城市和农村之间、市民和农民之间差距的不断扩大。党的十六大明确提出城乡统筹发展的重要思想，表明党和政府已正视长期存在的城乡二元结构和城乡居民收入等方面差距扩大的客观现实。这一思想的提出，对于打破我国城乡二元结构、从根本上解决“三农”问题、实现城乡协调发展具有战略意义。

我国传统的以乡养城和以农补工的发展模式，加剧了城乡差距的拉大。改革开放以来，虽然国家对农村的政策在一段时间有一定扭转，但城乡分隔的基本格局仍没有发生大的改变，国家的发展战略仍有较明显的城市偏好倾向，会把农村本已较少的资源不断地向城市集中，同时又把农村人口排斥在城市之外，使城乡差距进一步扩大。对于统筹城乡发展的时代背景，我们一般可以从以下几个方面进行认识。

### 一、统筹城乡发展的经济背景

在我国长期实行的“二元经济社会”体制背景下，城市和农村的发展被纳入了不同的发展轨道，农村的发展长期处于不利地位，农村和城市的差距也越来越大，主要表现为以下两个方面。

#### （一）城乡二元差距拉大

我国的城乡二元差距，在改革开放前就已经存在。改革开放后，城乡二元差距不仅没有缩小，反而在原有的基础上不断扩大，到2000年时，城市和农村的差距出现了进一步拉大的趋势。城乡二元差距逐渐拉大的主要原因是国家实行改革开放后，为了加速经济发展，打破平均主义，在区域发展政策上采取了非均衡发展战略，允许一部分地区、一部分人先富起来。在非均衡发展战略的指导下，国家的电力、交通、通信等几乎所有的大型基础设施建设，纷纷以城市为中心展开，而农村的基础设施建设几乎处于停滞状态，甚至原有的一些设施还遭到了损坏。

#### （二）城市发展问题凸显

一方面，随着社会的转型和企业改制，城市的一批企业职工离开了往昔的工作岗位，其中很多人出于自身文化素质较低等因素未能及时再就业，城市出现了一大批失业工人，他们因失去收入而致使生活陷入困境，成为城市新的贫困人口。另一方面，城市的传统工业面临内部需求动力不足的问题，发展受到了内部动力的制约。出现这一问题，很大程度上源于我国广大农村地区的落后，农村市场的萧条和农民消费能力的低下制约了城市传统工业的发展。城市在发展中暴露出来的这些问题，迫切需要政府进行深化改革，用统筹城乡发展的方法来解决。

## 二、统筹城乡发展的制度背景

我国长期以来形成的城乡分离的二元制度设置，是造成城乡关系失调的主要根源。我国城乡关系的失调，事实上从中华人民共和国成立初期就出现了，当时国家的管理制度向城市倾斜，过分偏重城市、保护城市，也过分保护城市工业和市民。改革开放后，这种城乡分离的社会管理制度虽然有了一定程度的改变，但并没有发生结构性、根本性变化。城乡分离的社会管理制度成为协调城乡关系、实现城乡一体化发展的制度性障碍，这些社会管理制度主要包括户籍制度、劳动就业制度、农村社会保障制度、教育制度、农村土地制度和财政制度等。

### （一）户籍制度障碍

户籍制度是统筹城乡发展首先需要解决户籍制度的问题。我国城乡分离的户籍制度，目前已成为统筹城乡发展最大的制度性障碍。从本质上看，户籍制度是一种“社会屏蔽”制度，其核心是在为人与人之间，以及人与资源之间的关系建立起秩序[2]。城乡分离的户籍制度，把人们的户口分为农业户口和非农业户口，这不但严格限定了城乡居民的身份，对两者分而治之，还把农民排斥在城市之外，剥夺了农民分享城市社会资源的机会。从20世纪50代后期到20世纪90年代，我国的户籍制度具有很强的刚性[3]。当时的户籍制度严格限制了农民在城乡之间的自由流动，客观上造成了对农业和农民的剥夺。改革开放之后，特别是20世纪90年代以后，人口的社会流动加快，国家逐步放宽了农民取得城市户口的限制条件。目前，户籍制度虽有较大的松动，但二元化制度架构并没有从根本上得到改变，限制农民进城的制度樊篱仍在发挥作用。我国特有的一个群体——农民工（职业是工人，身份却是农民），就是城乡二元户籍制度的产物。

### （二）劳动就业制度障碍

与户籍制度相对应的城乡二元劳动就业制度，也是统筹城乡发展面对的重大障碍。劳动就业制度和户籍制度共同把农民严格地排斥在城市之外。近年来，随着我国农村生产力的发展和农业劳动效率的提高，农村产生了3亿多的剩余劳动力。这些农村剩余劳动力在城市遇到了就业难的问题，暴露出了我国劳动力市场发展不完善、农民工在劳动力市场受歧视等弊端。主要劳动力市场以城市劳动力为主体，城市劳动力的工资福利高，有制度化的保障，工作条件好，晋升机会多，在职培训也比较广泛；而次要劳动力市场则相反，它以农村劳动力为主体，对于农村劳动力的技能培训、职业培训非常有限，而且大多工作条件差，劳动强度大，收入报酬低，也缺乏制度上的保障，有时甚至连人身安全也无法得到有效保障。

**（三）农村社会保障制度障碍**

社会保障制度是阻碍统筹城乡发展的又一制度障碍。在计划经济体制下，为了适应工业化发展战略的需要，我国逐步形成了城乡各自独立的社会保障体系。在城市建立了面向企业劳动者的社会保险制度，在农村则实行家庭保障与集体（社会）救助相结合的制度。但改革开放后，农村社会保障制度随着集体经济的解体而逐步瓦解，造成农村社会保障制度的缺失和不到位。随着国有企业改制、农民工进城、人口老龄化等问题的出现，传统的二元社会保障制度受到了挑战。

**（四）教育制度障碍**

目前，我国城乡教育发展仍存在很大差距。城乡教育发展的差距不仅表现为城乡教育资源配置的不平衡，而且表现为城乡教育机会的不均等。我国的教育法规中，事实上存在着对农民的教育歧视。如在1984年的《国务院关于筹措农村学校办学经费的通知》中，明确要求“乡人民政府征收教育事业费附加，对农业、乡镇企业都要征收”。缴纳地方教育费附加，只是不按人头落在农民头上，对农业的征收，自然就要落到县以下的农民头上，城市居民则没有缴纳教育附加的责任，而且这一制度至今都还没有取消。同时，国家和地方有限的优质教育资源过度集中在城市，客观上进一步加大了城乡教育发展的差距。在具体的操作层面，城乡教育也存在不公平现象。农村孩子和城市孩子相比，不仅接受教育的起点相对较低、享受到的优质教育资源相对较少，而且在升学方面往往也处于劣势。有不少接受农民工子女的学校，因制度羁绊或人为因素而被解散。

**（五）农村土地制度障碍**

“现有的农地制度造成农民对于土地的依附，限制了农村人口向市民的转变，成为统筹城乡发展的又一障碍。”[4] 由于农民对土地有着特殊的感情，很多农民不愿放弃土地，仍囿于一家一户的小块土地，致使土地的规模化经营难以实现，农村剩余劳动力也难以脱身并及时转移。实际上，我国农村目前还存在着大量的失地农民，政府和用地的单位针对失地农民的补偿过低、安置政策不落实，使农民无法维持可持续生计[5]。这些问题的存在，一定程度上加剧了城市和农村的矛盾冲突。

**（六）财政制度障碍**

在市场经济条件下，农业的弱质性及其重要性客观上要求国家加大对农业的投资力度，增强农业的市场竞争力。但农民的利益诉求往往容易被社会上强势的声音所掩盖，农民成为“失声”的人群，他们的利益只能在夹缝中表达，这直接影响了政府财政对“三农”的支持力度，农业发展的形势十分严峻。

## 第二节　统筹城乡发展的内涵、特点和阶段

对城市和农村的发展进行通盘筹划、综合考虑，建立城乡经济社会发展一体化的新格局，是我国现阶段和今后相当长一段时间内的重大战略任务。准确把握统筹城乡发展的内涵、特点和阶段，有助于我们深入分析我国统筹城乡发展的现状。

### 一、统筹城乡发展的内涵

统筹指通盘筹划，如统筹全局、统筹兼顾。因此，从语义学的角度看，统筹城乡发展

就是将城市与农村进行通盘筹划。从其本义来看，统筹城乡发展是指一种中性的、不带倾向的处理城市和农村关系的管理方法，但在具体的执行过程中，它要受到条件、环境、目的等的制约，从这一意义上讲，统筹城乡发展是综合各种因素后的集成决策。

从经济发展的角度看，统筹城乡发展通常指一个国家或某一特定的区域在不同的经济发展阶段处理城市与农村相互关系的经济管理方法，它体现在以时空为参照系的城市与农村相互作用的特征上。从实质来看，统筹城乡发展就是描述一个国家或某一特定的区域经济社会发展到一定阶段时，城市与农村之间的协调或融合程度。统筹城乡发展的基本思路是，运用一系列的国民经济管理方法来组织和调控城市与农村的关系，寻求解决城乡矛盾或冲突的政策或制度，使城乡关系从对抗或制约向协调或和谐的状态演进。

对统筹城乡发展的认识，世界各国都经历了一个不断深化的过程。从第二次世界大战结束到20世纪60年代中后期，世界各国都把发展等同于经济增长，结果是许多国家出现了虽然经济总量高速增长，但社会分配不公、环境恶化等十分突出的问题。为此，后来发展经济学家们逐渐把发展看成涉及经济社会结构变迁、减少不平等和根除绝对贫困等一系列变化的综合过程。

1987年，世界环境与发展委员会在题为《我们共同的未来》的报告中，提出了可持续的发展观，尽管这时国际上发展的主题仍然是经济，但不少国家开始重视人与自然的关系。进入20世纪90年代，许多学者认为社会发展要以人为中心，社会发展的最终目标是改善和提高全体人民的生活质量。联合国开发计划署的专家、1998年获得诺贝尔经济学奖的印度学者阿马蒂亚·森认为，人类的发展不仅包含健康、教育和体面的生活水平等方面的内容，而且包含政策自由、参与社会生活及人身安全等方面的内容。

综上所述，从统筹城乡发展的本义出发，根据统筹城乡发展的实质并结合国际上对统筹城乡发展研究的新成果，我国提出的"统筹城乡发展"，指的就是根据我国经济综合实力和社会各种矛盾的综合情况对城市和农村的发展进行通盘筹划，它强调的重点不再是城乡的梯度发展或是非均衡发展，而是城市和农村能够相互适应、相互促进，城市和农村都能从自身的条件出发，充分发挥各自不同的优势，相互取长补短，进行合理的社会分工[6]。

## 二、统筹城乡发展的特点

作为一项特定历史发展阶段的国家战略，因国情条件、文化背景的不同，不同国家统筹城乡发展具有较大的差异性，呈现出各自的特点。我国实施的统筹城乡发展战略，主要具有战略思维、主动布局、一体发展三个方面的特点。

### （一）战略思维

战略思维是指思维主体（个人或集团）对关系事物全局的、长远的、根本性的重大问题谋划的思维过程，它包括分析、综合、判断、预见和决策等。战略思维涉及的对象大多是复杂的政治、经济、文化系统，以及人与自然的复合系统和复杂过程。我国实施统筹城乡发展战略，是基于国家发展的全局性、系统性、均衡性、长远性的需要。统筹城乡发展的核心理念是以人为本，目的是促进城市和农村、农业和非农产业的协调发展，在这一过程中，尤其要正确处理资源配置的效率与公平的关系。

**（二）主动布局**

布局是对事物的全面规划和安排。统筹城乡发展，也有一个布局的问题，这种布局必须首先立足于“统”，而关键又在于“筹”。“立足于统”讲的是统筹城乡发展的出发点，反映了政府推动城乡协调发展的强烈愿望和责任；“关键在筹”讲的是方法和技巧，它要求我们在推动城乡发展时，要精心设计和谋划。“主动布局”还蕴含着谁来“统”、谁来“筹”的问题。显然，在推进我国统筹城乡发展过程中，政府是主体，而政府要做好这一工作，就必须规划先行。英国政府在“中心村”建设中，做了大量的乡村建设发展系列规划，就充分说明了这一点。

**（三）一体发展**

一体发展要求我们在实施统筹城乡发展战略中，必须把城市和农村的发展作为一个整体来进行思考谋划，制定规划、推动促进，通过破解城乡二元发展难题，解决“三农”问题，变城乡经济社会发展的二元结构为一元结构，最终实现城乡一体化发展的目标，从根本上弥合城乡发展的裂痕，消除城乡差别，实现城乡社会发展的协调与和谐。因此，“一体发展”是统筹城乡发展的格局、目标、愿景的有机统一。

## 三、统筹城乡发展的阶段

2004 年 9 月，党的十六届四中全会上，首次提出了“两个趋向”的重要论断。论断指出，纵观一些工业化国家发展的历程，在工业化初始阶段，农业支持工业、为工业提供积累是带有普遍性的趋向；但在工业化达到相当程度以后，工业反哺农业、城市支持农村，实现工业与农业、城市与农村协调发展，也是带有普遍性的趋向。2013 年 12 月，习近平总书记在中央城镇化工作会议上指出：“走中国特色、科学发展的新型城镇化道路，核心是以人为本，关键是提升质量，与工业化、信息化、农业现代化同步推进。”[6]。2013 年 7 月 22 日，习近平总书记在湖北省鄂州市长港镇峒山村考察农村工作并同部分村民座谈时再次指出：“要破除城乡二元结构，推进城乡发展一体化，把广大农村建设成农民幸福生活的美好家园。”[7] 2015 年 4 月 30 日，习近平总书记在十八届中央政治局第二十二次集体学习时的讲话强调：“要把工业和农业、城市和乡村作为一个整体统筹谋划，要继续推进新农村建设，使之与新型城镇化协调发展、互惠一体，形成双轮驱动。”[8] 2017 年 10 月 18 日，习近平总书记在党的十九大报告中指出，农业农村农民问题是关系国计民生的根本性问题，必须始终把解决好“三农”问题作为全党工作重中之重。2018 年 1 月 2 日，中共中央、国务院印发《关于实施乡村振兴战略的意见》。统筹城乡发展在我国进入了中国特色社会主义的新阶段。2020 年 8 月，习近平总书记在安徽合肥主持召开的长三角一体化发展座谈会上，强调指出长三角一体化发展的关键是“一体化”和“高质量”，这个“一体化”和“高质量”，就包含着统筹区域发展，统筹城乡发展的战略思想和深刻内涵。

党的十八大以来，习近平总书记更是以大国领袖的洞察力，深刻认识世界政治经济格局的新变化和实现中华民族伟大复兴的历史机遇，提出了“推动新型工业化、信息化、城镇化、农业现代化同步发展”的重要思想，为我国新型工业化、城镇化的发展指明了方向。从工业化和城市化的角度看，由于工业化和城市化之间相互推进、相互制约的复杂关系，统筹城乡发展成为一个动态的、系统的时空演进过程，总体呈现出由低到高的发展层次。

**（一）工业化和城市化早期阶段**

在工业化和城市化早期阶段，我国在国际上属于低收入国家，由于城乡劳动生产率的不同，再加上为了促进经济起飞，客观上需要农业支持工业，在公平与效率之间，强调的多是效率，所以城乡之间必然会有差距。从国民经济总体发展的目标出发，从横向上来看，尽管农村、农业、农民与城市、工业、市民相比，收入差距在一定范围内呈拉大趋势，且农村居民所受教育水平和社会参与程度也较低；但从纵向上来看，与自身发展相比，农村发展水平和农民素质也得到了不断提高。从总体上说，只要达到了上述目标，我们就可以认为基本上实现了这一阶段的统筹城乡发展目标，只不过这个阶段是低层次的统筹城乡发展阶段，采取的是农业支持工业、农村支持城市的统筹城乡发展模式。

**（二）工业化和城市化中期阶段**

在工业化和城市化中期阶段，我国在国际上属于中等收入国家，由于经济社会矛盾的凸显，这一阶段成为统筹城乡发展中最为复杂的阶段。只要在低层次统筹城乡发展模式基础上建立遏制“马太效应”或“贫困的累积性因果循环”的机制，处理“市场无形之手”和“政府有形之手”的关系达到一定的科学程度，便可以判断城乡是在向协调发展的方向推进，还是在向失衡发展的方向倒退。与低层次的统筹城乡发展阶段相比，本阶段在公平与效率之间，政府加强了对公平的管理。政府更加重视向农村提供公共产品。由于城市的集聚效应和各种有利条件的累积，城乡的绝对差距还有可能继续扩大，但城乡的相对差距开始缩小，城市和农村的居民都能够分享到国家经济发展带来的益处。这一阶段是中等层次的统筹城乡发展阶段，是在城乡非均衡发展的过程中，通过适度调控实现的协调发展，采取的是工业反哺农业、城市支持农村的统筹城乡发展模式。

**（三）工业化和城市化后期阶段**

在工业化和城市化后期阶段，我国迈入高收入国家行列，这一阶段基本上实现了工业化和城市化，城乡居民无论是绝对收入还是相对收入的差距都已经比较小，城乡居民的收入差距，已不再是决定个人居住或工作在城市或农村的主要因素。城市和农村的大多数居民，在消费领域的不同选择主要受个人消费偏好的影响，而与收入的关系渐渐弱化。在社会保障措施方面，城乡居民享同等的待遇。国家对农业或农民实行高额补贴，使农民在关于农业和农村的政策上拥有更多的话语权。这一阶段是高层次的统筹城乡发展阶段，采取的是城乡一体化的统筹城乡发展模式。

## 第三节　统筹城乡发展的本质要求

统筹城乡发展，就是把农村的经济与社会发展，纳入整个国民经济与社会发展全局之中进行通盘筹划，综合考虑，以城乡经济社会一体化发展为最终目标，统筹城乡物质文明、政治文明、精神文明和生态环境建设，统筹解决城市和农村经济社会发展中出现的各种问题，打破城乡界限，优化资源配置，把解决好“三农”问题放在优先位置，让社会更多地关注农村，关心农民，支持农业，实现城市和农村共同繁荣。

## 一、统筹城乡发展的本质

中华人民共和国成立以来，党和政府一直重视“三农”问题。1978 年，在党的十一届三中全会上，就提出在经济上保障农民的物质利益，政治上尊重农民的民主权利。改革开放以来，中央和地方各级人民政府都致力于农村改革和社会发展。但不可否认，目前我国的城乡差距仍比较悬殊，并将在一个时期内不断扩大，“三农”问题依然是制约我国全面建设小康社会、实现现代化的难题。

在过去很长一段时间里，国家解决“三农”问题的思路是更多地注重在农村内部考虑农业、农村和农民问题。这种思路把“三农”问题作为一个孤立的系统单独加以研究，难以实现农业与工业、农村与城市、农民与市民之间的良性转换与互动，割裂了农业、农村、农民问题与社会其他方面的有机联系。实际上，我国的“三农”问题已不是单纯的农村问题，“三农”问题的解决，也不能单靠农村自身，而必须在城市与农村的互动中逐步解决。据《学习时报》2018 年 4 月 25 日韩保江在《习近平新时代中国特色社会主义经济思想的实践基础》一文中指出，习近平总书记在上海工作期间，就提出了要“坚持工业反哺农业、城市支持农村和多予少取放活的方针，扎实推进社会主义新农村建设，努力在解决‘三农’问题、破除城乡二元经济结构上走在前列”。

用统筹城乡经济社会发展的思路和战略，解决我国“三农”问题，就是要在发展战略、经济体制、政策措施和工作机制上有一个大的转变。跳出“就三农论三农，就三农抓三农”“以农言农”的传统思路，统筹考虑工业和农业、城市和农村的建设发展，必须通过城乡资源共享、人力互助、市场互动、产业互补，通过城市带动农村、工业带动农业，建立城乡互动、良性循环、共同发展的一体化体制。显然，统筹城乡经济与社会的发展，不仅是解决我国“三农”问题的总体思路和战略选择，也是加快我国农村全面小康社会建设步伐的重大战略举措。

统筹城乡经济社会发展的本质，就是要给城乡居民平等的发展机会，通过城乡布局规划、政策调整、国民收入分配等手段，促进城乡各种资源要素的合理流动和优化配置，不断增强城市对农村的带动作用和农村对城市的促进作用，缩小城乡差距、工农差距和地区差距，使城乡经济社会实现均衡、持续、协调发展，促进城乡分离的传统二元经济社会结构向城乡一体化发展的现代一元经济社会结构转变。

## 二、统筹城乡发展的要求

在我国，统筹城乡发展是一项庞大的系统工程，涉及各级政府的工作和城乡社会的不同方面，需要从总体上进行设计和把握，明确全局性、关键性的要求。我国统筹城乡发展的基本要求，概括起来，主要是实施以下三个方面的统筹。

### （一）统筹城乡空间布局

我国现存的城乡空间布局是在计划经济体制下形成和发展起来的，带有浓厚的行政圈定色彩。从国外统筹城乡发展的经验来看，调整与优化我国城乡空间布局结构，应努力解决好三个方面的问题。

1. 正确处理城乡布局与城乡差异的关系

统筹城乡空间布局不是要消除城乡差异，而是在保持城乡差异特色的同时，统一规划城乡布局，充分发挥城市和农村各自的优势。城市化进程必然会引发城乡布局的调整，但调整城乡布局必须有利于保持城乡的差异，并充分发挥城乡功能差异、行业差异和景观差异的优势作用。城乡差异是社会发展的必然产物，无论经济社会发展如何现代化，城乡差异仍然是定义、区别城市和农村的标准，如果没有城乡差异，也就没有城乡之别。合理布局城市和农村空间的前提条件就是准确定位城乡差异，否则，紧凑型的城市将会无边界地扩张，就会和敞开型的农村越来越相似。

2. 充分尊重城乡布局的规律与特点

我国人口众多、国土面积辽阔、自然条件各不相同，在这种情况下，统筹城乡空间结构与布局，就要特别注意尊重客观规律和各地不同的特点，防止沿用计划经济的决策方式，主观臆断决定城市和农村的布局。虽然城市和农村的空间结构，是经济发展水平自主决定和人文地理条件自然选择的结果，但政府仍可在两个方面发挥积极作用。

一是进行灵活的政策引导。政府可通过实施灵活的工商业政策、土地政策和劳动力流动政策，使有潜力的小城镇在条件成熟时能自发地形成新城市，使现有的城市也可以随着经济发展而不断扩大规模。

二是科学地进行城乡布局。可对城市和农村的各种功能和配套条件进行规模论证，在继续增加城市基础设施建设的同时，加大对农村道路、电网、自来水管道建设的投入，为农村居民营造良好的生产、生活环境。

总而言之，政府在统筹城乡空间布局上，既不能搞长官意志，对城镇的选址、城镇发展的规模横加干涉；也不能放任自流，放弃政府提供公共服务的责任。

3. 坚持大中小城市和小城镇协调发展

大中小城市和小城镇协调发展，是中国国情和城市化发展的客观要求。我国是世界上第一人口大国，农业人口基数大，城市化发展的任务之重，是世界上其他任何国家都无法相比的。无论是单独靠大城市，还是单独靠小城市都不可能容纳如此多的城镇人口。因此，统筹城乡空间布局，必须坚持大中小城市和小城镇并举协调发展，而不能有所偏废，更不能畸形发展某一类型城市。

在大中小城市和小城镇布局中，协调发展是最根本的要求。各类城市和小城镇的区域布局和规模结构不但要科学合理，而且还要形成健全完善的体系。在一定的区域范围内，既有大中城市，也有小城市和小城镇，各类城镇依其在城市体系中的功能定位扮演相应的角色，发挥相应的作用。

城市规模由小到大，是城市不断发展的一般规律。尤其是在城市化初期，大城市规模的扩张一般会快于中小城市，这是因为大城市的基础设施、投资环境等条件优于中小城市，比中小城市有更强的吸引力，能创造更高的经济效益。当然，城市规模也不是越大越好，而是要从实际出发，不能盲目贪大。

**（二）统筹城乡产业发展**

统筹城乡产业发展是统筹城乡经济发展的基础。城乡产业分离是历史发展的必然，从某种意义上讲，人类社会的文明与进步，都是产业分离和细分的结果。统筹城乡产业发展是政府在协调国民经济部门，弥补市场失灵，促进宏观经济平衡发展方面的重要工作。就一般意义而言，城乡产业分工、“城市工业”与“农村农业”的界限比较分明；但必须看到，我国的城乡产业格局是由两个层面组成的，具有自身的特点，即城市工业与农业、乡村工业与农业。政府统筹城乡产业发展的根本任务，就是要改变这种双重二元结构。形成双重二元结构经济断裂的机制有行政性的，也有市场性的，统筹城乡产业发展就是要全方位地统筹兼顾，分步实施，促使城乡产业融合，消除城乡产业的断痕。

1. 城乡工业一体化发展

城乡工业一体化发展，即实行城市工业和农村工业一体化的发展战略，变双重二元结构为一重二元结构。通过城乡工业一体化发展，将不同体制和不同资源配置方式的城乡工业纳入一种体制轨道，实行统一的资源配置方式，变双重工业化为一重工业化，以改变目前城市工业与农业、农村工业与农业的双重二元结构。变双重工业化为一重工业化，并不是让城市工业按照计划经济的方法吞并或消灭农村工业，重新把农民赶回到土地上去，而是对城市工业和农村工业实行统一平等的经济制度和无歧视的产业政策，鼓励两种工业在一种体制、一种产业政策下，按照比较优势融合与重组。

（1）通过市场机制，使城乡工业根据资源要素发展各自优势，实现产业互补。城市工业可利用资金、技术、人才等能迅速集聚的优势，偏重发展一些高技术含量的产业门类和产品。随着城市地价的提高，留在城市的只能是具有更高价值且有能力偿付较高租金的要素和产业。对于那些占地面积大、单位占地面积创造价值低的劳动密集型产业，应通过土地置换逐步退出城市而到农村发展。城市的传统产业进入农村工业区后，因相对便宜的地价和劳动力成本的下降，将激发出新的发展动力，并为农业剩余劳动力提供就业岗位。同时，农村工业应按照市场需求变化，调整生产经营的方向和产品，大力发展有农村资源优势、传统工艺和特定市场优势的特色产业。在市场制度安排下，凡是适宜在农村抑或在城市发展的产业和项目，不能人为地设置准入门槛，要让资源要素自由流动，给城乡企业或个人以平等的发展机会。

（2）实行平等和一体化的产业政策。改革开放以来，我国城乡产业政策和制度虽然经过了多次大的改革，但仍然保留着一些计划经济的痕迹。应尽快清理两种产业发展政策中带有的不平等或歧视性内容，应在城乡之间、国有工业与非国有工业之间，逐步淡化差别意识。按照同一产业政策标准，在市场准入、财政金融支持、股票上市、土地占用、劳动就业与人才引进、科技攻关及技术改造等方面，采取一种政策、一种待遇，推动城市与农村的工业在同一起跑线上平等发展。

（3）加快资本市场改革，推行城乡统一的金融政策。统一城乡金融政策是城乡工业进行渗透、融合的重要条件。资金是企业发展的载体，如果国家的金融政策和资金供给政策偏向城市，不但会引起城市工业在资金供给充裕的条件下提前进行资本深化，而且还会导致农村工业资金供给不足。为了解决资金供给不足的矛盾，农村工业企业就会借助市场或地方政府的力量，千方百计地从农业转移剩余资金。要减轻农业对工业化的资本要素贡献压力，还必须改革目前的金融制度和政策安排。为此，要积极引导国有商业银行及非国有银行进入农村拓展业务，开展存贷款活动。探索并建立适合乡村企业特点的资格认证、贷款抵押担保制度。积极支持农村发展民间金融组织，开放农村金融市场。

2. 现代工业与传统农业协调发展

工业与农业协调发展是国民经济稳定持续健康发展的基础。我国的农业目前仍然处在传统农业阶段，传统农业的主要特征是分散经营、缺少组织性、耕作方法落后。面对现代工业，传统农业无竞争力可言；面对市场，传统农业也无谈判力可言。实行现代工业和传统农业协调发展，其基本要求就是转变农业生产方式，提升农业生产的能力和水平，使农业同工业具有同等的竞争地位。农业虽然随着工业化的发展，在国民经济中所占份额逐步下降，但竞争力反而得以提升，并在与现代工业联动中得到加强和发展。

我国传统农业与现代工业的矛盾集中表现为：一方面，传统农业与现代工业并存，而现代工业并未完成对传统农业的改造；另一方面，先进工业还要在一定依靠较落后农业的支撑。解决这些矛盾，必须依靠国家宏观调控的力量，采取工农协调发展战略，放弃工业化初期追求农产品产量最大化和过度抽取农业剩余资本的政策目标，将政策目标的重点转移到增加农民收入和对农业的支持保护等方面上来。

**（三）统筹城乡社会进步**

城乡的协调发展离不开城乡社会的全面进步。统筹城乡社会进步最主要的是统筹劳动就业、教育卫生、政治文化及其他社会事业的发展，是一个非常复杂的系统工程，不可能一蹴而就。基于我国目前的状况，统筹城乡社会进步，需要解决好以下几个问题。

1. 统筹城乡劳动就业，建立农村劳动力转移的制度框架

改革开放以来，随着市场经济体制的逐步确立，农民就业和流动的某些束缚已经被解除，但我国在改革城乡分离的就业制度方面仍没有迈出实质性步伐，进城打工的农民在城市就业、享受公共服务等方面仍不同程度地受到歧视。要统一城乡就业政策和管理体制，实行城乡互通的制度创新，其核心内容是建立健全统一、有序的劳动力就业市场体系，积极完善政府的疏导和调控功能；降低农民进城的门槛，尽快取消影响人口和劳动力流动的政策限制；取消户籍管理限制，实行城乡就业公平竞争、同工同酬、同等待遇制度，切实保障农民工的合法权益。

2. 调整农村义务教育的投入政策

作为基础教育重要方面的农村义务教育，其发展任务及资金投入职责主要落在县、乡、村基层组织，这与其所具有的财政能力不相匹配。中央和省级财政对教育的投入和分配，主体部分用在了高等教育上，用在支持农村义务教育上的相对来说要少一些，由此造成的后果是，农村义务教育发展较为滞后，欠账比较多，成为我国当前整个教育领域中最为薄弱的环节。为了加快农村义务教育的均衡协调发展，中央政府财政进一步加大了转移支付力度，支持农村义务教育发展。强化省级财政对农村义务教育的支持，真正将农村九年制义务教育的政府责任落到实处，实现城乡教育的统筹协调均衡发展。

3. 建立和完善农村社会保障制度，逐步完善城乡社会保障体系

目前，我国城乡之间的社会保障体系尚未实现对接，社会保险、社会救济、社会福利在城乡之间的配置结构也较不合理，因此建立城乡一体化的社会保障体系成为全社会的共识。在建立和完善城乡一体化的社会保障体系问题上，要注意防止两种倾向：一是重城市、轻农村的倾向；二是不顾客观现实情况，主张实行统一的社会保障体系。当前，我国实行城乡统一的社会保障的条件还不成熟，各级人民政府应从本地区的实际经济状况出

发，逐步在养老、医疗、最低生活保障等方面实现城乡并轨，最终实现城乡保障一体化。具体路径如下：

(1) 建立健全农村居民最低生活保障体系，积极创造条件，加大扶持力度，努力做到应保尽保。

(2) 全面推行农村医疗保险制度，在大力落实重大疾病救助制度的基础上，积极探索建立突发性救助机制，以利于农村弱势群体得到有效救助。

(3) 在农村社会保障体系暂不完善、土地对农民的生活保障功能强于生产功能的情况下，城市建设征占农民的承包土地，必须给失地农民合理的经济补偿，以利其依靠应得补偿资金平稳转业或自主创业。

4. 深化农村政治体制改革，实行村合自治制度

要深化行政管理体制改革，减少管理层次。可考虑将乡政府改成乡公所。乡公所作为县政府的派出机构，不具有独立的财政和人事权利，其主要职责是协助县政府进行区域管理。文教卫生、公安司法等公共机构由县政府直接管理，具有经济服务功能的乡镇场、站、所，应改制为农村合作经济组织（以下简称“村合”）。通过农村政治体制改革，实行村合自治制度，提高行政效率，降低行政管理成本，减轻农民负担。在村一级，实行村民自治组织与村集体经济组织职能分开的体制。建立农民合作组织，充分发挥农民组织自我管理、自我协调的功能和作用，提高农民自我权益意识和化解市场风险的能力。

## 第四节　统筹城乡发展的理论支撑

统筹城乡发展，既包括城乡经济和社会的协调发展，又包括城乡物质文明、政治文明、精神文明和生态文明的共同进步。国家实施统筹城乡发展战略，就是为了改变城乡二元结构，建立地位平等、开放互通、互补互促、共同进步的发展新格局，促进城乡经济、社会、生态全面、协调、可持续发展，最终实现城乡一体化发展。我国实施的统筹城乡发展战略，具有坚实的理论基础，如社会发展理论、系统理论、统筹学理论与科学发展观等，共同构成了我国统筹城乡发展的理论支撑体系。

### 一、社会发展理论

发展理论（Development Theory）通常称为社会发展理论（Theory of Social Development），也称发展研究（Development Studies），它研究的是社会发展过程中带有普遍性、规律性的宏观问题，其中包括探讨社会变迁的规律性及其具体表现形式的学说。广义的发展理论还包括哲学、经济学、政治学和人类学关于社会发展的研究，它探讨的是人类历史发展的一般规律。狭义的发展理论特指社会学对发展问题的研究，又称为发展社会学，它以现代社会中政治、经济、社会、文化的综合协调发展问题为对象，主要探讨社会发展的现代化理论、模式、战略乃至具体政策。

人类对社会发展问题的研究，可以追溯到 19 世纪初。孔德关于社会的发展是从军事时代到法律时代再到工业时代的论述，斯宾塞从军事型社会到工业型社会变迁的理论，迪尔凯姆从机械团结到有机团结的理论，滕尼斯从社区到社会的理论，以及韦伯所建立的庞

大的宗教社会学和比较社会学体系，都在某种意义上以欧洲社会为蓝本，探讨了人类从传统农业社会到现代工业社会的过渡和发展过程。马克思的社会经济形态理论在高度概括层面上，论述了人类社会的一般发展规律。

第二次世界大战以后，许多战前的殖民地和半殖民地国家纷纷摆脱原宗主国的控制而独立，都面临着如何振兴本国经济、走上真正自主发展的道路，以及在经济发展的同时，实现政治民主与社会进步，在与外部世界平等交往中重新确立自己在整个世界体系中的地位问题。在这种形势下，社会发展理论应运而生，并成为现代社会发展理论的主要形式。国际上关于发展问题的研究兴起于第二次世界大战之后，发展观的演变也同样肇始于此。从传统发展观到科学发展观的演变大致经历了四个阶段：第一阶段始于20世纪50年代，人们把发展理解为走向工业化社会或技术社会的过程，强调经济增长，几乎把发展等同于经济增长；第二阶段始于20世纪70年代初，随着工业化进程，人们将发展看作经济增长和社会变革的统一，即伴随着经济结构、政治体制和文化法律变革的经济增长过程；第三阶段始于1972年召开的联合国人类环境会议，会议上通过了《人类环境宣言》，使人们在认识上更加注重发展和自然环境的协调，提出并逐步丰富了可持续发展理论；第四阶段始于20世纪80年代末，人们将发展看作人的基本需求逐步得到满足、人的能力发展和人性自我实现的过程，广义的可持续发展观念在全球取得了共识。

我国实施统筹城乡发展战略，本身涉及的就是发展问题，在统筹城乡发展过程中，既要促进经济社会的发展，也要促进人的发展，这必然要受到社会发展理论的指导和制约。

### 二、系统理论的整体观念

系统理论（Systems Theory）即系统论，是研究系统的一般模式、结构和规律的学问，它研究各种系统的共同特征，用数学方法定量地描述其功能，寻求并确立适用于一切系统的原理、原则和数学模型。系统论是具有逻辑和数学性质的一门新兴的科学。

系统理论的核心思想是系统的整体观念。贝塔朗菲强调，任何系统都是一个有机的整体，它不是各个部分的机械组合或简单相加，系统的整体功能是各要素在孤立状态下所没有的新质。贝塔朗菲用亚里士多德的“整体大于部分之和”的名言来说明系统的整体性。系统理论认为，系统中各要素不是孤立存在的，每个要素在系统中都处于一定的位置上，起着特定的作用。系统中各要素之间相互关联，构成了一个不可分割的整体。系统中的要素是整体中的要素，如果将要素从系统整体中割离出来，它将失去要素的作用。

系统理论的基本思想方法，就是把所研究和处理的对象当作一个系统来分析它的结构和功能，研究系统、要素、环境三者的相互关系和变动的规律性。系统理论的任务，不仅在于认识系统的特点和规律，更重要的还在于利用这些特点和规律去控制、管理、改造或创造某一系统，使它的存在与发展合乎人的目的和需要。

统筹城乡发展，要求我们在处理城市和农村的关系、推进城市和农村的发展过程中，把城市和农村的发展作为一个整体进行规划、实施、调整和控制，以实现城乡一体化发展的目标。因此，系统理论与发展理论一样，都是支撑我国统筹城乡发展的重要理论。

## 三、统筹学的理论与方法

统筹学是研究如何在实现整体目标的全过程中，施行统筹管理的有关理论、模型、方法和手段，是数学与社会科学交叉的一个学科分支。统筹学通过对整体目标的分析，选择适当的模型来描述整体的各部分之间，各部分与整体之间，以及整体与外部之间的关系和相应的评审指标体系，然后综合成一个整体模型，用以进行分析并求出全局的最优决策，以及与之协调的各部分的目标和决策。目前，统筹学的理论与方法已渗透到管理的众多领域。

统筹学是整体统一筹划的理论方法，具有以辩证唯物主义哲学为基础，以认识规律、统一实践规律、事物发展规律为先导，以创新方法体系为核心，融合各种现行方法的突出特点。统筹学的应用特点是由事物和实践及认识的千变万化所决定的。虽然辩证唯物主义是一切科学认识实践的基础和工具，但针对具体的认识实践仍要用具体的方法。统筹学的辩证唯物主义特点，反映了辩证唯物主义对具体筹划方法的原则性指导，但不能简单地把统筹学等同于哲学。

整体统一筹划的理论方法，不仅要求在筹划时要遵循客观事物发展的规律，还要遵循实践活动的规律。事实上，任何实践活动的发展不仅受外部条件的影响，而且还会受主观条件和能动性的制约。人们在整体统一筹划的过程中，需要把遵循认识规律放在突出的位置，并在深入认识中不断改变原来的筹划，进而使筹划的结果适应认识发展的需要。

统筹城乡发展，需要运用统筹学整体统一筹划的理论方法来思考、谋划、指导城乡关系的处理和城乡经济社会的发展，促进我国城乡二元结构的经济社会向一元结构的经济社会转变，最终实现城乡一体化发展的目标。

## 四、科学发展观的统筹理念

科学发展观是发展理论在中国的一种具体表现形式。科学发展观是中国共产党在推进中国特色社会主义建设过程中形成的新的执政理念，深入贯彻和落实科学发展观，对于实施统筹城乡发展战略、全面建成小康社会具有重大而深远的指导意义。

党的十六届三中全会明确提出："坚持以人为本，树立全面、协调、可持续的发展观，促进经济社会和人的全面发展。"科学发展观就是坚持以人为本，全面、协调、可持续的发展观。以人为本，就是要把人民的利益作为一切工作的出发点和落脚点，不断满足人民的多方面需求，促进人的全面发展。全面，就是要在不断完善社会主义市场经济体制，保持经济持续快速协调健康发展的同时，加快我国的政治文明、精神文明建设，形成物质文明、政治文明、精神文明相互促进、共同发展的新格局。协调，就是要统筹城乡协调发展、区域协调发展、经济社会协调发展、国内发展和对外开放。可持续，就是要统筹人与自然和谐发展，处理好经济建设、人口增长与资源利用、生态环境保护的关系，推动整个社会走上生产发展、生活富裕、生态良好的文明发展道路。科学发展观的内涵极为丰富，涉及经济、政治、文化、社会发展各个领域，既有生产力和经济基础问题，又有生产关系和上层建筑问题；既管当前，又管长远；既是重大的理论问题，又是重大的实践问题。

统筹城乡发展，事关国家发展和人民幸福，必须以科学发展观做指导，统筹处理城乡关系，破解城乡二元发展难题，解决“三农”问题，促进国民经济和社会全面、协调、可持续发展。

## 五、习近平中国特色社会主义思想

以习近平总书记为核心的新一代党中央十分重视统筹城乡发展工作，先后作出一系列推动农村发展的决策和部署。早在 2003 年 1 月，习近平同志就在浙江省农村工作会议上指出，要统筹城乡经济社会发展，走以城带乡、城乡一体化的路子，在加快城市化进程、促进农业劳动力转移和农村人口集聚上取得新突破。2003 年 2 月，他又在浙江省“转变作风年、调查研究年”活动总结和加强调查研究工作电视电话会议上要求，统筹城乡经济社会发展，要统筹城乡经济社会结构的调整，深化城乡配套改革，突破城乡二元结构。同年 4 月，他在建德市、淳安县调研时，要求统筹城乡经济社会发展，使欠发达地区成为新的经济增长点，努力形成以城带乡、以工促农、城乡一体化的发展格局。2004 年 3 月，习近平同志在浙江全省统筹城乡发展座谈会上指出，统筹城乡发展居“五个统筹”之首，是科学发展观的重要内容和体现。同年 4 月，他在浙江省委常委会一季度经济形势分析会上再次强调，统筹城乡发展，推进城乡一体化，是新时期新阶段浙江省经济社会发展的必然选择，是解决“三农”问题的根本途径。随后他在 2005 年的浙江省农村工作会议上指出，务必统筹城乡兴“三农”。城乡一体化将城乡作为一个整体来谋划，致力于促进城乡之间形成系统有机的内在联系，从而达到融合发展，是区域协调发展和城乡统筹发展的最高境界。习近平总书记城乡一体化理念的率先实践，使浙江成为全国城乡融合发展最好的省份之一。2014 年 12 月 13—14 日，习近平总书记在江苏调研时再次强调：“加快推进城乡发展一体化，是党的十八大提出的战略任务，也是落实‘四个全面’战略布局的必然要求。全面建成小康社会，最艰巨最繁重的任务在农村特别是农村贫困地区。”[9] 由于历史原因，我国过去长期实行城乡二元体制，没有把农业发展、农村建设、农民利益与城市纳入一个有机整体，造成区域分割、资源分割和城乡分割，导致农村基础差、投入少、发展慢。推进农村现代化，必须破除城乡二元结构，加快城市基础设施向农村延伸、公共服务向农村覆盖、现代文明向农村传播，构建和谐共生的城乡关系，形成城乡共同繁荣的良好局面。2015 年 3 月 8 日，习近平总书记在参加十二届全国人大三次会议广西代表团审议时的讲话强调：“我们一定要抓紧工作、加大投入，努力在统筹城乡关系上取得重大突破，特别是要在破解城乡二元结构、推进城乡要素平等交换和公共资源均衡配置上取得重大突破，给农村发展注入新的动力，让广大农民平等参与改革发展进程、共同享受改革发展成果。”[10] 2015 年 4 月 30 日，习近平总书记在中央政治局集体学习时指出：“要把工业和农业、城市和乡村作为一个整体统筹谋划，促进城乡在规划布局、要素配置、产业发展、公共服务、生态保护等方面相互融合和共同发展。”[11] 习近平总书记还指出，“近年来，党中央坚持把解决好‘三农’问题作为全党工作重中之重，不断加大强农惠农富农政策力度，农业基础地位得到显著加强，农村社会事业得到显著改善，统筹城乡发展、城乡关系调整取得重大进展。同时，由于欠账过多、基础薄弱，我国城乡发展不平衡不协调的矛盾依然比较突出，加快推进城乡发展一体化意义更加突显、要求更加紧迫。”[12] 推进城乡发展一体化，是我们必须完成的紧迫任务。习近平总书记统筹城乡发展的战略思想与实践，为我国新时期统筹城乡发展，实施乡村振兴战略，调整城乡关系，促进城乡一体化发展和城乡融合发展指明了方向，提供了重要的理论支撑和实践导向。

## 第五节　统筹城乡发展的基础工程

我国全面建成小康社会的重点是统筹城乡发展，而统筹城乡发展的重头戏则在“三农”，通过实施统筹城乡发展战略，从根本上解决“三农”问题，促进农村、农业和农民的发展，进而促进整个经济社会的全面发展。不少学者认为统筹城乡发展的基础是工业化，因为工业化是统筹城乡发展的引擎，没有工业化的发展，就不可能吸纳农村剩余劳动力，也不可能实行工业反哺农业的政策，促进农村和农业的发展。然而，工业化的基础是教育，教育在国民经济和社会发展中的基础性、战略性地位，决定了其在统筹城乡发展中应该发挥基础性作用。统筹城乡经济社会发展，必须把统筹城乡教育发展摆在十分突出的位置。

### 一、确立教育发展优先地位

教育在国民经济和社会发展中发挥着基础性、战略性、先导性作用，统筹城乡经济社会发展，就必须统筹城乡教育的发展。一方面，教育通过自身功能的发挥，为统筹城乡经济社会发展提供智力支撑和人才保障。如果农村教育滞后，教育就难以发挥支撑农村经济社会发展的作用。要促进农村经济社会的发展，就必须首先发展教育，缩小城乡教育差距。统筹城乡教育发展，也是教育适应经济建设和社会发展的客观需要。另一方面，我国由于长期以来受经济社会发展城乡二元结构的制约，城乡教育发展出现了较为失衡的状况，其主要表现：农村教育发展相对薄弱，难以实现均衡发展和高水平、高质量的提升；农村初中生辍学现象仍然存在；受校舍、师资及学生就学愿望的制约，高中阶段教育实现全面普及存在困难；城乡之间、学校之间不均衡发展的现象有持续的趋势；2000 年农村开始税费改革之后，义务教育经费的投入保障机制尚未与发展现代化教育的需求相适应，学校正常运转受到影响，农村教师工资发放标准不统 一，来源不稳定；农村教育办学思想和方法落后；等等。

农村教育在全面建成小康社会中发挥着重要的作用，农村教育的质量关系到农村各类人才培养和整个教育事业的发展，关系到农村经济社会的进步。因此，抓好农村教育工作是解决“三农”问题的基础，必须从全面建成小康社会的战略高度出发，将农村教育工作作为整个农村工作的重中之重，努力打破与城乡经济二元结构相伴随的城乡教育差距，优先发展农村教育，使农村教育发展成为统筹城乡经济社会发展的基础。

### 二、高度重视城乡教育公平

教育公平是当前我国教育界及社会各界关注的热点，也是国际社会近几十年来重点关注的领域。教育公平的提出及其实践，是经济、社会、教育发展到一定历史阶段的必然产物。统筹城乡教育发展，必须着力解决城乡教育因发展差距所带来的公平问题。

教育公平是指国家对教育资源进行配置时所依据的合理性规范或原则。这里所说的“合理”是指要符合社会整体的发展和稳定，符合社会成员的个体发展和需要，并从两者的辩证关系出发来统一配置教育资源，是社会现实与教育理想的统一。

在2007年世界经济合作组织（Organization for Economic Cooperation and Development，OECD）有关教育公平的报告中，把“教育公平”定义为：“教育公平有两个含义。第一个含义是公正（fairness），就是要保证性别，社会经济地位和种族等个人和社会因素不妨碍人达到其能力所允许的教育高度。第二个含义是覆盖（inclusion），就是要保证每个人都受到基本的、最低标准的教育。”[13]

教育公平是社会公平的基础，也是社会稳定发展的基础，关系着千家万户的生存发展和人民群众的切身利益。由于城乡二元体制影响，我国城乡教育严重失衡，进而导致城乡教育发展不公平，主要表现在以下三个方面。

**（一）城乡教育机会不平等**

尽管党和国家长期以来一直重视农村教育的发展，但由于受农村教育长期落后的制约和城乡二元体制的影响，我国教育发展的城乡差距仍然很大，城乡教育发展面临的环境和资源仍不均衡，城乡教育一体化发展仍然是当今中国农村教育发展面临的重要难题。农村留守儿童的入学和保障，与城市相比还存在着较大的差距。边远农村学校的教师引进难、留不住的情况还相当严重。农村学生享受的优质教育资源远远低于城市的学生，城乡教育机会不均等的情况仍然存在。

**（二）城乡教育资源配置失衡**

师资配置结构失调且难以及时合理调剂，导致城乡师资在数量、质量和稳定性上差距极大。农村教育缺资金、缺设备、缺教师的现象在一些地区仍比较严重。城镇超编和农村缺编问题并存，农村师资知识老化和数量短缺问题并存，农村教师缺编和有编空缺问题并存，大量临时代课教师和教师在编不在岗问题并存，农村学校教学设备陈旧和短缺问题并存。农村教师在数量和质量上的双重短缺，致使农村教师学历达标率远低于城市教师，大量农村教师无法胜任素质教育工作，难以适应新教改的要求。

**（三）城乡教育管理不公平**

各类实验、示范、重点学校几乎全部集中在城市。小学和初中的两极分化日趋严重，加上“择校热”等问题，往往将普通家庭的孩子拒于重点学校门外，而一些家境较好的孩子优先占据政府多年投资形成的优质教育资源。马太效应明显，城市教育不仅拥有大量的优质教育资源和大批尖子学生，而且也集聚着大量社会资金和公众积蓄。

教育公平是社会公平价值在教育领域的延伸和体现，关系着人民群众的切身利益，关系着国家和地区的经济社会发展，关系着人心向背。目前，教育公平已成为社会公众关注的焦点，如果教育公平问题得不到合理解决，统筹城乡经济社会发展将受到极大影响。

## 三、夯实统筹城乡教育发展基础

改变城乡教育的二元结构，促进城乡教育的均衡发展，就必须夯实统筹城乡教育发展基础。在统筹城乡教育发展中，需要解决的问题很多，特别是农村教育目前还欠账不少，在短时间内也不可能把教育的所有问题都解决。但中央和地方各级人民政府，仍可以从城乡教育的布局结构、建设标准、师资队伍、经费投入保障等多方面着手，为城乡教育的均衡发展，尤其是农村教育的发展创造条件，夯实统筹城乡教育发展基础。

**（一）调整教育布局结构，深化城乡教育改革**

根据城镇化建设进程，做好城镇人口增长、区域教育容量需求研究。统筹规划城乡、区域和各类教育的布局，合理调整各级各类教育的规模与结构，实现城乡教育资源的优化配置。制定和完善城乡中小学办学条件和标准并全面实施，缩小城乡基础教育办学条件差距。巩固提高“普九”（普及九年制义务教育）成果，基本实现区域内义务教育均衡发展。探索建立实施素质教育的监测、评估检查体系，推进基础教育课程设置、教学内容、教学方式改革。探索建立学前教育多元化的经费保障机制，促进城乡学前教育协调发展。健全流动人口子女就学保障机制。

**（二）深化体制机制改革，加强师资队伍建设**

探索建立教师编制宏观调控、监测机制，提高农村学校编制标准。统筹配置城乡师资，促进城乡师资配置基本均衡。实施省级农村教师全员免费培训、职教“双师型”师资培养、高层次创新型人才建设、教育管理干部培训等计划，全面提高教师整体素质。改善城乡教师职称结构，在岗位设置、职称评审中适当提高农村学校中、高级教师比例。创新城乡教师交流互动机制。建立义务教育阶段教师津补贴制度，逐步提高农村教师待遇。推进实施农村义务教育阶段学校教师特设岗位计划，对以农村师资培训为重点的培训项目给予支持。对边远地区农村教师的补充实行定点招生、定点招聘。

**（三）推进教育信息共享，构建教育帮扶机制**

探索建立以教育信息化推动城乡教育一体化机制；加大教育信息化硬件、远程教育、教育资源等平台建设力度；加强教育城域网、校园网、校园数字化建设，大力推进农村中小学现代远程教育工程，实现“班班通”，促进城乡教育资源共享。加大对教育信息化建设的支持力度，在实施农村中小学现代远程教育工程中对欠发达地区给予政策倾斜；支持建设西部地区教育信息化示范区和全国农村中小学现代远程教育应用实验区。探索建立城市教育支持农村教育发展的长效机制，健全城乡学校“百校牵手”“捆绑发展”等对口帮扶机制；健全企业、社团、个人援助农村教育新机制，扶持农村教育发展。

**（四）改革投入保障机制，支持农村教育发展**

根据城乡教育事业发展需要，增加预算内教育经费支出，制定各级各类学校生均公用经费标准。依法落实教育经费的“三个增长”，执行教育经费占省级财政一般预算支出比例每年提高一个百分点的政策，全面落实财政性教育经费占 GDP 的比例达到 4%的要求。积极拓展教育经费投入渠道，探索教育税费征收减免政策。调整公共财政支出结构，重点向农村地区、少数民族地区和边远贫困地区倾斜。制订农村学校建设标准和项目实施计划。支持开展统筹城乡教育发展实验，促进城乡教育的区域统筹与改革发展。

## 参 考 文 献

［1］ 张红宇．城乡统筹：以农民收入为中心的结构转换分析［J］．南京：产业经济研究，2003（4）．

［2］ 郭红霞．统筹城乡发展战略的社会学分析［D］．北京：中共中央党校，2004．

[3]　王慧，刘祖云，胡蓉. 试析统筹城乡发展战略的提出背景和实现途径 [J]. 石家庄：产业与科技论坛. www.taodocs.com/p-29791158.htm. 2008 (3)：28.

[4]　张丽艳，等. 论统筹城乡发展的制度障碍及对策 [J]. 辽宁工程技术大学学报（社会科学版），2005，7 (3)：253.

[5]　张时飞，刘从龙. 让失地农民的生计可持续 [M] //汝信，陆学艺，李培林. 2005：中国社会形势分析与预测. 北京：社会科学文献出版社，2004：197.

[6]　冯蕾，李慧. 走中国特色、科学发展的新型城镇化道路：中央城镇化工作会议亮点解析 [N]. 光明日报，2013-12-16 (9).

[7]　中共中央文献研究室. 习近平关于协调推进"四个全面"战略布局论述摘编 [M]. 北京：中央文献出版社，2015：32.

[8]　张晓山. 习近平"城乡一体化"思想探讨 [EB/OL]. (2015-10-21) [2019-11-19]. http://theory.people.com.cn/n/2015/1021/c40531-27723378.html.

[9]　本书编写组. 党委（党组）中心组学习理论 2016 [M]. 北京：国家行政学院出版社，2016：256.

[10]　佚名. 习近平论扶贫工作：十八大以来重要论述摘编 [EB/OL]. (2015-12-01) [2020-01-06]. http://www.xinhuanet.com/politics/2015-12/01/c_128491293.htm.

[11]　本书编委会. 习近平关于社会主义社会建设论述摘编 [M]. 北京：中央文献出版社，2017：188. xueshu.baidu.com/usercenter/paper/sho.

[12]　佚名. 学习《习近平关于"三农"工作论述摘编》[EB/OL]. (2019-07-09) [2020-01-08]. http://he.people.com.cn/n2/2019/0709/c192235-33125004-2.html.

## 思考与测试

**一、思考题**

1. 我国实施统筹城乡发展战略的背景是什么？

2. 我国统筹城乡发展的内涵和特点主要有哪些？

3. 我国统筹城乡发展的本质和主要要求是什么？

4. 如何理解教育在统筹城乡发展中的战略性、基础性地位？

**二、测试题**

（一）填空题

1. 统筹城乡发展，就是把城市和农村的发展纳入整个国民经济与社会发展全局进行（　　），综合考虑，建立（　　）的新格局。

2. 统筹城乡发展的实质就是要给（　　）平等的发展机会，缩小城乡、工农和地区（　　），促进城乡经济社会均衡、持续、协调发展。

3. 我国实施的统筹城乡发展战略具有战略思维、（　　）、一体发展的特点。

4. 我国的工业化和城市化由早期到（　　）再到后期逐步推进的动态的、（　　）的时空演进过程。

5. 统筹城乡发展的基本要求包括统筹城乡（　　）、产业发展、社会进步三个方面。

6. 我国长期以来形成的（　　）的二元制度设置，是造成城乡关系失调、（　　）问题突出的主要根源。

7. 源于计划经济体制的（　　）、劳动就业制度、农村社会保障制度、教育制度、农村土地制度和财政制度等，严重阻碍了（　　）协调和城乡一体化发展。

8. 用（　　）发展的思路和战略，解决中国的“三农”问题，就是要在发展战略、经济体制、政策措施和（　　）上有一个大的转变，最终实现城乡一体化发展的目标。

9. 党的十六大明确提出（　　）发展的重要思想，表明党和政府已正视长期存在的城乡二元（　　）和城乡居民收入等方面差距扩大的客观现实。

10. 城乡分离的户籍管理制度，把人们的户口分为（　　）和非农业户口，这不但严格限定了（　　）的身份，并对其分而治之，把农民排斥在城市之外，剥夺了农民分享城市社会资源的机会。

11. 城乡教育的差距不仅表现为城乡教育（　　）的不平衡，而且表现为城乡（　　）的不均等。

12. 我国现有的农村（　　）造成了农民对土地的依附，限制了（　　）转变，成为统筹城乡发展的又一障碍。

13. 在市场经济条件下，农业的（　　）及其重要性客观上要求国家加大对农业的投资力度，增强农业的（　　）。

14. 统筹城乡发展的核心理念是（　　），发展的目的是促进城市和农村、农业和非农产业的协调发展，在这一过程中，尤其要正确处理资源配置过程中的（　　）的关系。

15. 在工业化和城市化中期阶段，我国在国际上属于（　　）国家，由于经济社会矛盾的凸显，这一阶段成为（　　）发展中最为复杂的阶段。

16. 统筹城乡经济与社会的发展，不仅是解决我国“三农”问题的（　　）和战略选择，也是加快我国农村全面（　　）建设步伐的重大战略举措。

17. 统筹城乡产业发展是政府协调（　　）部门，弥补市场失灵，促进宏观经济（　　）的重要工作。

18. 统筹城乡的社会进步，最主要的是要统筹（　　）、教育卫生、政治文化及其他（　　）的发展。

19. 我国实施的统筹城乡发展战略，具有坚实的理论基础，（　　）理论、系统理论、统筹学理论与（　　）等，构成了统筹城乡发展的理论支撑体系。

20. 在统筹城乡发展过程中，既要促进（　　）的发展，也要促进人的发展，必然要受（　　）理论的指导和制约。

21. 科学发展观要求坚持以人为本，树立全面、协调、（　　）的发展观，促进经济社会和（　　）发展。

22. 教育在国民经济和社会发展中发挥着基础性、（　　）、先导性作用，统筹城乡经济社会发展，就必须统筹（　　）的发展。

23. 教育公平是（　　）价值在教育领域的延伸和体现，关系着人民群众的切身利益，关系着国家和地区的经济社会发展，关系着（　　）。

24. 依法落实教育经费的（　　），执行教育经费占省级财政一般预算支出比例每年提高一个百分点的政策，全面落实财政性教育经费占 GDP 的比例达到（　　）的要求。

（二）单项选择题

1. 我国城乡分离的（　　），目前已成为统筹城乡发展最大的制度性障碍。

A. 教育制度　　B. 财政制度　　C. 户籍制度　　D. 保障制度

2. 胡锦涛在中共十六届四中全会上，首次提出了（　　）的重要论断。

A. 城乡统筹　　B. 两个趋向　　C. 新型工业化　　D. 城乡一体化

3. 我国城乡产业政策和制度虽然经过了多次大的改革，但仍然保留着明显的（　　）痕迹。

A. 市场经济　　B. 计划经济　　C. 商品经济　　D. 产品经济

4. 统筹处理城乡关系，破解城乡二元发展难题，解决（　　），促进国民经济和社会发展的全面、协调和可持续。

A. 工业发展问题　　B. 城市建设问题　　C. 三农问题　　D. 农产品销售问题

5. 尽管目前我国城乡之间的社会保障体系没有对接，社会保险、社会救济、社会福利在城乡之间的配置结构也很不合理，但建立（　　）的社会保障体系，已成为全社会的共识。

A. 城乡各自独立　　B. 城乡一体化　　C. 城乡统筹发展　　D. 城乡均衡发展

6. 统筹城乡发展的基础是（　　）。

A. 工业化　　B. 城镇化　　C. 农业现代化　　D. 教育

答案见第 208 页“附录　测试题参考答案”。

# 第四章　统筹城乡发展的国家战略

**内容提要：**

马克思主义关于城乡关系的论述为认识和处理城乡关系、统筹城乡发展提供了理论依据。中华人民共和国成立以来，我国在认识和处理城乡关系问题上经历了曲折的探索过程。21世纪初，我国进入了全面建设小康社会、加快推进社会主义现代化的新阶段，但由于城乡差距持续扩大，在农业和农村形势严峻、城乡二元结构矛盾突出、“三农”问题得不到根本解决等问题的影响下，经济和社会发展受到严重制约。基于全面建成小康社会，实现中华民族伟大复兴的需要，中央审时度势、果断决策，作出了实施统筹城乡发展的战略决策，建立以工促农、以城带乡的长效机制，推动建立我国城乡一体化发展的新格局。

统筹城乡发展战略是新时期我国处理城乡关系的基本战略。这一发展战略是经济建设、政治建设、文化建设、社会建设和生态文明建设“五位一体”相辅相成的统筹城乡发展总体布局，整体推进、重点突破的战略设计；确立了国家在工业化、城市化中期，加快提高城市化水平和质量，积极建设社会主义新农村，走新型工业化道路的统筹城乡发展的新思路；提出了统筹城乡规划建设，统筹城乡产业发展，统筹城乡管理制度，统筹城乡收入分配的战略任务。

通过统筹城乡发展战略的实施，把城乡经济社会发展统一纳入政府宏观规划，协调城乡发展，促进城乡联动，实现共同繁荣。以工业化支撑城市化，以城市化提升工业化，加快工业化和城市化进程。促进农村劳动力向第二、三产业转移，农村人口向城镇集聚，建立以城带乡、以工促农的发展机制，加快现代农业和现代农村建设。突破城乡二元经济社会结构，纠正体制上和政策上的“城市偏向”，消除计划经济体制的残留影响，保护农民利益，建立城乡一体的社会制度。根据经济社会发展阶段的变化，调整国民收入分配结构，改变国民收入分配的“城市偏向”，加大对“三农”的财政支持力度，全面推动城乡一体化发展。

统筹城乡发展战略的实施，对于从根本上解决我国的“三农”问题，推进国民经济持续快速健康发展，巩固中国共产党的执政地位，构建社会主义和谐社会，彰显社会主义的本质和优势，都具有十分重大的战略意义。

**学习指导：**

分析21世纪初我国农业和农村面临的严峻形势，了解我国统筹城乡发展战略形成的过程，掌握我国实施统筹城乡发展战略的时代要求，掌握统筹城乡发展战略的总体布局、战略设计、战略思路、战略任务，掌握实施统筹城乡发展战略的重大意义。

**实践建议：**

根据自身所知、所见、所闻，结合家庭或他人实际，感受和体验国家实施统筹城乡发展战略、推动全面建设小康社会所带来的新变化，畅谈国家实施统筹城乡发展战略的重大意义。在教师的指导下，学生可灵活采取多种方式进行本次实践。

统筹城乡发展，是我国经济社会发展到一定阶段的产物。进入21世纪后，我国国民经济和社会发展进入了一个新的历史时期，城乡分离的二元经济体制已严重制约了经济和社会的发展，统筹城乡发展，实现中华民族的伟大复兴，迫切要求国家实施统筹城乡发展的战略。党的十六大以来，通过不断地调整和完善，统筹城乡发展逐步上升为国家发展战略，开辟了我国经济与社会发展的新里程。

## 第一节　城乡关系的探索和实践

正确认识和处理城乡关系，统筹城乡发展是现代化建设中的一个重要课题。马克思主义创始人关于城乡关系的论述，为社会主义国家认识和处理城乡关系、统筹城乡发展提供了理论基础。新中国成立后，我国在认识和处理城乡关系方面经历了曲折的探索。党的十六大以来，我们党明确提出并实施城乡统筹发展战略，这标志着在认识和处理城乡关系方面由偏重城市转向城乡并重，由城乡兼顾转向城乡统筹，深化和发展了马克思主义城乡关系的理论。

### 一、马克思主义关于城乡关系的基本观点

（1）城乡分离是生产力发展的必然结果，城乡对立将随着生产力的进一步发展而消失。马克思主义认为，人类社会的发展和进步，都是生产力与生产关系矛盾运动的结果。城市的产生过程，就是生产力发展而使社会分工不断深化的过程，城乡差别、城乡对立，只是生产力发展到一定历史阶段的产物，随着生产力的发展，城乡差别的消失是历史的必然。马克思指出，物质劳动和精神劳动的最大的一次分工，就是城市和乡村的分离。作为生产力发展结果的城乡分离，本身就是社会进步的表现。列宁提出："城市的发展要比乡村迅速得多，城市是经济、政治和人民的精神生活的中心，是前进的主要动力。"[1] 在谈到城乡发展的过程时，马克思指出，"古典古代的历史是城市的历史，不过这是以土地财产和农业为基础的城市；……中世纪（日耳曼时代）是从乡村这个历史舞台出发的，然后，它的进一步发展是在城市和乡村的对立中进行的；现代的历史是乡村城市化，而不像古代那样，是城市乡村化"。恩格斯在《论住宅问题》一文中，驳斥了关于城乡对立是自然的、不可避免的和消灭城乡对立是一种空想的小资产阶级思想的观点，提出"随着剥削阶级的消灭，城乡对立的阶级基础也就消失，在工人阶级的政治统治下将会产生工业生产和农业生产之间的关系日益密切的条件，只有那时，工业和农业才能在生产力高度发展的情况下相互接近"。

（2）无产阶级专政是消灭城乡差别、城乡对立的重要条件。马克思主义认为，城乡发展都是以人为中心的全面发展，城乡发展的前提是建立无产阶级专政。而无产阶级专政的建立，必须取得农民的支持，强调没有农民参加，无产阶级革命根本不可能胜利，无产阶级专政不可能建立，城乡差别、城乡对立的消失就失去了政治前提。马克思在总结1848—1850年法国阶级斗争的经验时明确提出："在革命进程中把站在无产阶级和资产阶

级之间的国民大众即农民和小资产阶级者发动起来反对资产阶级制度，反对资本统治以前，在革命进程迫使他们承认无产阶级是自己的先锋队而靠拢它之前，法国的工人们是不能前进一步，不能丝毫触动资产阶级制度的。”[2] 1894 年，恩格斯指出：“农民到处都是人口、生产和政治力量的非常重要的因素”，社会主义工人政党“为了夺取政权，这个政党首先应当从城市走向农村，应当成为农村中的一股力量”。[3]

(3) 农民将在无产阶级专政的条件下通过合作社组合成大规模经济，这是城乡融合的必要条件。马克思认为，私有制是资本主义得以产生和存在的基础，农村落后于城市，与资本主义私有制密切相关，正是农村的私有制阻碍了农村经济社会的发展。因此，无产阶级通过革命手段夺取政权之后，必须改变农村的生产关系以解放生产力。马克思在《论土地国有化》中指出，随着社会经济的发展，人口的增加和集中，必然在农业中采用集体的、有组织的劳动，并且只有在广泛利用现代科学技术成就的基础上，才能保证农业生产的不断发展。而这只有在大规模耕种土地时才能做到，生产资料的全国性的集中将成为自由平等的生产者的各联合体所构成的社会的全国性基础，这些生产者将按照共同的合理的计划进行社会劳动。关于无产阶级夺取政权后农村的发展方向，恩格斯在《论住宅问题》中明确提出，农民将在无产阶级专政的条件下通过合作社组合成大规模经济。现存土地所有制中的大规模经济将由“联合的劳动者”来经营。小农户通过联合就能像大农庄那样，应用一切现代工具、机器等。而这种改造或联合，具体采用暴力手段还是和平手段，取决于将来的具体条件。

### 二、我国城乡关系的探索与实践

在中华人民共和国成立初期和社会主义改造时期（1952—1956 年），中央就提出了工作重心转移和城市领导乡村、以城市为主、兼顾农村的工作方针，进而奠定了中国共产党处理城乡关系的思想和理论基础。早在 1949 年年初，中国共产党就开始对革命胜利后新生政权的经济、政治、文化等政策进行理论思考和实践准备，提出了党的工作重心由乡村转移到城市、城市领导乡村和城乡兼顾的思想。

1949 年 3 月，中共七届二中全会上明确提出：“从 1927 年到现在，我们的工作重点是在乡村，在乡村聚集力量，用乡村包围城市，然后取得城市。采取这样一种工作方式的时期现在已经完结。从现在起，开始了由城市到乡村，并由城市领导乡村的时期。党的工作重点由乡村移到了城市。”[4] 与此同时，毛泽东同志还提出了城市与乡村兼顾的思想，“城乡必须兼顾，必须使城市工作和乡村工作，使工人和农民，使工业和农业，紧密地联系起来。决不可以丢掉乡村，仅顾城市，如果这样想，那是完全错误的。但是党和军队的工作重心必须放在城市，必须用极大的努力去学会管理城市和建设城市。”[5] 在这次会议上，刘少奇同志也发言阐述了“城乡一体”的思想，他指出：“要有城乡一体的观点。过去我们只有乡村，现在加上城市，就是说，加上了大工业、国有企业（社会主义性质的）、国家资本主义、城乡关系等新问题。我们要以城市工作为重心来领导全党工作，就要想到、照顾到这种种问题，‘单打一’的做法必须改变，否则就要犯错误”[6]。中华人民共和国成立后，为了防止出现忽视农村的情况，中央多次阐述和深化了中共七届二中全会所提出的正确处理城乡关系的思想，强调要统筹兼顾。

周恩来同志多次指出："在中国，城乡关系是一种非常重要的关系。一方面，中国革命要由工人阶级领导；另一方面，要使革命取得胜利，又必须依靠农民阶级和广大乡村。"[7]针对农村工作的重要性问题，周恩来同志指出："在谁领导谁的问题上，今天我们确定了城市领导乡村、工业领导农业的方针"，"既然是集中的城市领导分散的乡村、工业领导农业，那么，是不是就可以不要依靠农村这个基础并从而忽视乡村呢？不能。无论什么时候都不能取消或忽视乡村这个广大的农业基础。城市与乡村、工业与农业都是辩证的两方面，决不能取消或忽视任何一方面。"[8] 在这一历史阶段，中央虽然强调工作重心转移到城市，但对农村仍然是重视的，为了实现农村生产关系的变革，中央积极推动土地改革和农业社会主义改造，废除了农村生产资料私有制，彻底消除了封建主义得以存在和发展的制度基础。

在全面建设社会主义时期（1956—1966 年），随着农村生产关系变革任务的完成，党的八大以后，中央关于城乡兼顾思想的重心发生了偏移，由中华人民共和国成立初期确定的以城市为重心、统筹兼顾，逐渐转化为农村为城市和工业发展提供服务，逐步确立了以城市为中心、以工业为重点、农村为城市和工业服务的思想，这对我国城乡二元结构的形成产生了重大影响。

"文化大革命"（1966—1976 年）期间，国家处理城乡关系的主旋律仍然是突出农业、农村对国民经济发展所起的稳定功能、保障功能与服务功能，重点是解决吃饭、工业发展和稳定问题，正如毛泽东同志所指出的，我国是一个农业大国，农村人口占全国人口的百分之八十以上，发展工业必须和发展农业同时并举，工业才有原料和市场，才可能为建立强大的重工业积累较多的资金。"我们一直抓了农业，发展了农业，相当地保证了发展工业所需要的粮食和原料。"[9] 在这一思想指导下，国家尽管强调发展工业与发展农业并举，却把政策措施和制度安排的重心放在了农村支持城市、农业支持工业方面。国家的工作重心在城市，虽然强调要兼顾农村，正确处理城乡关系，但由于基本思想和发展战略是实现工业化，发展农村的出发点和落脚点都是为工业化服务，因而在资源投放方面，就尽可能地向城市倾斜，农村承担起了支持城市和工业发展的重任，形成城乡二元结构。这些举措不仅延缓了农村城市化、现代化的进程，而且还造成了工业化与城市化的脱离，城市化进程的缓慢又延缓了工业化的进程。

在新的历史时期（1978—2001 年），1978 年，党的十一届三中全会召开，中央对城乡关系进行再认识，提出了以经济建设为中心、推进城乡改革、实现城乡良性互动的思想，为实施统筹城乡发展战略做了思想和理论准备。从 1978 年党的十一届三中全会开始，中央重新认识城乡关系，审视农村工作，逐步实施改革开放政策，我国开始了由计划经济体制向社会主义市场经济体制的过渡。中央处理城乡关系的思想也随之发生重大变化，即从重视城市转向更加关注农村。以经济建设为中心、推进城乡改革、实现城乡良性互动的思想，在处理城乡关系中起到了主导作用。对此，邓小平同志指出，想要解决中国的问题，必须从农村起步，先使农民富起来，农村稳定下来，然后才能保持稳定的发展环境。"农村人口占我国人口的百分之八十，农村不稳定，整个政治局势就不稳定，农民没有摆脱贫困，就是我国没有摆脱贫困。"[10] 中国社会是不是安定，中国经济能不能发展，首先要看农村能不能发展，农民生活是不是好起来。"城市搞得再漂亮，没有农村这一稳定的基础是不行的。"[11] 在提到工农关系、城乡关系时，邓小平同志强调了相互促进的思想，指出农业搞不好，工业就没有希望，吃、穿、用的问题也解决不了。农副产品的增加，农村市场的扩大，农村剩余劳动力的转移，又强有力地推动了工业的发展。"农业和工业，农村和城市，就是这样相互影响、相互促进。这是一个非常生动、非常有说服力的发展过程。"[12]

党的十三大以后，对于农村发展面临的新问题，党和国家领导人不断强调农村、农业地位的重要性，探索调整城乡关系，明确提出了"努力使城乡经济良性互动"的思想。这一历史时期，中央作出了把工作重心转移到经济建设上来的重要决策，实施这一决策的重心则是农村改革。在农村改革中，重点是调整城乡关系，更多地关注农村，如实行家庭联产承包经营责任制、废除人民公社体制、取消农产品统购统销制度、允许农民进城务工就业等。这些改革措施打开了城乡封闭的大门，促进了农村经济的发展。然而，随着农村局面的好转，党和国家又把改革发展的重点转移到了城市。与城市发展相比，农村的发展步伐明显滞后，日益突出的"三农"问题已经成为全面建设小康社会的"瓶颈"。中央针对解决"三农"问题所作的努力，又为确立和实施城乡统筹发展战略奠定了基础。

## 第二节　20世纪末21世纪初城乡发展面临的严峻形势

尽管从中华人民共和国成立以来，党和政府对城乡关系进行了一系列理论和实践探索，积累了丰富的认识成果和实践经验，但是由于理论和实践上的偏差，加之改革过程的复杂性，在20世纪末21世纪初，我国的城乡关系面临严峻的挑战，城乡发展严重失衡，城乡差距进一步扩大，农业和农村形势十分严峻。

### 一、城乡差距持续扩大

1. 城乡居民收入差距扩大

城乡差距扩大，最主要的表现就是城乡居民收入差距扩大。在改革开放初期，由于农村改革的推进，城乡居民收入差距缩小，但从1985年改革重点由农村转向城市后，城乡居民收入差距总体上呈扩大趋势。首先，城乡居民收入绝对差距不断扩大。城市人均可支配收入从1989年的1 373.9元增长到2002年的7 702.8元，农村人均纯收入从1989年的601.5元增长到2002年的2 475.6元[13]。城乡居民收入绝对差由772.4元扩大到5 227.2元。其次，城乡居民收入比不断扩大。1985年城镇居民人均可支配收入与农村居民人均纯收入之比是1.86∶1，到1995年城乡收入之比扩大到2.71∶1，2001年这一比例又攀升到2.79∶1[14]，远远高于国际上1.5∶1的平均水平。城市居民收入增长速度远高于农村居民。1997—2002年，城镇居民人均可支配收入增长了49.27%，年均增长9.85%，同期农村居民人均收入增长了18.44%，年均增长3.68%，农民人均纯收入相对于城镇居民人均可支配收入的持续低速增长，直接导致了中国城乡居民收入差距进一步扩大。

2. 城乡居民消费差距扩大

受城乡居民收入差距扩大的影响，城乡居民的消费差距也在不断拉大。从农村和城镇居民家庭人均消费性支出的比例来看，1989 年比例为 1∶2.26，1997 年为 1∶2.58，2002 年扩大为 1∶3.28[15]，城乡居民消费差距不断扩大。再从恩格尔系数来看，城市居民家庭恩格尔系数从 1989 年的 54.5%下降到 2002 年的 37.7%，下降了大约 17 个百分点，而同期农村居民家庭恩格尔系数仅下降了不到 9 个百分点。2002 年，我国农村刚刚进入总体小康阶段，而我国城镇早在 1997 年就达到了这一水平，城市居民生活质量的提升速度要远远快于农村。

3. 城乡社会发展差距扩大

城乡差距扩大，不仅表现在城乡居民收入差距和消费差距的扩大上，还表现在教育、卫生医疗、社会保障等方面。在教育方面，农村人口的受教育年限、文化程度、教育质量等远远落后于城市。据第五次人口普查结果统计，2000 年我国城市人均受教育年限为 9.80 年，农村人均受教育年限为 6.85 年，城乡差距为 2.95 年；在农村人口中，初中及以上文化程度的仅占 39.1%，远远低于城市 65.4%的水平；农村在基础教育设施、师资水平等方面也远不及城市。在卫生医疗方面，城乡居民医疗卫生保障水平和卫生条件相差悬殊。2003 年，55.25%的城市居民获得了医疗保障，而在农村仅有 21%的居民获得了医疗保障；城市每万人拥有的卫生技术人员数为 72 人，而农村仅为 13 人。在社会保障方面，城乡社会保障覆盖率比例为 22∶1，农村社会保障覆盖率只有 3%，农村基本上缺乏社会保障。与城市居民相比，我国农村居民所享有的发展机会和政府福利实在太少。

## 二、农业和农村形势严峻

中华人民共和国成立以来，党和政府始终重视“三农”问题，特别是改革开放后，农业和农村各方面都取得了举世公认的成就，农产品产量大幅提高，农村面貌焕然一新，农民生活得到明显改善。但是随着社会主义市场经济的发展，受历史和体制性因素的制约，“三农”问题的解决更具复杂性和艰巨性。

1. 农业基础地位仍然薄弱

农业是国民经济发展的基础，尤其对于人口众多的中国来说，保证粮食安全始终是首要问题。在这一时期，虽然我国总体上粮食供大于求，但是从长远来看，粮食安全仍然存在隐患。一方面，人口增长和国民经济的快速发展对农产品的需求不断增大；另一方面，受资源、环境、生产条件等多重影响，农产品增长空间十分有限。据统计，从 1996 年到 2002 年，我国耕地面积由 19.51 亿亩（1 亩≈666.7 平方米）减少到 18.89 亿亩，而且减少的趋势还在持续。我国大部分地区水资源也严重不足，主要产粮区尤其缺水，水资源的浪费和污染更加剧了水资源的短缺。除此之外，自然灾害频繁、生态环境恶化、农业基础设施不完善、农业科技水平低也成为影响农业发展的不利因素。由于农业生产效益低，农民撂荒的现象普遍存在。新时期，加强农业基础地位的任务十分艰巨。

2. 农村生活条件十分落后

与城市日新月异的变化相比，农村生活条件十分落后。一方面，农村基础设施建设明显不足，在饮水安全、道路交通、电力供应等方面仍然存在突出问题。截至 2003 年，全国还有超过 3.2 亿农村人口饮水未达到安全标准，近 100 个乡镇、近 4 万个行政村不通公路，全国还有 2 000 万农村人口用不上电。另一方面，农村居住环境十分恶劣。绝大多数农村使用传统的旱厕，不能进行垃圾和污水处理；受乡镇企业和城市高污染企业的影响，农村的自然生态环境遭到严重破坏。

3. 农民收入增长缓慢

从1997年到2002年的6年中，农民人均纯收入只增加了549.5元，增长速度没有一年超过5%，年平均增长不到4%[16]。尤其是1997年到2000年间，农民人均纯收入增幅连续4年下降，这是改革开放以来的第一次，减幅高达到4.4个百分点。虽然2000年后农民收入有了恢复性增长，但是阻碍我国农民收入增长的实际困难并没有解决，农业劳动生产率较低、农产品价格与成本的巨大落差导致农业效益下降；乡镇企业吸纳就业的能力减弱、农民外出打工受到许多不合理的限制，导致农民非农产业收入对总收入的支撑作用下降。总而言之，农民收入增长仍处在一个较为困难的时期。

## 三、城乡二元结构依然存在

长期以来，城乡差距不断扩大，“三农”问题始终得不到根本性解决，根本原因在于我国特有的城乡二元结构，这一结构的形成是国家保障实现工业化的结果。改革开放以来，随着社会主义市场经济的不断发展，城乡关系从封闭走向开放，但是城乡二元结构始终没有发生根本改变，主要表现在以下几个方面。

### （一）城乡二元的户籍管理制度

户籍管理制度是城乡二元结构最显著的标志，也是城乡二元结构得以形成和长期保持的重要制度保障。户籍管理制度将城乡居民户口分为“农业户口”和“非农业户口”，这种以居住地划分户籍的管理制度人为地阻断了人口在城乡之间的自由流动，尤其阻碍了农村人口的城市化进程。户籍管理制度在管理人口的同时，也视农民和城市居民为两种不同的身份，具有不同的地位。改革开放以来，全国各地陆续推行户口改革，不断放宽户籍迁移和管理限制，极大地促进了城乡人口流动，但是与户籍管理制度挂钩的各种福利制度没有得到相应的改变，城乡居民的待遇仍然不平等。

### （二）城乡二元的社会保障制度

以户籍管理制度为基础，城乡在社会福利保障方面存在着明显的二元性。改革开放前，城市居民享受着较为全面的社会保障，而农村居民最大的保障就是土地。改革开放后，我国逐渐建立起基本的城镇社会保障体系，但是与城市相比，农村的社会保障事业严重落后，不仅保障水平较低，而且保障制度也不健全。2003年，全国农村享受最低生活保障的仅有396.8万人，许多地方的农村养老保险和社会救助处于停滞状态，农民工难以获得工伤保险。

### （三）城乡二元的劳动就业制度

城乡二元的劳动就业制度同样是户籍管理制度的派生物。改革开放前，国家负责城市居民的就业安置，限制农村人口进城工作。改革开放后，劳动力流动性增强，农民可以在城镇就业，但是就业政策仍然偏向城市居民。政府将城市居民纳入就业管理体系，城市居民可以享受劳动培训、就业服务、再就业税费优惠等政策，而农民进城务工不仅享受不到这些服务，而且还会受到各种限制，包括进城务工手续繁琐、从事行业和岗位有限、工资待遇偏低，以及缺乏必要的劳动保障，致使农民工的合法权益甚至常常遭到侵犯。城乡二元的劳动就业制度不仅不利于劳动力在城乡之间的优化配置，而且直接损害了广大农民的根本利益。

**（四）城乡二元的财政制度**

国家财政开支用于农业和农村的部分相对城市来说明显偏少，并且支农比重逐年降低。2002年，国家财政支出总额为22 053亿元，其中用于支持农业的为1 457亿元，占财政支出比重为7.7%，[17] 比上年减少了4.84个百分点。国家财政用于农村社会事业建设的投入也极为有限。国家每年用于卫生的投入有几百亿元，而用于农村卫生事业建设的只有2亿元左右[18]。2002年，全国各项教育投资为5 800多亿元，但是占总人口近2/3的农村只得到了其中的23%；国家财政对社会保障补助支出为1 017亿元，全部都用于城市。可以说，农业和农村的落后，很大程度上归因于城乡二元的财政制度。如果不对国家收入分配格局和财政结构进行大力调整，农业和农村就永远不可能摆脱落后的地位。

## 第三节　统筹城乡发展战略的形成

21世纪初，我国进入全面建设小康社会、加快推进社会主义现代化建设的新阶段。然而城乡差距持续扩大，城乡二元结构尚未改变，“三农”问题始终得不到根本解决，严重制约了我国经济社会的全面发展。在改革发展的关键时期，中央深刻总结了以往认识和处理城乡关系的经验教训，明确提出了统筹城乡发展的思想。党的十六大报告指出，统筹城乡经济社会发展，建设现代农业，发展农村经济，增加农民收入，是全面建设小康社会的重大任务。将统筹城乡发展提升到全面建设小康社会重大任务的高度，深刻表明了中国共产党对城乡关系的重视，以及调整城乡关系、促进社会发展的决心。

### 一、党的十六大以来统筹城乡发展的思想不断深化

在党的十六大提出“统筹城乡发展”这一概念之后，2003年1月，在中央农村工作会议上，胡锦涛同志对统筹城乡发展进行了具体阐述：“统筹城乡经济社会发展，就是要充分发挥城市对乡村的带动作用和农村对城市的促进作用，实现城乡一体化发展。这既是解决‘三农’问题的重大战略，又是增强城市发展后劲的有效措施。”[19] 统筹城乡发展从根本上改变了以往处理城乡关系时只注重发挥农村支持作用的观点，不仅着眼于城市发展，更加重视农村发展，以实现城乡一体化发展为目标，而实现的关键点就是要充分发挥城乡之间的“互动”作用。党的十六届三中全会提出了科学发展观和“五个统筹”的具体要求，即“统筹城乡发展、统筹区域发展、统筹经济社会发展、统筹人和自然和谐发展、统筹国内发展和对外开放”。将“统筹城乡发展”纳入科学发展观的框架之中，并且放在“五个统筹”之首，充分体现了我们党对统筹城乡发展的高度重视。在此基础上，党的十六届四中全会明确提出关于工农、城乡关系的“两个趋向”的重要论断，这一论断是确立我国总体上进入以工促农、以城带乡发展阶段的重要依据，从而进一步确立了“工业反哺农业、城市支持农村”的工作方针，为实施统筹城乡发展提供了重要保障。2005年10月，党的十六届五中全会在制定的“十一五”规划建议中，提出了建设社会主义新农村的重大历史任务，这是中央自提出统筹城乡发展以来迈出的至关重要的一步，自此，统筹城

乡发展有了最显著的着力点。此后，党的十六届六中全会进一步从构建社会主义和谐社会的角度出发，提出了扎实推进新农村建设、促进城乡协调发展的具体要求。”

党的十六大以来，中央对统筹城乡发展的认识不断深化，始终将统筹城乡发展作为全党工作的重心不断推进，取得了阶段性成果。这一时期，统筹城乡发展主要是解决“三农”问题的基本方略，而将其提升为国家的发展战略，则是在党的十七大之后。

### 二、党的十七大以来统筹城乡发展战略逐渐形成

在改革发展的关键阶段，党的十七大对中国特色社会主义理论进行了梳理和总结，从贯彻落实科学发展观的角度，具体阐述了统筹兼顾的问题，着重强调要正确认识和妥善处理中国特色社会主义事业中的重大关系，对统筹城乡发展、建设社会主义新农村作出了具体部署，指出要“建立以工促农、以城带乡长效机制，形成城乡经济社会发展一体化新格局”[20]。这些要求，指明了在今后较长的一段时间内我国统筹城乡发展的方向，将“实现城乡一体化发展”确立为结果性目标，使统筹城乡发展的实施更有目的性。2010 年 4 月 10 日，习近平同志在亚洲博鳌论坛作主题演讲时就强调，要努力开创生产发展、生活富裕、生态良好的文明发展道路；要把节约资源作为基本国策，发展循环经济，保护生态环境，加快建设资源节约型、环境友好型社会，促进经济发展与人口资源环境相协调。这些理念包含了统筹城乡发展的科学内涵。随后，党的十七届三中全会对我国城乡发展的形势作了深刻的总结，会议指出：“我国总体上已进入以工促农、以城带乡的发展阶段，进入加快改造传统农业、走中国特色农业现代化道路的关键时期，进入着力破除城乡二元结构、形成城乡经济社会发展一体化新格局的重要时期。”[21] 在此基础上，会议进一步强调，要“把建设社会主义新农村作为战略任务，把走中国特色农业现代化作为基本方向，把加快形成城乡经济社会一体化新格局作为根本要求”“必须统筹城乡经济社会发展，始终把着力构建新型工农、城乡关系作为加快推进现代化的重大战略”[22]。这里已经明确把统筹城乡发展提升到重大战略的高度，统筹城乡发展战略的基本格局已经形成。

统筹城乡发展战略是对马克思提出的消除城乡差别、工农差别、脑体差别的观点的继承和发展，是中国共产党几十年来认识和处理工农、城乡关系的思想结晶和经验总结，是我们党根据经济社会发展趋势作出的重大战略部署。统筹城乡发展战略的形成，标志着党对城乡关系的探索进入了一个全新的时期，统筹城乡发展战略将是我国在社会主义现代化建设中必须长期坚持的基本战略。

## 第四节　统筹城乡发展的战略布局

我国统筹城乡发展战略的形成，经历了一个逐步深入、全面展开的过程。与之相适应，国家统筹城乡发展战略的工作布局，也经历了一个过程，初步形成了统筹城乡经济社会发展，构建新型工农、城乡关系，以加快推进现代化为主线，以新型工业化为主导，以新型城镇化为依托，以农业现代化为基础，把建设社会主义新农村作为战略任务的科学发展格局。整体推进、重点突破的统筹城乡发展的布局，有效地扭转了城乡二元割裂的局面，促进了城乡经济社会的发展，并为城乡一体化发展奠定了基础。

## 一、战略设计

### （一）以“三化”为核心整体推进

按照中央的部署，全国各地以工业化、城镇化、农业现代化为核心，着力构建城乡、区域一体化发展的体制机制，提出了“三化同步”，即在工业化、城镇化深入发展中同步推进农业现代化，从现代农业发展、城乡基本公共服务均等化、农村社会事业发展、体制改革和制度建设等方面，对加快形成城乡一体化发展格局进行规划和部署，促进了城市支持农村、工业反哺农业和以城带乡、城乡互动的发展。通过短短10年的努力，我国统筹城乡发展进入了中期阶段，形成了科学发展的强大动力。工业化、城镇化、农业现代化的同步推进，又激发了社会发展活力，促进了国家经济发展方式和社会管理方式的转变。

### （二）综合改革试验进行重点突破

为取得统筹城乡发展的经验，并在一些区域取得重点突破，2007年，国务院批准建立重庆市、成都市统筹城乡发展综合配套改革试验区。国家把统筹城乡发展的综合配套改革试验放在省级和市级两个条件、环境、基础和层次都不同的区域进行，尤其是在具有省级架构、大城乡和大农村并存、城乡二元结构特点突出的重庆市开展试验，目的是获取省级区域统筹城乡发展经验，破解城乡二元结构难题。在重庆市和成都市开展的统筹城乡发展综合配套改革试验，打破了试验区域城乡发展时空布局“二元”状态，城乡、工农要素自由流动的趋势基本形成，城乡社会交流增多，城乡居民收入差距拉大的趋势得到扭转，并形成了“以城带乡、圈翼互动”的重庆特色和建设“全域成都”“世界现代田园城市”的成都特色。

### （三）审时度势调整战略实施的方向

2018年，党的十九大报告中首次提出实施乡村振兴战略，并将其总要求明确为“产业兴旺、生态宜居、乡风文明、治理有效、生活富裕”五个方面。乡村振兴战略是中国特色的三农发展战略，也是统筹城乡发展战略不断深化，补齐农村发展短板，促进农村发展的战略性举措，它在理论上强调城乡并重的包容性发展，在实践上改变了传统的“城市带动、工业反哺”的三农发展模式，转而探索城乡并举的融合发展模式。从统筹城乡发展理念的提出，到工业化、信息化、城镇化和农业现代化的“四化同步”，再到城乡一体化发展、城乡融合发展，以及乡村振兴战略的实施，都充分反映了党中央根据我国统筹城乡发展战略推进的历史进程，审时度势，不断调整和深化统筹城乡发展的目标和实践推进的方向，推动着统筹城乡发展不断取得新成效。

## 二、取得的显著成效

经过近20年的努力，我国以统筹城乡发展为首的“五位一体”统筹城乡发展总体布局基本形成；乡村振兴战略的实施，把统筹城乡发展进一步引向了深入。这些已为我国全面建成小康社会、推进城乡一体化发展和城乡融合发展，实现中华民族的伟大复兴，奠定了坚实的物质基础、理论基础和制度基础。

### （一）经济社会平稳快速发展

2011年，我国国内生产总值达到47.3万亿元，经济总量从世界第六位跃升至第二位；人均国内生产总值超过 5 000 美元，进入中等收入国家行列；全国财政收入为 10.37 万亿元，是 2002 年的 5.5 倍，年均增长 20.82%。粮食和农业综合生产能力显著提高，粮食连续 9 年实现增产丰收，连续 6 年稳定在万亿斤以上，主要农产品生产和供给状况大为改善；城乡居民收入以较大幅度稳步提高，农民收入增长实现“九连快”，年均增长 8.6%。2019 年，我国国内生产总值达到了 99.1 万亿元，接近 100 万亿元人民币，按平均汇率折算，人均国内生产总值突破 1 万美元大关。国内生产总值规模和人均国内生产总值双双突破重要关口，意味着我国正式迈入中高等收入高家队列，向高收入国家迈进。现代农业建设速度加快，农业内部结构和农村产业结构不断优化，工业和农业产业之间的融合不断加深，一、二、三产业的比例关系逐步改善，城乡发展的规划和空间布局衔接加快。农村社会事业发展快速推进，城乡基本公共服务差距正在缩小。从深化农村义务教育经费保障机制改革开始，逐步实现了城乡义务教育经费保障政策的统一。2018 年，全国约 1.5 亿农村学生享受免学杂费和免费教科书政策，902 万农村留守儿童解决了入学问题，农村教育资源配置得到加强。加快农村医疗卫生事业发展，新型合作医疗制度实现农村居民全覆盖，且国家逐年提高财政补助标准；同时，实行农村基本公共卫生免疫保健和农村医疗救助。促进农村文化事业发展，采取多种形式解决农民看电视难、听广播难、看电影难、读书看报难、体育锻炼难的问题，改善基层公共文化设施条件，丰富农民群众文化生活，让广大农民也能享受到文化发展和文明进步的成果。逐步建立城乡统一的社会保障网络。农村社会保障从低水平、不健全的状态向稳定提高水平、逐步实现全覆盖的方向发展；同时，农村社会保障覆盖范围、标准也在与城市逐步衔接统一。随着财政投入力度的不断加大，公共财政覆盖农村的范围逐步扩大，且覆盖程度不断加深，农村居民享受到的改革发展成果越来越丰富。所有这些，都为加快城乡一体化发展打好了物质基础。

**（二）理论创新取得了重大突破**

我们党勇于推进实践基础上的理论创新，围绕坚持和发展中国特色社会主义提出了一系列紧密相连、相互贯通的新思想、新观点、新论断，形成了习近平新时代中国特色社会主义思想，对新形势下实现什么样的发展、怎样发展等重大问题作出了新的科学回答。党的十八大进一步全面系统地阐述了道路、理论和制度“三位一体”的中国特色社会主义，明确了党必须长期坚持的指导思想，提出了坚持和发展中国特色社会主义需要牢牢把握的“八个必须”；同时，要求全党必须更加自觉地把推动经济社会发展作为第一要义，把以人为本作为核心立场，把全面、协调、可持续作为基本要求，把统筹兼顾作为根本方法。所有这些都为推进城乡一体化发展指明了方向，明确了要求。党的十九大报告首次提出实施乡村振兴战略，并将其总要求明确为“产业兴旺、生态宜居、乡风文明、治理有效、生活富裕”五个方面。乡村振兴战略是中国特色社会主义理论的重大创新和实践探索。

城乡一体化发展理论的创新也在不断深入。从“统筹城乡经济社会发展”到“重中之重”；从“两个趋向”论断到总体进入以工促农、以城带乡发展阶段的判断；从“五个统筹发展”的科学发展观到提出建设社会主义新农村，以及农村经济、政治、文化、社会和基层组织“五位一体”建设；从扩大公共财政覆盖农村范围到逐步实现城乡区域基本公共服务均等化；从坚持走中国特色农业现代化、逐步形成城乡经济发展一体化，到要在工业化、城镇化深入发展中同步推进农业现代化的“三化同步”。通过乡村振兴战略的实施强调城乡并重的包容性发展，这些重大理论创新，都为推进城乡一体化发展、融合发展作好了充分的理论准备。

**（三）体制机制创新不断深入**

党的十八大以来，体制机制创新不断深入，制度建设破立并举，党和国家努力促进形成符合城乡统筹发展要求的制度框架。

（1）宏观经济体制改革持续深化。基本经济制度进一步完善，财税体制改革不断发展，价格体制改革逐步深化，收入分配制度改革开始向纵深发展，这些改革为在更广范围内、更大程度地发挥市场配置资源的基础性作用，完善和加强宏观调控体系奠定了基础。

（2）农村体制改革取得突破性进展。农业税收制度的取消后，逐步建立起了城乡一致的税收制度。与此同时，农业补贴制度逐步建立完善，国家与农民的利益分配关系发生了根本性的转变；集体林权制度改革、县乡机构改革等取得重大进展，农业科技体制、经营管理制度也朝着适应市场经济体制、促进科学发展的方向迈进。

（3）农村公共服务制度和社会保障制度迈出实质性的步伐。不断完善城乡农村义务教育经费保障机制，逐步健全城乡统一的教育特别是义务教育制度；不断提高新型合作医疗补助标准和报销标准、比例，探索城乡之间合作医疗制度的有效衔接；不断提高农村最低生活保障水平和覆盖范围，不断扩大新型农村养老保险制度覆盖范围，覆盖数亿农民的农村社会保障“三项制度”基本建立，几千年来中国农民学有所教、老有所养、病有所医、困有所济的愿望正在实现。此外，土地制度、投资体制、就业和户籍制度等改革也在积极探索之中。这些制度不仅基本构建了统筹城乡发展的政策体系，还初步搭建起了统筹城乡的制度体系，使农民能够平等参与现代化进程、共享改革发展成果，有力地促进了农村经济和社会的发展。

## 第五节　统筹城乡发展的战略任务

我国进入工业化城市化中期阶段后，统筹城乡经济社会发展的思路也在发生变化，围绕城乡一体化发展、城乡融合发展目标，统筹城乡发展的任务也有了相应的调整，统筹城乡发展进入了克难攻坚的新阶段。

### 一、发展的思路

2005 年，我国人均 GDP 已达到 1 703 美元，位于世界中下收入国家行列；工业化水平综合指数达到 50，处于工业化的中期阶段；城市化水平为 43%，进入快速发展阶段；统筹城乡发展在总体上进入了中等层次阶段。对此，国家采取了工业反哺农业、城市支持农村的统筹城乡发展方式。在中等层次的统筹城乡发展阶段，面对我国城市化滞后于工业化、部分农村还很落后以及传统工业化发展受阻的困境。为了突破发展瓶颈，2017 年，党的十九大提出了实施乡村振兴战略，全力推进城乡一体化、城乡融合发展，我国统筹城乡发展战略的实施，在习近平中国特色社会主义的新时代，发生了日新月异的巨大变化。我国统筹城乡发展的总体思路，概括起来包括以下三个方面。

**（一）加快提高城市化的水平和质量**

城市化是促进统筹城乡发展的空间转换枢纽。我国城市化滞后于工业化，造成了工业化和城市化的失衡，因此，加快提高城市化的水平和质量，对于纠正工业化和城市化的失衡问题，使统筹城乡发展有更好的空间结构具有重要意义。在工业化和城市化的中期阶段，统筹城乡发展并不是说城市与农村要均衡或平行发展。事实上，工业化的发展使城市成为现代经济的主体，且城市通过集聚效应汇集了社会主要的经济因素，因此城市和农村不可能均衡发展也是客观规律，尤其对我国这样相对比较贫穷的发展中大国而言，在这一阶段，尽管实现全面建设小康社会的难点在农村，但城市依然是促进综合国力提高的重点，只有城市迅速发展，才能通过产业结构优化的扩散效应、社会资源的辐射效应、技术的溢出效应等，为统筹城乡发展提供更合理的空间载体。因此，加快提升城市化的水平和质量，走新型城市化的道路，仍然是构成统筹城乡发展战略思路的重要内容。

**（二）积极建设社会主义新农村**

建设社会主义新农村，使统筹城乡发展在更高的起点上进行。改革开放以来，我国的城市面貌发生了很大变化，城市经济实力有了迅猛增长，相比较而言，农村的变化还不大，农村生产效率低、农民收入低、农村环境脏乱差等还没有发生根本性的改变。建设社会主义新农村，就是要求在推进城市化的过程中重构农村在我国经济社会发展大格局中的地位和功能。中央提出建设社会主义新农村的方针，认为“三农”问题是整个社会经济发展的重中之重，把加快社会主义新农村建设作为解决“三农”问题的根本性措施。在党的十六届五中全会上，中央对建设社会主义新农村提出了“生产发展、生活宽裕、乡风文明、村容整洁、管理民主”的总体要求，党的十七大又把建设社会主义新农村作为解决农村问题的战略任务和走中国特色农业现代化道路的基本方向。在建设社会主义新农村的过程中，地方要在中央的支持下负起主要的责任，充分发挥城市辐射农村、带动农村发展的作用。实行“两个倾斜”，城市要向农村倾斜，工业要向农村倾斜，以农村工业化促进社会主义新农村全面繁荣，实现农村工业化和农村城市化的良性互动。通过 5～15 年的努力，使农村面貌有一个明显的变化，让农民过上小康生活。党的十九大以来，大力实施乡村振兴战略，举全社会之力打脱贫攻坚战，农村的面貌已发生深刻的变化。

**（三）切实走新型工业化道路**

新型工业化是实现统筹城乡发展的强大动力。传统的工业化道路已经产生了许多负面效应，引发了一系列的经济和社会问题，为此，我国必须走新型工业化道路。积极推进产业融合，促使三次产业的价值链通过技术进步及需求的多元化而出现更多的交叉和重叠，以彻底改变传统工商业在城市布局、农业在农村布局的“二元经济、城乡对立”的发展模式[23]。通过差别竞争和错位发展，推进产业集群和城市群的发展，促使产业集约布局，从而使企业共享基础设施、市场信息和公共服务，加快生产要素的空间集聚和资源的优化配置。大力发展生产性服务业。近些年来，国际产业竞争力越来越依赖于营销策划、技术开发、现代物流等生产性服务业的发展水平，只有生产性服务业有了大发展，才能实现从“中国制造”向“中国创造”跨越的新型工业化目标。

## 二、发展的任务

我国统筹城乡发展，涉及国民经济和社会发展的诸多方面。统筹城乡发展的任务，包括统筹城乡物质文明、政治文明和精神文明发展。具体来说，统筹城乡发展的任务主要包括以下四个方面。

（1）统筹城乡规划建设。即改变目前城乡规划分割、建设分治的状况，把城乡经济社会发展统一纳入政府宏观规划，协调城乡发展，促进城乡联动，实现共同繁荣。根据经济社会发展趋势，统一编制城乡规划，促进城镇有序发展，农民梯度转移。统筹城乡规划建设主要包括以下几个方面：统筹城乡产业发展规划，科学确定产业发展布局；统筹城乡用地规划，合理布局建设、住宅、农业与生态用地；统筹城乡基础设施建设规划，构建完善的基础设施网络体系。尤其在农村地区缺乏基础设施建设资金的情况下，政府要调动和引导各方面的力量，着力加强对农村道路、交通运输、电力、电信、商业网点设施等基础设施的投入，使农村联系城市的硬件设施尽快得到改善。优先发展社会共享型基础设施，扩大基础设施的服务范围、服务领域和受益对象，让农民也能分享城市的基础设施。

（2）统筹城乡产业发展。以工业化支撑城市化，以城市化提升工业化，加快工业化和城市化进程，促进农村劳动力向二、三产业转移，农村人口向城镇集聚。建立以城带乡、以工促农的发展机制，加快现代农业和现代农村建设，促进农村工业向城镇工业园区集中，促进农村人口向城镇集中，促进土地向规模农户集中，促进城市基础设施向农村延伸，促进城市社会服务事业向农村覆盖，促进城市文明向农村辐射，提升农村经济社会发展的水平。

（3）统筹城乡管理制度。突破城乡二元经济社会结构，纠正体制上和政策上的“城市偏向”，消除计划经济体制的残留影响，保护农民利益，建立城乡一体的劳动力就业制度、户籍管理制度、教育制度、土地征用制度、社会保障制度等，给农村居民平等的发展机会、完整的财产权利和自由的发展空间，遵循市场经济规律和社会发展规律，促进城乡要素自由流动和资源优化配置。

（4）统筹城乡收入分配。根据经济社会发展阶段的变化，调整国民收入分配结构，改变国民收入分配中的“城市偏向”，进一步完善农村税费改革，降低面向农村、农业、农民的税费，加大对“三农”的财政支持力度，逐步实行国家高价收购农产品，低价卖给城市居民的扶农政策，切实提高农民收入。加快农村公益事业建设，建立城乡一体的财政支出体制，将农村交通、环保、生态等公益性基础设施建设都纳入政府财政支出的范围。

## 第六节　统筹城乡发展的战略意义

统筹城乡发展战略是新时期我国处理城乡关系的基本战略。近年来，随着统筹城乡发展战略的逐步推进，城乡关系发生了重大转变，城乡经济社会发展取得了前所未有的进步。统筹城乡发展战略不仅有利于我国经济社会的整体发展，而且对于我国实现社会主义现代化也有着十分重要的意义。

### 一、有利于“三农”问题的根本解决

农业、农村和农民问题，历来是我国经济工作中的重点和难点。党和政府为解决“三农”问题，始终进行着不懈的努力。20 世纪 90 年代以来，中央反复强调要加强农业的基

础地位、减轻农民负担，并出台了一系列政策和措施，如重视粮食生产，从宏观上调节农产品的价格水平，深化农村流通体制改革，推动乡镇企业进一步发展，减免税费，等等。长期困扰我国国民经济发展的农产品供给不足的矛盾由此得到缓解，农民的不合理支出有了明显的改善。但是，以上这些改革措施并没有在实质上改变农业的弱质地位，农业生产率低下、综合效益不高、农民收入增长缓慢的矛盾日益突出。进入21世纪，农业依然是国民经济中相对弱质的产业，农村依然是中国大地上相对落后的地区，农民依然是整个社会中相对弱势的群体。

“三农”问题一直没有得到根本解决，归根结底，是由于各项政策和措施始终围绕着“三农”本身做文章，而忽略了国民经济的发展是一个有机整体，将改革局限在一个狭窄的圈子里，结果只能是原地打转，一个问题解决了，又出现另一些新问题。因此，必须采取综合性措施，把涉及农村发展的方方面面问题统筹起来考虑，解决制约农业和农村发展的深层次矛盾。统筹城乡发展战略突破了就“三农”论“三农”的传统思维定式，从宏观视野出发，将农业和农村经济发展放到国民经济全局中统筹安排，改革计划经济体制下形成的各种城乡分离的制度和政策安排，加大对“三农”的支持力度，强调充分发挥工业支持农业、城市带动农村的作用，为农业和农村发展增加了强劲动力。总之，统筹城乡发展战略的提出，为解决“三农”问题带来了新的转机。统筹城乡发展是根治“三农”顽疾的最佳良方，着眼于农业、农村、农民的长期发展，这一战略举措必将产生持久效应。

### 二、有利于推进国民经济持续健康发展

从经济增长的模式来看，保持国民经济持续健康快速发展必须改变当前主要依靠投资和出口拉动经济增长的模式，形成依靠消费、投资和出口协调拉动的增长格局。特别是在国际市场环境恶化的情况下，扩大内需已经成为中国经济发展的关键一环。我国农村人口占全国人口的绝大多数，农村市场是具有巨大的潜力，扩大内需主要是扩大农民的需求。只有统筹城乡发展，努力增加农民收入，提高农民的消费能力，农村市场的潜力才能够被充分挖掘出来，扩大内需的方针才能够实现。

从发展社会主义市场经济来看，城乡市场的统一与高度融合是实现社会资源的高效配置与经济健康快速发展的基本前提。由于改革开放后城乡改革的不同步，再加上传统体制的制约，城乡逐步形成了两个相对独立的市场，生产要素在城乡之间的自由流动受到很大阻碍，市场价格机制配置资源的能力大大降低。统筹城乡发展有利于打破城乡两个市场的界限，促进城乡之间各种生产要素的流通，实现城乡经济的良性互动，进一步提高经济增长的效益和质量。统筹城乡发展是完善社会主义市场经济的重要举措。

从产业发展来看，农业既是基础产业又是战略产业，如果农业遭受打击，国家的粮食安全就无法保证。强大的现代农业是支撑工业化和现代化的基石。当前我国的农业基础仍然较为薄弱，制约了我国经济社会的发展。统筹城乡发展通过转移农村富余劳动力，为农业生产率的提高以及农业产业结构的调整提供了广阔空间。农村人口的城市化，还会对城镇基础设施、公共服务产生巨大需求，推动第三产业的发展。农民收入的提高也必将促进其消费观念的转变，农民会提高对产品的选择和质量要求，从而促进企业的技术改造，提高产品更新换代的速度，推动产业结构优化升级。

### 三、有利于巩固中国共产党的执政地位

党的执政地位的巩固源于党执政的合法性，是指政治权力得到人民的广泛认同、信仰、忠诚和服从，它是一个政权存在、持续、稳定和发展的前提与基础[24]。中国共产党的执政地位是历史和人民的选择，“党的执政地位不是与生俱来的，也不是一劳永逸的”[25]，只有始终保持与时俱进，始终保持党的先进性，才能够不被历史和人民所摒弃，其执政地位才能得以维护和巩固。在改革发展的关键时期，中国共产党面临着来自经济绩效、政治民主、意识形态、社会和谐、党群关系等多方面的严峻考验。应对这些考验，最重要的就是要不断创造令人民满意的新的执政业绩，最大限度地实现人民的利益，从而获得人民最大程度的支持，依靠广大人民的力量来攻克难关。

中国共产党始终代表中国最广大人民的根本利益。在当今中国，最广大人民主要是农民，最广大人民的根本利益主要就是农民的根本利益。如果农民的利益得不到保障，党的执政根基就会动摇。统筹城乡发展，着力解决农民最关心的现实问题，有利于增强农民对党的执政地位的认同感，提高党的公信力，从而为巩固党的执政地位奠定广泛的群众基础。统筹城乡发展战略的提出，充分体现了我们党为经济社会发展所做出的努力和探索，充分体现了中国共产党的先进性，从而为中国共产党的执政合法性提供了有力依据。

### 四、有利于构建社会主义和谐社会

社会和谐是中国特色社会主义的本质属性。构建社会主义和谐社会，是我们党全面落实习近平新时代中国特色社会主义思想，坚持以人民为中心发展理念，从新时期中国特色社会主义事业总体布局和全面建设小康社会全局出发提出的重大战略任务。目前，我国社会在总体上是和谐的，但在发展的过程中尤其是在改革发展的关键时期，必然会出现影响社会和谐的各种矛盾和问题，这其中最主要、最突出的问题就是城乡关系不和谐。城乡关系是当今中国社会发展进程中最有代表性、最具基础性、最有广泛性的重要的社会关系，它涵盖了社会经济、政治、文化的各个方面，不仅表现了城市与乡村的空间关系，同时还反映了工业和农业发展的关系、城市居民和农村居民的各种利益关系。可以说，中国社会的稳定与和谐从根本上取决于城乡关系的稳定与和谐。如果城乡关系处理不当，就会动摇社会结构的根基，接踵而至的诸多问题会让整个社会陷入混乱之中。当前，由城乡关系引发的城市居民与农村居民在利益关系上的纠葛，使整个社会心理极不稳定，导致很多群体事件爆发。因此，构建社会主义和谐社会必须将处理好城乡关系作为首要任务来完成。马克思指出：“城乡关系的面貌一改变，整个社会的面貌也跟着改变。”[26] 只有统筹城乡发展，将城市与乡村放到一个平台上来对待，消除城乡之间的对立关系，促使城乡由分割走向整合，社会和谐才有坚实的基础，社会和谐才有可能实现。统筹城乡发展，是构建社会主义和谐社会的关键所在。

### 五、有利于彰显社会主义的本质和优势

社会主义的本质是解放生产力，发展生产力，消灭剥削，消除两极分化，最终实现共同富裕。邓小平同志关于社会主义本质的阐述为中国特色社会主义发展找到了方向和目

标。改革开放以来，中国共产党始终致力于解放生产力，发展生产力，始终坚持以经济建设为中心，中国经济以世界瞩目的速度飞速发展，取得了辉煌的成就。但是社会主义的优越性不止在于能够比资本主义创造更丰厚的社会财富，更在于能够公平合理地分配社会财富。实现共同富裕，除了经济层面上的意义，更重要的是，从根本上体现出社会的公平正义。社会主义与资本主义最本质的区别就在于，社会主义能够实现最广泛的公平正义。这是近两个世纪以来，共产主义者为之不懈奋斗的目标，也是中国共产党的一贯主张。实现社会公平正义是发展中国特色社会主义的重大任务。如果我国城乡差距不断扩大的趋势得不到扭转，将会违背社会主义的本质，很大程度上损害社会主义的声誉。统筹城乡发展把实现城乡经济社会一体化发展作为最终目标，改变了以往重城轻乡的政策取向，更加注重对农业、农村和农民的利益保护，其实质就是对城乡利益结构进行重新调整与分配，其根本价值取向在于实现社会公平。统筹城乡发展将重点放在农业和农村经济发展上，逐步缩小城乡差距，改变农村落后面貌、改善农民生活条件和社会地位，让农民与城市居民共同分享改革发展的成果，这也是习近平新时代中国特色社会主义本质的最佳体现。

# 参 考 文 献

[1] 列宁. 列宁全集：第19卷 [M]. 北京：人民出版社，1959：264.

[2] 马克思，恩格斯. 马克思恩格斯选集：第4卷 [M]. 北京：人民出版社，1995：484-485.

[3] 马克思，恩格斯. 马克思恩格斯选集：第1卷 [M]. 北京：人民出版社，1995：386.

[4] 毛泽东. 毛泽东著作选读：下册 [M]. 北京：人民出版社，1986：654.

[5] 毛泽东. 毛泽东选集：第4卷 [M]. 北京：人民出版社，1991：1427.

[6] 刘少奇. 刘少奇选集：上卷 [M]. 北京：人民出版社，1981：419.

[7] [8] 周恩来. 周恩来选集：下卷 [M]. 北京：人民出版社，1984：8.

[9] 中共中央文献研究室. 毛泽东著作专题摘编：上 [M]. 北京：中央文献出版社，2003：955.

[10] 邓小平. 邓小平文选：第3卷 [M]. 北京：人民出版社，1993：237-238.

[11] 邓小平. 邓小平文选：第3卷 [M]. 北京：人民出版社，1993：77-78.

[12] 邓小平. 邓小平文选：第3卷 [M]. 北京：人民出版社，1993：65.

[13] [14] 宋洪远，庞丽华，赵长保. 统筹城乡，加快农村经济社会发展 [J]. 管理世界，2003 (11)：71.

[15] 王建洪. 现阶段农村存在的主要问题及对策 [J]. 湖南行政学院学报，2001 (2)：20-22. www. docin. com/p-2139626904. html.

[16] 回良玉. 增加农民收入保障粮食供给实现农村经济社会全面发展 [EB/OL]. (2005-07-04) [2019-12-13]. http://www.gov.cn/govweb/2005-07/04/content_11874.htm.

[17] 何海花，兰英. 浅论新农村建设中农村公共产品供给 [J]. 合肥：安徽农业科学，2007，35 (21)：6615-6616.

[18] 叶兴庆. 关于促进城乡协调发展的几点思考 [J]. 北京：农业经济问题. 2004 (1)：17.

[19] 中国共产党全国代表大会. 中国共产党第十七次全国代表大会文件汇编 [M]. 北京：人民出版社，2007.

[20] 佚名. 以改革创新促进乡村振兴 [EB/OL] www. gov. cn＞新闻＞滚动. (2017-12-28) [2019-12-15]. http://www. gov. cn/xinwen/2017-12/28/content_5250977. htm.

[21] [22] 《推进农村改革发展若干重大问题解读》编写组. 推进农村改革发展若干重大问题解读

[M]. 北京：中共中央党校出版社，2008：12.
[23] 宋洪远，马永良. 使用人类发展指数对中国城乡差距的一种估计 [J]. 经济研究，2004 (11)：4-15.
[24] 李清华. 怎样认识我们党的执政地位 [J]. 半月谈，2004 (21)：12-14.
[25] 中央文献研究室. 十六大以来重要文献选编：中 [M]. 北京：中央文献出版社，2006：456，273.
[26] 马克思，恩格斯. 马克思恩格斯全集：第 4 卷 [M]. 北京：人民出版社，1995：179.

## 思考与测试

### 一、思考题

1. 在 20 世纪末 21 世纪初，我国的城乡关系主要面临哪些严峻的挑战？

2. 我国统筹城乡发展的主要思路是什么？

3. 在工业化城市化中期，我国统筹城乡发展的主要任务是什么？

4. 以"三化"为核心，整体推进统筹城乡发展战略设计的内涵是什么？

5. 实施统筹城乡发展战略对我国经济社会发展有哪些重大意义？

6. 党的十九大报告提出实施乡村振兴战略，其总要求是什么？

### 二、测试题

(一) 填空题

1. 马克思主义关于（ ）的论述，为认识和处理城乡关系、统筹城乡发展提供了（ ）依据。

2. 21 世纪初，我国进入了全面建设（ ）、加快推进社会主义现代化的新阶段，但由于城乡差距持续扩大，在农业和农村形势严峻、城乡（ ）矛盾突出、（ ）问题得不到根本解决等问题的影响下，经济和社会发展受到严重制约。

3. 国家在工业化城市化的中期，确定了加快提高（ ）水平和质量，积极建设社会主义新农村，走新型（ ）道路的统筹城乡发展新思路。

4. 通过统筹城乡发展战略的实施，把城乡（ ）发展统一纳入政府宏观规划，协调城乡发展，促进（ ），实现共同繁荣。

5. 从党的十六大以来，通过不断地调整和完善，（ ）发展逐步上升为（ ）战略，开辟了我国经济与社会发展的新里程。

6. 在 20 世纪末 21 世纪初，我国的城乡关系面临严峻的挑战，（ ）严重失衡，城乡差距进一步扩大，农业和农村形势（ ）。

7. 长期以来，（ ）不断扩大，"三农"问题始终得不到根本解决，根本原因在于我国特有的城乡（ ）。

8. 党的十六大把（ ）发展提升到全面建设小康社会重大任务的高度，深刻表明了中国共产党对城乡关系的重视以及调整（ ）、促进社会发展的决心。

9. 统筹城乡经济社会发展，就是要充分发挥（ ）的带动作用和农村对城市的促进作用，实现（ ）发展。这既是解决"三农"问题的重大战略，又是增强城市发展后劲的有效措施。

10. 党的十六届三中全会提出了科学发展观和（ ）的具体要求，即统筹城乡发展、统筹区域发展、统筹经济社会发展、统筹（　　）和谐发展、统筹国内发展和对外开放。

11. 党的十七届三中全会对我国城乡发展的形势作了深刻的总结，指出必须（　　）经济社会发展，始终把着力构建新型工农、（　　）作为加快推进现代化的重大战略。

12. 统筹城乡发展战略的形成，标志着党对（　　）的探索进入了一个全新的时期，统筹城乡发展战略将是我国在社会主义（　　）中必须长期坚持的基本战略。

13. 整体推进、重点突破的统筹城乡发展的布局，有效地扭转了（　　）割裂的被动局面，促进了城乡经济社会的发展，并为（　　）发展奠定了基础。

14. 工业化、城镇化、农业现代化的（　　），又激发了社会发展活力，促进了国家经济（　　）和社会管理方式的转变。

15. 2007 年，国务院批准建立（　　）、成都市（　　）发展综合配套改革试验区。

16. 筹城乡发展在重庆市和成都市的综合改革试验，促进了试验区域城乡发展（　　）“二元”状态的打破，城乡、工农要素（　　）的趋势基本形成。

17. 城乡一体化发展理论的创新也在不断深入，从“统筹城乡经济社会发展”到（　　），从“两个趋向”论断到总体进入（　　）、以城带乡发展阶段的判断。

18. 农业税收制度的取消，破除了已实行了 2600 多年的（　　）制度，逐步建立起城乡一致的税收制度。

19. 我国进入工业化城市化中期阶段后，统筹城乡（　　）发展的思路也在发生变化，围绕（　　）发展目标，统筹城乡发展的任务也有了相应的调整，统筹城乡发展进入了（　　）的新阶段。

20. 在党的十六届五中全会上，中央对建设社会主义新农村提出了“（　　）、生活宽裕、乡风文明、（　　）、管理民主”的总体要求。

21. 我国统筹城乡发展，涉及（　　）和社会发展的诸多方面。统筹城乡发展的任务，包括统筹城乡物质文明、（　　）和精神文明发展。

22. “三农”问题一直没有得到根本解决，归根结底，是由于（　　）和措施始终围绕着（　　）本身做文章，而忽略了国民经济的发展是一个有机整体。

23. 统筹城乡发展，着力解决农民最关心的现实问题，有利于增强农民对党的（　　）的认同感，提高党的公信力，从而为巩固党的执政地位奠定广泛的（　　）。

24. 中国社会的稳定与和谐从根本上取决于（　　）的稳定与和谐。如果城乡关系处理不当，就会动摇（　　）的根基，接踵而来的诸多问题会让整个社会陷于混乱和威胁当中。

25. 统筹城乡发展将实现城乡经济社会一体化发展作为最终目标，改变了以往（　　）的政策取向，更加注重对农业、农村和农民的利益保护，其实质就是对城乡（　　）进行重新调整与分配，其（　　）在于实现社会公平。

（二）单项选择题

1. （　　）制度是城乡二元结构最显著的标志，也是城乡二元结构得以形成和长期保持的重要制度保障。

A. 劳动与就业　　B. 户籍管理　　C. 教育与医疗　　D. 社会保障

2. 通过短短10年的努力，我国统筹城乡发展进入了（　　）阶段，形成了科学发展的强大动力。

A. 初期　　B. 中期　　C. 中后期　　D. 后期

3. 2011年，我国国内生产总值达到47.3万亿元，经济总量从世界第六跃升到世界（　　）。

A. 第一　　B. 第二　　C. 第三　　D. 第五

4. 党的十七大又把建设（　　）作为解决农村问题的战略任务和走中国特色农业现代化道路的基本方向。

A. 农村土地制度　　B. 社会主义新农村　　C. 基本农田　　D. 农业现代化

答案见第208页“附录　测试题参考答案”。

# 第五章　统筹城乡发展战略的实施

**内容提要：**

习近平新时代中国特色社会主义理论指导下的统筹城乡发展战略，逐步形成了一个完整的战略体系，它以科学发展观为战略指导思想，以实现城乡一体化为战略目标，实施工业反哺农业、城市支持农村的战略方针，并将战略重点放在加快农村发展上。

科学发展观是指导发展的科学思想，也是我国统筹城乡发展的战略指导思想，其第一要义是发展，核心是以人为本，基本要求是全面、协调、可持续，根本方法是统筹兼顾。统筹城乡发展，必须始终把实现和发展城乡居民的利益、促进城乡居民的全面发展作为各项工作的重心。

2003 年以来，国家在实施统筹城乡发展战略过程中，通过采取加大财政支农力度、取消农业税、加快户籍制度改革、完善社会保障制度、建立城乡劳动者平等就业制度、加快城镇化步伐，以及大力促进农村剩余劳动力转移以加快推进制度创新等强农惠农措施，在一定程度上促进了“三农”问题的解决。

在统筹城乡发展实践中，我国形成了“城市主导、以城带乡”“乡村主导、乡企拉动”“城乡整体、统筹规划”等各具特色的基本模式，带动和引领各地正确处理城乡关系，推动区域、城乡协调发展。

党的十八大后，我国统筹城乡发展战略在发展的实质内容、发展战略的空间布局、发展战略指导思想和理论等方面不断走向深化。坚持走中国特色新型工业化、信息化、城镇化、农业现代化道路，推动信息化与工业化深度融合、工业化和城镇化互动、城镇化和农业现代化相互协调，促进工业化、信息化、城镇化、农业现代化“四化”同步发展。

党的十九大报告首次提出实施乡村振兴战略，并将其内容明确为“产业兴旺、生态宜居、乡风文明、治理有效、生活富裕”五个方面。

将农业农村发展真正融合在国民经济社会整体发展之中，将城乡一体化发展作为解决“三农”问题的根本途径，加强农业基础地位，加快新农村建设，加大城乡统筹发展力度，逐步缩小城乡差距，着力促进农民增收，让广大农民平等参与现代化进程，促进城乡共同繁荣。

着力在城乡规划、基础设施、公共服务等方面推进一体化，促进城乡要素平等交换和公共资源均衡配置，形成以工促农、以城带乡、工农互惠、城乡一体的新型工农、城乡关系。

在一个拥有 14 亿人口的发展中大国实现城乡一体化发展，全面建成小康社会，本身就是人类社会发展史上的一大壮举。虽然我国已有了一个较好的基础，但也面临着许多发展难题，如人口众多且呈老年化趋势，城镇化质量不高、产业结构不合理、发展方式粗放、农业基础薄弱、城乡基本公共服务和城乡一体化制度建设滞后等。推进城乡一体化发展，将是我国一项长期的艰巨任务，必须从思想、政策、制度建设等方面采取措施、稳步推进。

推进城乡一体化发展，必须牢固树立城乡一体化协调发展的思想不动摇，着力夯实城乡一体化发展的根基，加快实现城乡基本公共服务均等化，加快实施乡村振兴战略，协调推进城镇化和产业发展转型，建立完善城乡一体化发展、融合发展的体制机制。

**学习指导：**

了解我国在实施统筹城乡发展战略过程中形成的基本模式；掌握国家在统筹城乡发展过程中采取的主要惠农措施，掌握推进城乡一体化发展的主要措施；重点掌握统筹城乡发展战略体系的指导思想、战略目标、战略方针、战略重点，重点掌握科学发展观的内涵及其对统筹城乡发展的指导意义，重点掌握我国推进城乡一体化发展、实施乡村振兴战略的主要内容。

**实践建议：**

在教师的指导下，以学习小组等多种形式，选择对某县的农村公共服务均等化状况开展一次社会调查，重点了解教育、医疗、保障三项内容，走访当地村民，集体形成决策建议报告，并送当地政府参考。社会调查成果可按适当标准计入学生实训成绩。

从2002年提出统筹城乡发展思路以来，统筹城乡发展战略在我国的实施，经历了两个大的阶段，一个是从党的十六届三中全会到党的十七大期间，以贯彻科学发展观为根本要求的统筹城乡发展。党的十八大之后，统筹城乡发展进入了新时代，其主要特征是从推动城乡一体化发展到城乡融合发展，其显著标志是实施乡村振兴战略。经过了20年的时间，我国统筹城乡发展在理论和实践创新上取得了一系列的重要成果，为城乡一体化发展、城乡融合发展奠定了坚实基础。

## 第一节 科学发展观指导下的统筹城乡发展

统筹城乡发展战略的提出，是中国共产党不断总结经验、与时俱进的成果。从党的十六大到党的十八大召开前，统筹城乡发展在科学发展观指导下，逐渐形成了一个完整的战略体系，这个战略体系包含了方方面面的内容，从战略指导思想、战略目标、战略方针到战略重点，都有详尽的安排和部署。

### 一、指导思想：科学发展观

党的十六届三中全会提出了坚持以人为本，树立全面、协调、可持续的发展观，即科学发展观。科学发展观是指导发展的科学思想，是我国经济社会发展的重要指导方针。“要解决中国的发展问题，必须牢固树立和认真落实科学发展观，把科学发展观贯穿于发展的整个过程和各个方面。”[1] 党的十七大明确指出，科学发展观的第一要义是发展，核心是以人为本，基本要求是全面、协调、可持续，根本方法是统筹兼顾。统筹城乡经济社会发展作为处理城乡关系的重大战略，在实施过程中必须始终坚持科学发展观，才能将各项工作部署落到实处。

**（一）统筹城乡发展战略的关键是发展**

科学发展观，其第一要义是发展。“科学发展观，是用来指导发展的，不能离开发展这个主题，离开了发展这个主题就没有意义了。”[2] 发展是共产党执政兴国的第一要务，是解决我国一切问题的关键。实施统筹城乡发展战略，必须紧紧围绕发展这一主题，坚持以经济建设为中心，努力提高经济发展水平，为城乡社会的全面进步和城乡居民的全面发展，奠定坚实的物质基础。同时，科学发展观的实质是实现又好又快的发展。在追求发展速度的同时，必须更加注重发展的质量和效率，做到发展为了人民、发展依靠人民、发展成果由人民共享。

坚持以人为本，统筹城乡发展必须始终把实现和发展城乡居民的利益、促进城乡居民的全面发展作为各项工作的重心。目前，我国城乡居民还面临着住房难、教育难、看病难、养老难等诸多涉及切身利益的问题。统筹城乡发展就必须着重解决这些突出问题，改善城乡居民的生产和生活条件，积极推进与城乡居民生活密切相关的各项改革，努力增加城乡居民的收入，提高城乡居民的生活质量。在实现城乡居民经济利益的基础上，进一步推动发展城乡居民的政治和文化权益，提升城乡居民的健康素质、思想道德素质和科学文化素质。

坚持以人为本，统筹城乡发展必须充分发挥城乡居民的主体作用，依靠人民的力量推动城乡发展。人口是社会经济系统中最活跃的因素，也是最有潜力的因素，发挥人力资源的优势，往往能取得事半功倍的效果。统筹城乡发展必须充分调动城乡居民的积极性、主动性和创造性，促使他们投身到建设家园的行列中，为城乡发展出力献策，通过自身的努力改变家园的面貌，提升自身的地位。

**（二）统筹城乡发展必须全面、协调、可持续**

1. 统筹城乡发展必须坚持全面发展

“全面发展，就是要以经济建设为中心，全面推进经济、政治、文化建设，实现经济发展和社会全面进步。”[3] 统筹城乡全面发展，一方面，要将城市和农村看作一个不可分割的整体，统筹城乡发展必须使城市和农村都得到发展，不能厚此薄彼，重视一方的发展而忽视另一方的发展；另一方面，全面发展包括经济、政治、文化、社会的全方位发展，不能单纯注重经济效益而忽视社会效益，要在经济水平提高的基础上促进社会的全面发展。统筹城乡发展要努力实现城乡经济繁荣，不断提高城乡居民的收入水平；要创建丰富健康的文化生活，不断满足城乡居民的精神文化需要；要大力发展社会主义民主，尤其要进一步加强城乡自治，切实维护和发展城乡居民的民主权利；要努力促进城乡社会和谐，为城乡居民创建良好的生活环境。

2. 统筹城乡发展必须坚持协调发展

协调发展，就是要促进现代化建设各个环节、各个方面相协调，促进生产力和生产关系、经济基础和上层建筑相协调。按照协调发展的要求，统筹城乡发展在促进经济社会全面发展的同时，更要加强经济社会各个方面的相互联系，促进不同领域、不同要素、不同要求之间的有机配合，形成相互支持与相互促进的关系。一方面，要将社会的发展建立在经济水平提高的基础上；另一方面，要利用文化的发展、社会的和谐、政治体制的改革，为城乡经济发展创造有利条件。

3. 统筹城乡发展必须坚持可持续发展

"可持续发展，就是要促进人与自然的和谐，实现经济发展和人口、资源、环境相协调，坚持走生产发展、生活富裕、生态良好的文明发展道路，保证一代接一代地永续发展。"[4] 可持续发展最直接、最根本的要求，就是要使经济发展与人口资源环境相协调，使人民在良好的生态环境中生产生活，实现经济社会永续发展。因此，统筹城乡发展绝不能以牺牲资源和环境为代价实现经济增长、满足人们需求，必须将当前利益和长远利益结合起来，制定科学的规划，坚持降低消耗、保护环境的基本要求，有步骤地推动城乡可持续发展。

## 二、战略目标：城乡一体化

实现城乡经济社会发展一体化的关键，就是要破除城乡二元结构。城乡二元结构是我国传统经济发展战略遗留下来的产物。改革开放以来，由于种种原因，城乡二元结构始终没有得到根本改变，成为解决"三农"问题的最大障碍，也严重影响着社会主义市场经济的发展和社会主义和谐社会的构建。党的十六大在指出全面建设小康社会面临的重大问题时，就分析了城乡二元结构还没有改变的现状，要求"消除不利于城镇化发展的体制和政策障碍"。此后，中国共产党始终把城乡二元结构作为一个重大问题来对待。党的十六届三中全会要求"建立有利于逐步改变城乡二元经济结构的体制"，党的十六届六中全会进一步要求"加快建立有利于改变城乡二元结构的体制机制"，党的十七大则明确提出要"加快形成城乡经济社会发展一体化新格局"。从"逐步"到"加快"，从"改变"到"形成"，充分表明了中国共产党破除城乡二元结构的坚定决心。党的十七届三中全会在推进农村改革发展的关键阶段，明确指出我国已经在总体上进入了着力破除城乡二元结构、形成城乡经济社会发展一体化新格局的重要时期。破除城乡二元结构、形成城乡一体化发展新格局，成为统筹城乡发展在今后一段较长时间内的战略目标。

破除城乡二元结构与形成城乡经济社会发展一体化新格局，是有机结合在一起的，二者虽然表述不同，但实质相同。破除城乡二元结构，是一个动态的目标，就是要逐步消除城乡分离的政策和体制障碍，促进资源要素的合理流动和优化配置；逐步缩小城乡居民在各方面的差距，实现城乡的平等与融合。破除城乡二元结构的最终结果，就是形成城乡经济社会发展一体化新格局。2008 年的中央一号文件对党的十七大提出的形成城乡经济社会发展一体化新格局作出了解释，即要"努力形成城乡发展规划、产业布局、基础设施、公共服务、劳动就业和社会管理一体化新格局。……逐步实现城乡基础设施共建共享、产业发展互动互促。……逐步实现城乡社会统筹管理和基本公共服务均等化"[5]。具体来说，城乡发展规划一体化，就是要把城乡作为一个整体统一规划，根据人口分布、资源环境承载能力和发展潜力，优化城乡居住和生产建设空间，建立统一的生态环境保护体系。城乡产业发展一体化，就是要使城乡建立密切的产业联系，各种资源要素能够在城乡之间自由流动，形成布局合理、功能衔接、优质高效的产业发展一体化格局。城乡基础设施建设一体化，是指城乡在交通、通信、用水、用电等基础设施方面相差无几，城乡居民都享有良好的生活空间。城乡公共服务一体化，是指城乡公共服务均等化，城乡居民在教育、医疗卫生、社会保障等方面享受平等的待遇。总之，城乡经济社会发展一体化新格局，就是要创建平等统一的新型城乡关系，就是要构建城乡经济社会融合与协调的现代社会结构。

### 三、战略方针：工业反哺农业、城市支持农村

党的十六届四中全会上提出了“两个趋向”的重要论断：“纵观一些工业化国家发展的历程，在工业化初始阶段，农业支持工业、为工业提供积累是带有普遍性的趋向；但在工业化达到相当程度以后，工业反哺农业、城市支持农村，实现工业与农业、城市与农村的协调发展，也是带有普遍性的趋向。”[6] 在 2004 年 12 月召开的中央经济工作会议上明确指出，我国目前总体上已到了以工促农、以城带乡的发展阶段。工业反哺农业、城市支持农村，已成为统筹城乡发展的重要战略方针。

从“两个趋向”论断可以看出，工业反哺农业、城市支持农村，是工业化发展的政策取向。另外，提出工业反哺农业、城市支持农村，也是为了更好地解决“三农”问题。胡锦涛同志指出：“解决好农业和农村发展、农民增收问题，仅靠农村内部的资源和力量已经不够，必须在继续挖掘农村内部的资源和力量的同时，充分运用外部的资源和力量，推动国民收入分配向农业和农村倾斜，依靠工业的反哺和城市的支持。”[7] 可见，工业的反哺和城市的支持，是解决“三农”问题的重要外部资源和力量。

工业反哺农业、城市支持农村，首先，就是通过调整国民收入分配和财政支出的结构，把来自工业和城市经济部门的财政收入，更多地转移到农业生产与农村建设中去，加快农业和农村经济社会的发展。这是一种以国家为主导的反哺形式，也是最重要的一种形式。其次，要充分发挥城市对农村的带动作用，这是一种以地方和社会为主导的反哺形式。城市是现代经济社会活动的中心，能够通过多种途径和方式带动农村发展。胡锦涛同志在 2003 年召开的中央农村工作会议上就明确指出，要发挥城市对农村的带动作用，城市要“为农民进城务工创造有利条件，做好进城农民工的服务和管理工作，为农民工提供职业技能培训和就业指导服务”“城市还要在技术扩散、产业转移和资金流动等方面，全力支持农业和农村经济发展”[3]。由此可见，城市带动农村，主要是创设有利条件吸纳农村劳动力进城，并且在产业、技术、资金等方面支持农村。温家宝同志在 2005 年召开的中央农村工作会议上，进一步提到要重视发挥城市对农村的带动作用，指出“今后，各大中城市都要切实履行市带县、市帮县的责任，发挥市对农村的辐射和带动作用”[8]。将城市带动农村的任务具体落实到“市管县”，强调将农村发展纳入城乡整体发展规划中，这是城市带动农村最有效的途径。中央提出在今后的工作中，为贯彻工业反哺农业、城市带动农村方针的落实，必须着重在“市管县”上加大改革力度。

### 四、战略重点：加快农村发展

党的十六大提出了全面建设小康社会的目标，而全面建设小康社会，重点和难点都在农村。为此，中央明确指出：“为了实现十六大提出的全面建设小康社会的宏伟目标，必须统筹城乡经济社会发展，更多地关注农村，关心农民，支持农业，把解决好农业、农村和农民问题作为全党工作的重中之重，放在更加突出的位置，努力开创农业和农村工作的新局面。”[3] 中央反复强调要把“三农”问题放在经济社会发展全局的突出位置，把解决好“三农”问题作为全党工作的重中之重。解决好“三农”问题不仅是全面建设小康社会

的必然要求，同时也是保持国民经济持续快速健康发展、确保国家长治久安的必然要求。

作为中国共产党在新时期的重大战略部署，统筹城乡发展必须高度重视解决好“三农”问题，把加快农业和农村经济社会发展作为战略重点。对此，在2004年，中共中央、国务院出台了《关于促进农民增加收入若干政策的意见》，这是时隔18年后中央再次把农业和农村问题作为中央一号文件的主题，标志着21世纪新阶段党中央对加快农业和农村发展的高度重视。从2004年至2011年，中央连续下发了7个一号文件，全部都围绕“三农”问题展开，针对发展农业生产、促进农民增收、推进社会主义新农村建设作了全方位的具体工作部署。“三农”问题的重要性不再停留在思想和理论层面，已更加具体有效地落实在政府的行动中。需要特别指出的是，党的十六届五中全会在《中共中央关于制定国民经济和社会发展第十一个五年规划的建议》中，明确提出了建设“生产发展、生活宽裕、乡风文明、村容整洁、管理民主”的社会主义新农村的重大历史任务。建设社会主义新农村涵盖了农村经济社会发展的全部内容，不仅要求发展农村生产力，而且要求改革农村生产关系；不仅涉及农村经济发展，而且涉及农村文化、政治、社会等多方面的发展。建设社会主义新农村，可使“三农”问题得到良好解决。在我国城市化和现代化进程中，建设社会主义新农村已经成为重要的历史性任务和经济社会发展的重要组成部分。

## 第二节　实施乡村振兴战略的统筹城乡发展

乡村振兴战略是习近平总书记在党的十九大报告中提出的。在这个报告中，习近平总书记指出，农业、农村、农民问题是关系国计民生的根本性问题，必须始终把解决好“三农”问题作为全党工作重中之重。2018年1月2日，中共中央、国务院以当年中央一号文件的形式发布了《关于实施乡村振兴战略的意见》，对我国实施乡村振兴战略进行了全面部署。

### 一、背景与意义

党的十八大以来，中国共产党坚持把解决好“三农”问题作为全党工作重中之重，持续加大强农、惠农、富农政策力度，扎实推进农业现代化和新农村建设，全面深化农村改革，农业、农村发展取得了历史性成就，为党和国家事业全面开创新局面提供了重要支撑。从2012年以来，我国粮食生产能力跨上新台阶，农业供给侧结构性改革迈出新步伐，农民收入持续增长，农村民生全面改善，脱贫攻坚战取得决定性进展，农村生态文明建设显著加强，农民获得感显著提升，农村社会稳定和谐。农业农村发展取得的重大成就和“三农”工作积累的丰富经验，为实施乡村振兴战略奠定了良好基础。但也必须认识到，“三农”问题是关系国计民生的根本性问题。没有农业农村的现代化，就没有国家的现代化。要看到我国发展不平衡、不充分问题在农村最为突出，主要表现在：农产品阶段性供过于求和供给不足并存，农业供给质量亟待提高；农民适应生产力发展和市场竞争的能力不足，新型职业农民队伍建设亟须加强；农村基础设施和民生领域欠账较多，农村环境和生态问题比较突出，农村发展整体水平亟待提升；国家支农体系相对薄弱，农村金融改革任务繁重，城乡之间要素合理流动机制亟待健全；农村基层党建存在薄弱环节，农村治理体系和治理能力亟待强化。实施乡村振兴战略，是解决人民日益增长的美好生活需要和不平衡、不充分的发展之间矛盾的必然要求，是实现“两个一百年”奋斗目标的必然要求，是实现全体人民共同富裕的必然要求。同时也要看到，在中国特色社会主义新时代，农村是一片可以大有作为的广阔天地，迎来了难得的发展机遇。必须立足国情农情，顺势而为，切实增强责任感、使命感、紧迫感，举全党、全国、全社会之力，以更大的决心、更明确的目标、更有力的举措，推动农业全面升级、农村全面进步、农民全面发展，谱写新时代乡村全面振兴新篇章。

### 二、指导思想和原则

乡村振兴战略在指导思想上要全面贯彻党的十九大精神，坚持以习近平新时代中国特色社会主义思想为指导，加强党对“三农”工作的领导，坚持稳中求进工作总基调，牢固树立新发展理念，落实高质量发展的要求，紧紧围绕统筹推进“五位一体”总体布局和协调推进“四个全面”战略布局，坚持把解决好“三农”问题作为全党工作的重中之重，坚持农业、农村优先发展，按照产业兴旺、生态宜居、乡风文明、治理有效、生活富裕的总要求，建立健全城乡融合发展体制机制和政策体系，统筹推进农村经济建设、政治建设、文化建设、社会建设、生态文明建设和党的建设，加快推进农村治理体系和治理能力现代化，加快推进农业农村现代化，走中国特色社会主义乡村振兴道路，让农业成为有奔头的产业，让农民成为有吸引力的职业，让农村成为安居乐业的美丽家园。

实施乡村振兴战略，必须坚持党管农村工作的原则，毫不动摇地坚持和加强党对农村工作的领导，健全党管农村工作领导体制机制和党内法规，确保党在农村工作中始终总揽全局、协调各方，为乡村振兴提供坚强有力的政治保障。坚持农业、农村优先发展的原则，把实现乡村振兴作为全党的共同意志、共同行动，做到认识统一、步调一致，在干部配备上优先考虑，在要素配置上优先满足，在资金投入上优先保障，在公共服务上优先安排，加快补齐农业、农村短板。坚持农民主体地位的原则，充分尊重农民意愿，切实发挥农民在乡村振兴中的主体作用，调动亿万农民的积极性、主动性、创造性，把维护农民群众的根本利益、促进农民共同富裕作为出发点和落脚点，促进农民持续增收，不断提升农民的获得感、幸福感、安全感。坚持乡村全面振兴的原则，准确把握乡村振兴的科学内涵，挖掘农村多种功能和价值，统筹谋划农村经济建设、政治建设、文化建设、社会建设、生态文明建设和党的建设，注重协同性、关联性，整体部署，协调推进。坚持城乡融合发展的原则，坚决破除体制机制弊端，使市场在资源配置中起决定性作用，更好地发挥政府作用，推动城乡要素自由流动、平等交换，推动新型工业化、信息化、城镇化、农业现代化同步发展，加快形成工农互促、城乡互补、全面融合、共同繁荣的新型工农城乡关系。坚持人与自然和谐共生的原则，牢固树立和践行绿水青山就是金山银山的理念，落实节约优先、保护优先、自然恢复为主的方针，统筹山水林田湖草系统治理，严守生态保护红线，以绿色发展引领乡村振兴。坚持因地制宜、循序渐进的原则，科学把握乡村的差异性和发展走势分化特征，做好顶层设计，注重规划先行、突出重点、分类施策、典型引路。既尽力而为，又量力而行，不搞层层加码，不搞一刀切，不搞形式主义，久久为功，扎实推进。

## 三、总体要求和战略目标

### （一）总体要求

（1）产业兴旺是实现乡村振兴的基石。发展现代农业是产业兴旺最重要的内容，重点是通过产品、技术、制度、组织和管理创新，提高良种化、机械化、科技化、信息化、标准化、制度化和组织化水平，推动农业、林业、牧业、渔业和农产品加工业转型升级。一方面，大力发展以新型职业农民、适度经营规模、作业外包服务和绿色农业为主要内容的现代农业；另一方面，推进农村一、二、三产业融合发展，促进农业产业链延伸，为农民创造更多的就业和增收机会。

（2）生态宜居是提高乡村发展质量的保证。其内容涵盖村容整洁，村内水、电、路等基础设施完善，以保护自然、顺应自然、敬畏自然的生态文明理念，纠正单纯以人工生态系统替代自然生态系统的错误做法。它提倡保留乡土气息、保存农村风貌、保护农村生态系统、治理农村环境污染，实现人与自然和谐共生，让农村人居环境绿起来、美起来。

（3）乡风文明是乡村建设的灵魂。乡风文明建设既包括促进农村文化教育、医疗卫生等事业发展，改善农村基本公共服务；又包括大力弘扬社会主义核心价值观，传承遵规守约、尊老爱幼、邻里互助、诚实守信等农村良好习俗，努力实现农村传统文化与现代文明的融合；还包括充分借鉴国内外乡风文明的优秀成果，实现乡风文明与时俱进。

（4）治理有效是乡村善治的核心。治理越有效，乡村振兴战略的实施效果就越好。为此，应建立健全党委领导、政府负责、社会协同、公众参与、法治保障的现代农村社会治理体制，健全自治、法治、德治相结合的农村治理体系，加强农村基层基础工作，加强农村基层党组织建设，深化村民自治实践，建设平安农村。进一步密切党群、干群关系，有效协调农户利益与集体利益、短期利益与长期利益，确保农村社会充满活力、和谐有序。

（5）生活富裕是乡村振兴的目标。乡村振兴战略的实施效果要用农民生活富裕程度来评价。为此，要努力保持农民收入较快增长，持续降低农村居民的恩格尔系数，不断缩小城乡居民收入差距，让广大农民群众和全国人民一道进入全面小康社会，向着共同富裕目标稳步前进。

### （二）战略目标

实施乡村振兴战略，就是要按照党的十九大提出的决胜全面建成小康社会、分两个阶段实现第二个百年奋斗目标的战略安排。实施乡村振兴战略的目标任务：到 2020 年，乡村振兴取得重要进展，制度框架和政策体系基本形成。农业综合生产能力稳步提升，农业供给体系质量明显提高，农村一、二、三产业融合发展水平进一步提升；农民增收渠道进一步拓宽，城乡居民生活水平差距持续缩小；现行标准下农村贫困人口实现脱贫，贫困县全部摘帽，解决区域性整体贫困；农村基础设施建设深入推进，农村人居环境明显改善，美丽宜居乡村建设扎实推进；城乡基本公共服务均等化水平进一步提高，城乡融合发展体制机制初步建立；农村对人才吸引力逐步增强；农村生态环境明显好转，农业生态服务能力进一步提高；以党组织为核心的农村基层组织建设进一步加强，农村治理体系进一步完善；党的农村工作领导体制机制进一步健全；各地区各部门推进乡村振兴的思路举措得以确立。到 2035 年，乡村振兴取得决定性进展，农业、农村现代化基本实现。农业结构得到根本性改善，农民就业质量显著提高，相对贫困进一步缓解，共同富裕迈出坚实步伐；城乡基本公共服务均等化基本实现，城乡融合发展体制机制更加完善；乡风文明达到新高度，农村治理体系更加完善；农村生态环境根本好转，美丽宜居乡村基本实现。到2050年，乡村全面振兴，农业强、农村美、农民富全面实现。

## 四、主要措施

### （一）大力整治农村人居环境

实施美丽乡村建设专项行动计划，着力清脏、治乱、增绿，加快补齐农村人居环境突出短板。对农村地区违法占地、违法建设、违法经营等行为和“脏、乱、差”现象进行长效管控和治理。依据规划拆违还绿、留白建绿、见空插绿，实现以绿治脏、以绿净村、以绿美村。扎实推进农村地区垃圾治理工作，巩固“村收、镇运、县处理”的垃圾运转处理体系，积极开展垃圾分类和资源化利用示范区创建活动。全面开展农村污水治理工作，加快重要水源地和人口密集村庄、民俗旅游村的污水处理设施建设。

### （二）推动农村基础设施提档升级

进一步完善农村公路、供排水、供气、环保、电网、路灯、互联网、物流、邮站、连锁便民店、停车场等基础设施及配套公共设施，实现城乡基础设施共建共享、互联互通；同时，推进基础设施无障碍建设。强化建管并重，从注重工程建设转向建设与管理相结合，统筹做好事前项目谋划、事中项目评价、事后长效管护工作。持续推进农村地区冬季清洁取暖工作，以电能为主，优先采用“煤改电”方式实现清洁取暖。

### （三）着力培育乡村新动能

推动小城镇协调发展。加强分类引导，构建“新市镇—特色小镇—小城镇”新型城镇发展体系。创新小城镇建设实施方式，鼓励存量用地集约高效利用，吸引社会资本参与，促进经济转型升级和城镇空间体系有效延伸，带动镇域协调发展。抓住非首都功能疏解、城市功能布局调整、产业转移、重大活动承办等机遇，以功能定位为先导，依托自身资源禀赋和地域特色，聚焦生态、休闲旅游、文化创意、教育、体育、科技、金融等领域，吸引功能性项目、特色文化活动和品牌企业落户，建设特色鲜明、绿色智慧、宜居宜业的小城镇。

### （四）推进农业绿色发展

将农业绿色发展摆在更加突出位置，加快建立以绿色生态为导向的农业生产补贴机制，大力推广节水农业、生态农业、循环农业，把产出高效、产品安全、资源节约、环境友好的要求落实到每个地块。全面落实永久基本农田特殊保护制度，加快推进农业布局优化调整，将已划定的永久基本农田分为优化发展区和保护发展区，实施耕地质量保护和提升行动。

### （五）培育农村新产业新业态

努力将乡村生态优势转化为发展优势，走绿色发展、绿色兴业、绿色富民之路。运用现代信息技术、先进设计理念、市场运作模式变革传统农业，促进农业与旅游、教育、文化、体育、健康、养老等产业深度融合，培育休闲农业、乡村旅游、特色民宿、养生养老、农村电商等新产业新业态，打造绿色、生态、环保产业链。加快推进休闲农业、乡村旅游转型升级，依托旅游示范区、田园综合体、生态文明沟域等载体，积极开发观光农业、游憩休闲、森林人家、康养基地、文化体验、生态教育等服务。

**（六）推进城乡基本公共服务均等化，促进农民持续增收**

把维护农民根本利益、促进共同富裕作为出发点和落脚点，按照民生建设目标，不断提高农村公共服务、社会保障的标准和水平，加快推进城乡基本公共服务均等化，推动农村劳动力充分就业，不断增强农民的获得感、幸福感、安全感。落实农村劳动力转移就业管理制度，扩大就业失业管理制度覆盖面，完善就业创业帮扶措施，实施精细化公共就业服务。

**（七）着力弘扬乡村文化**

坚持物质文明和精神文明一起抓，加强农村思想道德建设和传统文化建设，繁荣乡村文化，提升农民精神风貌，培育文明乡风、良好家风、淳朴民风，不断提高乡村社会文明程度。推动优秀农耕文化融入现代生产生活，培育和扶植符合现代需求的乡村传统文化。挖掘和保护乡土文化资源，加强名镇名村、传统村落，以及农村非遗文化、农业遗产、红色文化、民族文化、历史文物保护和发展，推动合理适度利用，培育一批处处有历史、步步有文化的小城镇和美丽乡村。挖掘农村传统道德教育资源，深化中国特色社会主义和中国梦宣传教育，弘扬时代精神、集体主义精神和新乡贤文化，涵养明德向善、守望相助、风醇物厚的文明乡风，用好的乡风聚人聚心聚气，推动社会主义核心价值观在农村落地生根。传承发展中华优秀传统文化，广泛开展群众性精神文明创建活动，大力弘扬自强不息、敬业乐群、扶危济困、孝老爱亲、重义守信、勤俭持家等中华传统美德，实现家庭和睦、邻里和谐、干群融洽。弘扬真善美，传播正能量。

**（八）创新和完善乡村治理机制**

进一步规范完善村民自治章程、村规民约，全面推广乡贤公益协同共治模式，加强社会工作服务站、乡贤社会服务中心等党群服务平台建设，充分发挥社会各类群体特别是新乡贤在乡村治理中的作用。大力培育服务性、公益性、互助性农村社会组织，积极开展农村社会工作和志愿服务。建立健全村务监督委员会，重点加强对村务决策和公开、财产管理、工程项目建设、惠农政策措施落实等情况的民主监督。

## 第三节　统筹城乡发展的惠农措施

实施统筹城乡发展战略，关键是要处理好“三农”问题，这也是国际社会统筹城乡发展过程中的重要经验。按照统筹城乡发展战略的要求和部署，从 2003 年开始，国家实施了一系列强农惠农的战略举措，取得了十分显著的效果。

### 一、取消农业税

20 世纪 90 年代末，我国农民收入的增长出现了前所未有的困难局面，农民人均纯收入的增长幅度连续几年滑坡，与此同时，农民的负担在不断加重，收入进一步降低。针对这一情况，中央明确指出：“农民收入长期上不去，不仅影响农民生活水平的提高，而且影响粮食生产和农产品供给；不仅制约农村经济发展，而且制约整个国民经济增长；不仅关系农村社会进步，而且关系全面建设小康社会目标的实现；不仅是重大的经济问题，而且是重大的政治问题。”[5] 由此，增加农民收入的重要性和紧迫性可见一斑。促进农民增收，成为21世纪以来国家实施统筹城乡发展战略的重要内容。

在我国，增加农民的收入有两条途径。一条途径是通过加快农业发展、农民外出务工等方式增加农民收入，这是直接途径；另一条途径就是减轻农民负担，从而间接增加农民收入。由于我国从20世纪90年代开始推行的为农民减负的政策没有达到预期效果，国家就从2000年开始实行农村税费改革政策试点。2003年9月，国家全面推进农村税费改革试点工作。

鉴于国家经济实力的增强，中央开始逐步尝试免征农业税的做法。2004年，《中共中央国务院关于促进农民增加收入若干政策的意见》中提出，要“逐步降低农业税税率”。事实上，在2004年，国家从总体上降低了1个百分点的农业税税率，同时取消除烟叶外的农业特产税。2005年，为了进一步减轻农民的负担，《中共中央国务院关于进一步加强农村工作提高农业综合生产能力若干政策的意见》中又明确提出要“进一步扩大农业税免征范围，加大农业税减征力度”。2005年，国家在扶贫开发工作重点县免征农业税，同时也在其他地区进一步降低了农业税的税率。逐步降低农业税税率，标志着我国免征农业税的时代即将到来。在2005年，全国有28个省和一些地区免征了农业税，免征农业税额达200多亿元，8亿多农民享受了免征农业税带来的实惠。2005年12月29日，十届全国人大常委会第十九次会议作出了在2006年1月1日废止《中华人民共和国农业税条例》的决定，向全世界正式宣告我国即将免除农业税。从此，在我国延续了2 600多年的农业税退出了历史舞台，这是具有划时代意义的一件大事。2006年，我国全面取消农业税后，农民每年减负总额超过1亿元，人均减负120元左右。

取消农业税是我国统筹城乡发展的一大举措，它从根本上消除了农民负担产生的制度基础，是惠及亿万农民的一大德政，具有重大的现实意义和深远的历史意义。

### 二、加大财政支农力度

农村税费改革从“少取”到“不取”，在一定程度上调整了城乡利益格局，但我国农业基础十分薄弱、农村基础设施和社会事业落后的局面也亟待改善。对此，中央提出国家要加大调整国民收入分配结构和财政支出结构的力度。在加强财政支农问题上，中央反复强调要建立财政支农资金的稳定增长机制，要求财政支农投入的增量、国家固定资产投资用于农村的增量和政府土地出让收入用于农村建设的增量都要明显高于上年，要求各级政府把基础设施建设和社会事业发展的重点，逐步从城市转向农村。

按照统筹城乡发展的要求，党的十六大以来国家明显加大了对“三农”的投入力度。在“十五”期间，中央财政用于“三农”的资金达11 300多亿元，平均增幅达到17%。在“十一五”期间，中央财政对于“三农”的投入持续增加，从2005年到2009年，国家财政支农资金分别为2 975.32亿元、3 517.22亿元、4 318.32亿元、5 956亿元、7 253亿元，5年来国家财政支农资金平均增幅达28.7%，比上个5年高出近12个百分点，是历史上增长最快、总量最多的时期。

与此同时，国家把基础设施和社会事业发展的重点转向了农村。2003年至2008年，中央预算内投资（含国债）用于农业和农村建设的总量达 3 800 亿元左右，投资比重不断提高，已接近当年中央政府投资总规模的 50%。[9] 以农村公路为例，仅 2003 年到 2005 年，国家投资建成的农村水泥路、柏油路总里程，就超过了 1949 年后到 20 世纪末建成的总里程数。在教育方面，2008 年，全国农村实现了全部免费的义务教育；2009 年，国家开始针对中等职业学校农村家庭经济困难学生和涉农专业学生，实行免学费的政策。在医疗卫生方面，中央财政支持建设了一批县级医院、乡镇中心卫生院和社区卫生服务中心。据相关媒体报道："2018 年，全国扶贫支出就达 4 770 亿元，比 2017 年增长 46.6%，多了将近 1 600 亿元。其中，中央财政专项扶贫资金规模 1 061 亿元，增长 23.2%。"[10] 2019 年全国一般公共预算农林水支出高达 22 420 亿元。

加大财政支农力度，是统筹城乡经济社会发展的基本保障。农村发展严重滞后的根本原因，就在于国家对农村基础设施和社会事业等方面的财政投入严重不足。因此，建立"三农"投入稳定增长的机制，为农村建设提供稳定的资金来源，将有效改善农村的生产生活条件，提高农民的生活质量，促进农村经济社会的全面发展。

### 三、加快推进制度创新

统筹城乡发展，必须加快体制改革和制度创新，为城乡发展创建体制保障。在统筹城乡发展战略实施之后，党的十六大以来，中央领导同志就提出要"统筹推进城乡改革，消除体制性障碍，逐步建立城乡统一的劳动就业制度、户籍管理制度、义务教育制度和税收制度，逐步形成有利于城乡相互促进、共同发展的体制和机制。"[11] 2015 年 4 月 30 日，习近平总书记在十八届中央政治局第二十二次集体学习中强调："要坚持不懈推进农村改革和制度创新，充分发挥亿万农民主体作用和首创精神，不断解放和发展农村社会生产力，激发农村发展活力。"[12]。党的十九大又进一步提出："实施乡村振兴战略，建立健全城乡融合发展的体制机制和政策体系，让广大农民平等参与现代化进程、共同分享现代化成果。"[13]

#### （一）加快户籍制度改革

由于户籍制度是城乡二元结构的基础，因此户籍制度改革始终是体制改革的重头戏。中央在 2004 年印发的一号文件中就指出："推进大中城市户籍制度改革，放宽农民进城就业和定居的条件。" 2006 年，国务院颁发了《关于解决农民工问题的若干意见》，在这个文件中，明确提出要深化户籍管理制度改革。显然，我国建立城乡统一的户口登记制度的户籍改革目标已经明确。2016 年，我国已有 13 个省级行政区域取消了"农业户口"和"非农业户口"的二元户籍登记制度，建立了统一的城乡户口登记制度。很多地方还放宽了农民工在城镇落户的条件，农民工在小城镇和部分城市定居的障碍已不是很大。户籍改革的最终目标是恢复户籍管理作为民事登记的基本社会职能，在今后的较长一段时间内，逐步弱化户籍背后的利益关系，将成为户籍制度改革的关键。

#### （二）完善社会保障制度

社会保障体系是否完善，是衡量社会进步和国家现代化水平的重要标准。长期以来，由于我国经济基础薄弱，对社会事业发展的重视也不够，我国的社会保障水平整体偏低，尤其是农村的社会保障体系建设更为滞后。在 2006 年，中央在一号文件中就明确提出，要“逐步建立农村社会保障制度”，要“按照城乡统筹发展的要求，逐步加大公共财政对农村社会保障制度建设的投入”。在后来召开的党的十六届六中全会上，中央进一步提出要“完善社会保障制度”“逐步建立农村最低生活保障制度”“加快推进新型农村合作医疗”。在党的十七大上，中央明确提出了要加快建立覆盖城乡居民的社会保障体系的要求。

根据统筹城乡经济社会发展的要求，在党的十六大以后，我国社会保障体系建设得到了逐步发展。在2007年时，全国农村就建立了最低生活保障制度，将3 451.9万名农村居民纳入了保障范围。2009年，我国普遍建立了养老保险省级统筹制度，出台了包括农民工在内的城镇企业职工养老保险关系转移接续办法，同时在全国的320个县开展新型农村社会养老保险改革试点工作，在建设我国社会保障制度方面迈出了历史性步伐。农村社会保障体系的健全，不仅促进了社会的公平正义，对促进农村经济的发展也具有明显作用。2014年年底，全国7.36亿人参加“新农合”，参合率达98.9%。2019年是社会保障改革全面推进的一年，也是取得多方面重要进展的一年，其中党的十九届四中全会通过的《中共中央关于坚持和完善中国特色社会主义制度、推进国家治理体系和治理能力现代化若干重大问题的决定》，首次提出“民生保障制度”概念并做出相应的部署，意味着统筹考虑并协同推进各项与民生相关的政策，将逐步取代过去单项推进的做法，获得的将是民生保障与民生改善的综合效应。

**（三）建立城乡劳动者平等就业制度**

2004年，中央在一号文件中作出了一个重要判断：“进城就业的农民工已经成为产业工人的重要组成部分。”农民工既然是产业工人的一部分，给予产业工人应有的待遇就是题中应有之义，但实际情况并不是这样，各个地方针对农民进城就业的限制还很多。针对这一问题，中央要求“进一步清理和取消针对农民进城就业的歧视性规定和不合理收费”。2006年，《国务院关于解决农民工问题的若干意见》中再次提出，要“逐步实行城乡平等的就业制度”。2007年，在党的十七大上，中央进一步明确提出要“建立统一规范的人力资源市场，形成城乡劳动者平等就业的制度”。建立“城乡平等的就业制度”，对我国这样一个农村劳动力占全国劳动力的比重超过60%的国家来说具有非同寻常的意义。2019年10月28日，党的十九届四中全会召开，提出要坚持和完善统筹城乡的民生保障制度，满足人民日益增长的美好生活需要，以统筹城乡发展，增进人民福祉。中央一系列政策措施的相继出台，使农民的就业权益得到了极大的维护。

## 四、大力促进农村剩余劳动力转移

党的十六大报告指出，农村富余劳动力向非农产业和城镇转移是工业化和现代化的必然趋势。解决农村富余劳动力的出路和农民增收问题，必须走工业化、城市化的路子，把农民从农业和农村尽可能多地转移出来。这是世界各国走向现代化的共同规律。提高城镇化水平，大力促进农村剩余劳动力转移，是统筹城乡经济社会发展的重要内容。一方面，我国的城镇化必须坚持大中小城市和小城镇协调发展的方针，走中国特色的城镇化道路。适时适度地推进城镇化，对于推动全局发展具有重要作用。但发展小城镇，应以现有的县城和建制镇为基础，科学规划、合理布局，使人口城镇化与产业发展、基础设施建设、公共服务和社会管理相适应。另一方面，加快城镇化步伐，就必须提高农民工的素质和就业能力。农村富余劳动力的转移，必须以就业为前提。加强农村富余劳动力转移的就业培训，提高农民进入城镇就业的能力，是统筹城乡发展、提高城镇化水平的基础。党的十六大以来，我国在加快城镇化步伐，促进农村富余劳动力转移工作中取得了很大进展。从2001年到2007年，全国人口城市化水平年均提高了1.2个百分点。到2007年时，我国城镇化率已上升到44.9%，2019年，我国城镇化率已达到60.6%，在12年间平均每年增加1.31个百分点，城镇化发展速度明显加快。据农业部门统计，2006年，我国农村进城务工人员达1.16亿，在乡镇企业就业的人员有1.48亿，扣除重复部分，非农业劳动力人数约为2.1亿。从发展趋势看，加快新型城镇化步伐，将会极大地促进农村劳动力的转移。据国家统计局公布的数据，2019年全年农民工总量29 077万人，比上年增加241万人，增长0.8%。其中，本地农民工11 652万人，增长0.7%；外出农民工17 425万人，增长0.9%。农民工月均收入水平3 962元，比上年增长6.5%。[14]

## 第四节　统筹城乡发展的基本模式

在实施统筹城乡发展战略中，在党中央的正确领导下，深入学习贯彻习近平新时代中国特色社会主义思想，坚持从国情、省情、市情出发，创造性地开展统筹城乡发展的实践，形成了各具特色的统筹城乡发展的基本模式，这些基本模式在带动、影响全国各地正确处理城乡关系，推动区域、城乡协调发展方面，发挥了十分重要的引领和示范作用。这些基本模式，主要有以下三种。

### 一、“城市主导，以城带乡”模式

这是一种以城市为主导，以城市发展带动农村发展的模式。这种模式在统筹城乡发展的过程中，以发展城市经济为主要手段，通过发挥城市的经济辐射功能，为农村提供市场和资金，带动农村经济的快速发展，进而达到城乡统筹发展的目的。我国运用“城市主导，以城带乡”模式的典型地区是珠江三角洲。

珠江三角洲位于我国广东省沿海地区，主要包括广州、深圳、珠海、江门、中山、佛山、东莞等城市，是我国城市化水平较高的地区之一，也是我国统筹城乡发展进程较快的地区之一。珠江三角洲的城乡统筹，大致经历了三个阶段：一是商品农业阶段，统筹城乡发展的重点是提高农业劳动生产率，为农村剩余劳动力转移创造条件；二是农村工业化阶段，以农村工业化带动农村城市化；三是完善基础设施阶段，按现代化城市要求，构筑现代化城市的框架。深圳、珠海等大城市具有较强的辐射功能，能够很好地带动农村的发展。而且，由于珠江三角洲位于沿海开发区，具有优越的外贸条件，在出口外贸的推动下，珠江三角洲的经济发展更快，统筹城乡发展水平也在不断提高。近几年来，珠江三角洲又探索、总结出实现城乡一体化发展的十条标准，即农业生产现代化、农村经济工业化、基础设施配套化、交通通信网络化、市场经营商品化、文明卫生标准化、群众生活小康化、服务体系社会化、行政管理法律化、环境净化与美化。这十条标准将极大地推动珠江三角洲城乡经济社会在更高水平上的发展。从2019年开始，粤港澳大湾区进入了一体化发展的新阶段。2020年5月，《粤港澳大湾区发展规划纲要》发布，提出要促进城乡融合发展，建立健全城乡融合发展体制机制和政策体系，推动珠三角九市城乡一体化发展，全面提高城镇化发展质量和水平，建设具有岭南特色的宜居城乡。

## 二、“乡村主导，乡企拉动”模式

这一模式以乡村为主导，通过乡镇企业的发展来拉动城乡经济的发展。这一模式以发展乡村经济为主要手段，通过建立合适的产业体系，扶植有发展潜力的乡镇企业，使乡村经济快速发展起来，最终达到统筹城乡发展的目的。我国运用“乡村主导，乡企拉动”模式的典型地区是苏南地区。

苏南地区主要指长江三角洲的苏州、无锡和常州。改革开放以来，这里是全国经济发展较快、经济较为活跃的地区之一。尤其是苏南地区的乡镇企业，已成为苏南地区经济的支柱。乡镇企业的不断发展壮大，为苏南地区采取以工补农、以工建农的措施来协调工农关系、稳定农业生产提供了物质基础。目前，苏南地区已建立起优质、高效的农业生产基地，推动了农业机械化、良种化、水利化和服务社会化的发展，真正实现了一、二、三产业的协调发展。苏南地区农村经济的发展，打破了传统的城乡二元结构，引起了农村经济社会结构的深刻变化，一大批小城镇脱颖而出，成为联结城乡的枢纽，不仅极大地改善了农民的生产、生活条件和质量，还大大加快了农村产业结构的优化和城市化进程。2019年5月13日，中共中央总书记习近平主持召开中共中央政治局会议，会议审议了《长江三角洲区域一体化发展规划纲要》，提出要有力有序有效推进，抓好统筹协调、细化落实，把《规划纲要》确定的各项任务分解落实，明确责任主体。地处长三角的苏南地区进入了长三角区域一体化发展的新阶段。

## 三、“城乡整体，统筹规划”模式

这一模式按区域把城乡作为一个整体，为城市和乡村的协同发展制定统一的规划，通过规划的全面实施进而实现统筹城乡发展的目的。我国运用“城乡整体，统筹规划”模式的典型地区有上海市和北京市。

### （一）上海市“统筹城乡规划”一体化发展模式

上海市是我国经济社会发展最具现代化的国际大都市，在其城乡结构中，城市一直居于主导地位。1984年，上海市就开始研究统筹城乡发展的问题。1986年，上海市正式把城乡一体化作为全市经济和社会发展的战略思想和指导方针。上海市针对发展城乡一体化和处理城乡关系，总结出三个层次的关系：第一层次是上海市区与上海郊区的关系，其特点是工农业产品的交换和横向经济联系较为紧密和直接，与行政管理区域相一致；第二层次是上海市区与上海经济区诸县、乡、村的关系，其特点是经济来往虽较为密切，但由于分属于不同的行政区域，经济来往中行政干预的因素比较少；第三层次是上海市与全国广大农村的关系，其特点是直接的经济联系较少，主要通过多种流通渠道发生关系。上海市“统筹城乡规划”发展模式认为城乡关系反映的是城市与乡村的一般关系，而城乡一体化作为城乡经济和社会发展的战略思想和指导方针，对城市与乡村的关系进行了深化和拓展，在内涵和外延上也规定得比较清楚。上海市城乡一体化的发展战略将上海市的城乡作为一个整体，以提高城乡综合劳动生产率和社会经济效益为中心，统筹规划城乡建设，合理调整城乡产业结构，优化城乡生产要素配置，促进城乡资源综合开发，加速城乡各项社会事业的共同发展，以保证上海市城乡经济的持续、快速、健康发展。

**（二）北京市“工农协作，城乡结合”的统筹城乡发展模式**

“工农协作，城乡结合”是北京市统筹城乡发展的主要做法。工农协作指城乡工业开展多层次、多渠道的横向经济联合，通过合资经营、合股经营等形式，兴办工农联营企业，逐步形成经济协作网络。具体方式是由城市工业提供设备、资金、技术、管理人员等，由县、乡、村提供厂房和劳动力，联营双方实行利润分成、按股分红，共同承担市场风险。而城乡结合多属于纵向经济联合。城市工业通过各种方式向郊区扩散零部件加工或下放产品，大力开展帮技术、帮管理、帮设备、帮培训的“四帮”活动，使城乡经济呈现出相互协作、优势互补的局面。

## 四、三种模式的比较

上述三种模式虽不能代表我国统筹城乡发展模式的全部，尤其不能体现我国中部和西部在统筹城乡发展过程中的成功经验，但这三种模式都产生于我国经济社会发展水平较高的珠江三角洲、长江三角洲及环渤海地区，具有一定的参考价值。这三种模式在促进自身区域的统筹城乡发展过程中发挥了十分重要的作用且各具特点，对它们进行比较，找出相似点和不同点，可以帮助我们深化认识统筹城乡发展。

**（一）相似点**

1. 把实现产业结构优化升级作为重要策略

上述地区所形成的这些模式都非常关注农业问题，尤其关注对农业产业结构的优化升级。如珠江三角洲总结出的实现城乡一体化发展的十条标准中的前两条，就是农业生产现代化和农村经济工业化。苏南地区统筹城乡发展的措施之一，是在全区建立优质、高效的农业生产基地，推动农业机械化、良种化、水利化和服务社会化。上海市实施统筹城乡发展战略十分重要的一点，就是合理调整城乡产业结构。我国许多地区产业结构不合理，尤其是城乡产业结构不协调，制约了城乡经济社会一体化的发展，因此，实现产业结构优化升级是一个普遍性问题，也是目前各地迫切需要解决的问题。

2. 关注农村自身经济发展能力的提升

我国农村经济发展落后，人民生活水平不高，其中一个十分重要的原因，就是农村自身发展的能力比较弱。因此，这些地区在统筹城乡发展时，都关注农村自身经济发展能力的提高。如珠江三角洲在统筹城乡发展过程中经历的三个阶段——商品农业阶段、农村工业化阶段、完善基础设施阶段，各个阶段的重点都在提高农业劳动生产率，实现农村工业化，提高农业生产能力。苏南地区以乡镇企业为统筹城乡发展的支柱，以小城镇为城乡联结的枢纽，极大地改善了农民的生产、生活条件和质量，大大加快了农村产业结构的优化和城市化进程。上海市统筹城乡发展的核心问题，是提高城乡综合劳动生产率和社会经济效益，加速城乡各项社会事业的共同发展。北京市采取“工农协作，城乡结合”的策略，就是把城市和乡村的相对优势整合起来，互相补充、互相促进。

3. 注重加强农村基础设施建设

城乡差距的一个重要方面就是在基础设施建设上的差距，消灭城乡差距必须加强农村的基础设施建设。上述地区在统筹城乡发展的过程中，都十分注重解决城乡基础设施的差距问题。如珠江三角洲统筹城乡发展的第三阶段就是完善基础设施的阶段，基础设施配套化也在其总结出的实现城乡一体化的十条标准之中。上海市统筹城乡发展实施的战略之一，就是统筹规划城乡建设。

4. 注重发挥政府的引导规划作用

从上述三大模式中，我们不难看出，各个地方的人民政府在统筹城乡发展过程中，都发挥了一定的引导职能和规划职能。如早在1986年，上海市就把城乡一体化作为全市经济和社会发展的战略思想和指导方针；北京市在统筹城乡发展过程中，大力开展帮技术、帮管理、帮设备、帮培训的“四帮”活动等。

**（二）不同点**

1. 主导内容不同

从上述模式可以看出，在统筹城乡发展的过程中，不同的地区有不同的主导内容，珠江三角洲以城市为主导，苏南地区以乡镇企业为主导，上海市和北京市以城乡整体为主导。

2. 统筹路径不同

不同的统筹城乡发展模式有不同的动力机制，各个地区统筹城乡发展的路径各具特色。珠江三角洲主要采取以城带乡的方式，苏南地区是以乡镇企业的发展带动统筹城乡发展，上海市用统筹城乡规划的方式来统筹城乡的发展，而北京市则通过“工农协作，城乡结合”的方式来推进统筹城乡发展。

在我国，统筹城乡经济社会发展是由亿万人民群众参与的伟大的实践性、创造性活动。在中央的统一部署下，除上述地区外，在全国各地开展的创新性实践中，也产生了一些类型不同、各具特色的实践模式，如重庆模式、成都模式、天津（明华街）模式等，并在全国产生了重大影响，本书将在后面的内容中对上述模式予以介绍。

## 第五节　统筹城乡发展战略的深化

党的十九大提出要实施“乡村振兴战略”，坚持农业农村优先发展，按照产业兴旺、生态宜居、乡风文明、治理有效、生活富裕的总要求，建立健全城乡融合发展体制机制和政策体系，加快推进农业农村现代化，这是对党的十六大提出的“统筹城乡经济社会发展”、党的十八大提出的“推进城乡一体化发展”的深化，这种深化不仅仅是对我国经济社会发展重大战略形式上的深化，而且更是对发展战略实质内容的深化；不仅是对发展战略在历史时间上的深化，更是对发展战略在空间布局上的深化；不仅是对发展战略思维方式的深化，更是对发展战略指导思想和理论的深化，为解决城乡发展不均衡、农业农村发展不充分问题指明了方向，提供了重要的政策支撑。

### 一、实质内容的深化

党的十六大提出，统筹城乡经济社会发展，建设现代农业，发展农村经济，增加农民收入，是全面建设小康社会的重大任务。这是我国第一次从国民经济社会发展全局的角度提出的城乡共同发展战略，开启了中国经济社会发展的新纪元。此后，一系列理论创新和实践都按照这个战略的要求，跳出“农业”解决农业问题，跳出“三农”解决“三农”问题，城乡二元结构开始出现松动，公共财政覆盖农村的范围不断扩大。

党的十七大在总结十六大以来的理论创新和实践活动的基础上，进一步提出要“统筹城乡发展，推进社会主义新农村建设”。同时更加强调农业的基础地位，坚持走中国特色农业现代化道路，建立以工促农、以城带乡的长效机制，形成城乡经济社会发展一体化新格局。在中共十七届三中全会审议通过的《中共中央关于推进农村改革发展若干重大问题的决定》中，体现出的发展战略的指导思想更加明确，即把建设社会主义新农村作为战略任务，把走中国特色农业现代化道路作为基本方向，把加快形成城乡经济社会发展一体化作为根本要求，并提出“必须统筹城乡经济社会发展，始终把着力构建新型工农、城乡关系作为加快推进现代化的重大战略”。同时还从制度建设的层面，为实现城乡统筹发展和全面建设小康社会战略任务作出了全面具体的部署。

党的十七届五中全会通过的《中共中央关于制定国民经济和社会发展第十二个五年规划的建议》，在全面总结我国十六大以来统筹城乡发展实践经验，以及对中国未来发展趋势进行客观、准确判断的基础上，提出了“三化同步”，即在工业化、城镇化深入发展中同步推进农业现代化，并从现代农业发展、城乡基本公共服务均等化、农村社会事业发展、体制改革和制度建设等方面，对加快形成城乡一体化发展格局进行部署和规划。

我国统筹城乡发展的历史轨迹清晰地表明，从城乡二元结构松动到政策和公共资源配置向“三农”倾斜，从大力促进农村社会事业发展到城乡基本公共服务均等化，从农村税费改革到城乡教育、医疗卫生、文化、社会保障制度衔接统一，工农关系协调发展逐步深入，城乡融合渐次推进。在此背景下，党的十八大明确提出实施城乡一体化发展战略，这是对我国经济社会发展战略实质内容的再一次深化。党的十九大进一步提出要实施乡村振兴战略，为解决城乡发展不均衡、农业农村发展不充分问题指明了方向，为统筹城乡一体化发展和融合发展提供了重要的政策支撑。2019 年 10 月 28 日，党的十九届四中全会召开，提出要“坚持和完善统筹城乡的民生保障制度，满足人民日益增长的美好生活需要。增进人民福祉、促进人的全面发展是我们党立党为公、执政为民的本质要求”。由此，统筹城乡发展的制度建设已深化到了民生保障领域。

统筹城乡发展战略实质内容的深化主要体现在以下三个方面。

第一，由“三化同步 ”深化到“四化同步 ”。从党的十八大以来，统筹城乡发展明确提出要坚持走中国特色新型工业化、信息化、城镇化、农业现代化道路，推动信息化与工业化深度融合、工业化和城镇化互动、城镇化和农业现代化相互协调，促进工业化、信息化、城镇化、农业现代化同步发展。将农业、农村发展真正融合在国民经济社会整体发展之中。

第二，实施乡村振兴战略。从党的十九大以来，国家已将城乡一体化发展和城乡融合发展作为解决“三农”问题的根本途径。既要加强农业基础地位，加快新农村建设，同时还要加大城乡统筹发展力度，逐步缩小城乡差距，着力促进农民增收，让广大农民平等参与现代化进程，促进城乡共同繁荣。

第三，从制度建设上保障城乡一体化发展、城乡融合发展。加快完善城乡一体化发展、城乡融合发展体制机制，着力在城乡规划、基础设施、公共服务等方面推进一体化，促进城乡要素平等交换和公共资源均衡配置，形成以工促农、以城带乡、工农互惠、城乡一体、相互融合的新型工农、城乡关系，这是城乡一体化发展、城乡融合发展的关键。

## 二、时空布局的深化

长期以来，由于制度、政策的“二元化”，我国城乡发展不仅存在结构二元化，发展的时空布局也呈现二元化状态。农业现代化远远落后于工业化、城镇化，农村建设远远滞后于城市发展，城乡居民的收入差距呈现出不断加大的趋势。党的十六大以来，城乡发展时空布局的二元化状态被打破。一是城乡、工农要素自由流动的趋势形成。农村劳动力大量进城，自由择业；工商资本进入农业，加快了现代农业发展。二是城乡社会交流增多。随着城镇化进程的加快，城乡之间的空间距离逐步缩短，人员、信息、文化等社会交流不断增多，过去只有城市居民享有的一些公共服务也逐步进入乡村。三是城乡居民收入差距拉大的趋势得到扭转。2010—2012 年，农民人均纯收入的增长幅度连续 3 年超过城镇居民，尽管收入差距缩小的幅度还不理想，但长期以来收入差距拉大的趋势开始得以扭转。

党的十八大在提出推进城乡一体化发展的同时，还从全面建成小康社会的全局，对城乡一体化发展的时空布局提出了进一步的要求：强调发展的平衡性、协调性、可持续性要明显增强，这当然也包含城乡的平衡、协调发展；提出城乡收入倍增计划，要求城乡居民收入增长协调一致，以避免城乡居民收入差距的进一步扩大；强调大力促进生态文明建设，把生态文明建设放在突出位置，并融入经济建设、政治建设、文化建设、社会建设各方面和全过程，努力建设美丽中国，实现中华民族永续发展；要求城镇化质量要明显提高，农业现代化和新农村建设成效显著，基本公共服务均等化总体实现；要求科学规划城市群规模和布局，增强中小城市和小城镇产业发展、公共服务、吸纳就业、人口聚集功能，加快改革户籍制度，有序推进农业转移人口市民化，努力实现城镇居民基本公共服务常住人口全覆盖；要求均衡发展九年义务教育，大力促进教育公平，合理配置教育资源，重点向农村、边远、贫困、民族地区倾斜；要求做好包括农村转移劳动力在内的就业工作，统筹推进城乡社会保障体系建设，健全全民医保体系和农村三级医疗卫生服务网络；在优化国土空间开发格局方面，要求给农业留下更多良田，构建科学合理的城市化格局、农业发展格局和生态安全格局；要求加大自然生态系统和环境保护力度，加强水利建设，增强城乡防洪抗旱能力；要求提高基层人大代表，特别是一线工人、农民、知识分子代表比例，完善基层民主制度。在城乡社区治理、基层公共事务和公益事业中，实行群众自我管理、自我服务、自我教育、自我监督，保障人民依法直接行使民主权利并享有更多、更切实的民主权利。

党的十九大后，通过乡村振兴战略的实施，中央在贯彻落实党的十八大以来国家出台的一系列推进城乡一体化发展政策的基础之上，面向贫困地区组织实施脱贫战，统筹推动重点区域一体化高质量发展等出台了一系列新的政策，力求补足城乡一体化发展中农村发展的政策短板，在时间和空间布局上向农村倾斜，统筹城乡发展的时空布局出现了许多新的变化。

## 三、思维理论的深化

中华人民共和国成立后，特别是城乡户籍制度确立以后，我国不仅逐步强化了经济社会发展的二元结构，而且也逐步使人们形成了城乡二元的思维定式：国家在制定发展战略规划时，会首先将城市与农村分开考虑；在制定实施政策时，对待城市和农村也有明显区别；在配置公共资源时，国家更是包揽了城市的一切，而农村始终是“人民事业人民办”，即使国家财政安排一部分资金投入，原则也是“自力更生为主，国家支援为辅”。党的十六大提出“统筹城乡经济社会发展”以后，原来根深蒂固的二元思维定式逐步松动，城乡一体化发展的思想不断明确，主要表现在三个方面。

**（一）发展指导思想的深化**

从统筹城乡发展到“两个论断”的提出，从全面深入贯彻落实科学发展观到以工促农、以城带乡，从逐步形成城乡一体化发展格局，到工业化、城镇化、农业现代化“三化”同步，从“三化”同步再到党的十八大提出的工业化、城镇化、农业现代化、信息化“四化”同步和城乡一体化发展，从党的十八大提出的城乡一体化发展，到党的十九大提出实施乡村振兴战略，十九届四中全会时的“城乡融合发展”。在这一过程中，我国解决“三农”问题，建设全面小康社会的指导思想逐步明晰。

**（二）规划制定思维的深化**

我国的“十一五”规划、“十二五”规划和“十三五”规划，都是在科学发展观和习近平新时代中国特色社会主义思想的指导下研究制定的，统筹城乡发展已经成为规划制定的基本原则。在具体规划城乡经济社会发展时，国家能够做到统筹考虑、统一安排，尤其是在城乡发展布局和工农关系的处理问题上，都是从有利于城乡一体化发展的角度不断进行深化。

**（三）政策思维的深化**

（1）政策指向逐步明朗。国家不仅要强化农业基础，加快现代农业发展，提高粮食和农业综合生产能力，还要不断提高农民收入水平，实现城乡基本公共服务均等化，建设新农村，改善农村生产生活条件，促进城乡协调发展。

（2）公共资源均衡配置。特别是公共财政资源配置的重点向农业、农村、农民倾斜，逐步消除城乡之间存在的差距。

（3）将行之有效的政策制度化。如稳定增长的投入机制、农业直接补贴制度、取消农业税制后的城乡统一税收制度、城乡统一的义务教育经费保障机制、城乡合作医疗制度和公共卫生体系、城乡衔接或逐步统一的社会保障制度、城乡逐步融合的就业制度等，这些制度从一开始都是作为政策出现的，在经过实践证明行之有效后，又逐步以法律形式成为制度，为统筹城乡发展和城乡一体化发展提供了坚实的制度保障。

（4）学术理论研究不断深化。党的十六大第一次在党的正式文件中提出“统筹城乡经济社会发展”这一命题，不仅为经济社会发展的实践指明了方向，而且还打破了理论学术研究的桎梏，从统筹城乡发展、促进国民经济社会发展到全面研究解决“三农”问题，学术理论研究思维进入一个新的境界，学术理论研究空前繁荣。可以说，过去数年关于“三农”问题和统筹城乡发展学术理论的研究成果，是我国整个经济社会学术研究的最大亮点，其意义不仅体现在经济学方面，对哲学和其他社会科学也都具有深远影响。党的十八大提出“四化”同步和城乡一体化发展，也是对发展战略思维理论的深化，这种深化既是发展战略思维转变的结果，也是发展战略思维实现理论创新的起点。党的十九大提出实施乡村振兴战略，十四届四中全会又进一步提出城乡融合发展的思想，形成了完整的中国特色统筹城乡发展战略理论体系，指导粤港澳大湾区、长三角、环渤海、成渝双城经济圈等区域一体化、城乡一体化发展实践不断走向深入。

## 第六节　经济社会城乡一体化发展

在一个人口众多的发展中大国实现城乡一体化发展，全面建成小康社会，本身就是一项人类社会发展史上的壮举。尽管我国现在已经有了一个比较好的发展基础，但面临的挑战依然是巨大的。例如，我国人口呈现老年化趋势，城镇化质量不高，产业结构不合理，发展方式粗放，农业基础薄弱，城乡基本公共服务依然存在较大差距，城乡一体化制度建设刚刚起步，等等。因此，推进城乡一体化发展，在我国将是一项长期而艰巨的任务，必须从思想、政策、制度建设等各个方面采取有效措施，稳步推进城乡一体化发展。

### 一、牢固树立城乡一体化思想不动摇

推进城乡一体化发展是科学发展的重要内容，也是贯彻落实习近平新时代中国特色社会主义思想的具体体现。要始终以习近平新时代中国特色社会主义思想为指导，始终坚持正确的方向。在制定实施战略规划、政策措施，加强制度建设时，都要考虑是否有利于推进城乡一体化发展，做到“眼中有人，眼中有物，胸中有全局”。按照全面建成小康社会和建设中国特色社会主义的要求，既要从中国实际出发，脚踏实地，又要解放思想，开拓进取，与时俱进，努力走出一条具有中国特色的城乡一体化发展道路。

### 二、着力夯实城乡一体化发展的根基

农业现代化的目标是建立发达的农业、建设富庶的农村和创造良好的环境，农业现代化也是农村产业发展的必由之路。要按照党的十八大的总体要求和十九大的部署，加快发展现代农业，增强农业综合生产能力，确保国家粮食安全和重要农产品的有效供给。依据中国农业发展实际，加强现代农业建设，主要从以下三个方面着力。

一是着力形成现代农业发展的基础设施。切实加强农田水利建设，形成良好的灌排系统；积极推进土地平整，不断提高耕地质量；统筹各方面力量，开展大规模高标准的农田建设；改善农田生态系统，确保农产品安全生产；积极发展多种形式的规模经营，有序推进农业机械化和电气化。

二是着力形成现代农业发展的科技支撑。实施创新驱动发展战略是党的十八大提出的明确要求。对中国来说，改造传统农业，发展现代农业，需要现代科技作为战略支撑。要切实加强农业基础科技研发，提高掌握农业核心技术的能力，特别是要加强动植物良种的培育、繁殖和推广应用；进一步加大农业科技成果转化应用力度，真正处理好产、学、研之间的关系；加强农业科技推广和普及工作，强化对从事种养业农民的科技培训。

三是着力形成促进现代农业发展的体制机制。坚持和完善农村基本经营制度，积极发展农民专业合作和股份合作，大力培育新型经营主体，鼓励和支持专业大户和家庭农场；加快改革农业科技体制，促进科技成果转化运用，促进先进技术的推广应用；建立农产品流通顺畅机制，完善农产品价格市场形成机制和国家宏观调控机制。改革农业行政管理体制，建立能够发挥市场机制基础调节作用、精简效能的农业宏观管理体制。

### 三、加快实现城乡基本公共服务均等化

“基本公共服务均等化总体实现”是党的十八大明确提出的要求。要在过去10年发展的基础上，尤其是在“十三五”时期，进一步推进城乡基本公共服务均等化进程。

(1) 优先发展教育。进一步完善义务教育经费保障机制，均衡教育资源配置，提高农村师资队伍建设水平，改善农村中小学校办学条件和基础设施状况。

(2) 提高农村医疗卫生水平。将建立健全农村医疗卫生服务网络纳入整个医疗卫生体制改革之中，统筹考虑。公共医疗卫生投入重点向农村倾斜，强化和完善农村合作医疗制度，健全重特大疾病保障和救助机制，完善突发公共卫生事件应急和重大疾病防控机制，加强农村医疗队伍的能力建设。

(3) 统筹推进城乡社会保障体系建设。坚持全覆盖、保基本、多层次、可持续的方针，增强公平性，适应流动性，保证可持续性，全面建设覆盖城乡居民的社会保障体系。与此同时，要切实改善就业服务和就业环境，加快保障性住房建设，健全住房保障体系，进一步改善和加强社会管理。

(4) 促进城乡文化事业发展。在文化大发展、大繁荣中重点加强农村文化事业建设，逐步使城乡居民能够均衡享受文化发展的成果。

### 四、协调推进城镇化和产业发展转型

城镇化是中国现代化进程中的重大战略问题，在全面建成小康社会和推进城乡一体化发展进程中具有不可替代的融合作用，对于促进工农和城乡协调发展，提高农业劳动生产率和城乡居民收入具有重要的特殊意义。同时，城镇化需要不断强化产业支撑，两者之间是双向互动的关系，因此，需要协调推进城镇化和产业发展的转型升级。

(1) 实施科学合理的城镇化战略。深入学习贯彻习近平新时代中国特色社会主义思想，从现代化建设的全局和保障国家安全的高度出发，着眼国际政治经济格局的变化，统筹研究制定和实施与中国实际相符合的城镇化战略。科学规划城市群规模和布局，增强中小城市和小城镇的产业发展、公共服务、吸纳就业、人口积聚的功能，改革户籍制度和其他与城镇化密切相关的管理体制，有序推进农业转移人口市民化和基本公共服务全覆盖。尤其要重视中小城市的规划布局、公共基础设施建设、公共服务到位和就业机会的创造。

(2) 加快产业发展转型。产业发展是城镇化的有力支撑，也是城乡一体化发展的基础。促进产业发展必须实体产业和服务业两手抓，加快产业转型升级。一方面，加快发展战略性新兴产业，同时改造提升传统产业，使实体产业具备更强的市场竞争力；另一方面，加快服务业发展，完善支持服务业发展的政策，改善服务业发展质量，提高服务业整体发展的能力。

### 五、建立完善城乡一体化发展的体制机制

制度建设是推进城乡一体化发展的重要保证。深化体制改革，加快机制创新，需要我们解放思想，开拓进取。

(1) 深化城市经济体制改革。正确处理好政府与市场的关系，深化国有企业和固有资

产管理体制改革，鼓励、支持、引导非公有制经济发展；健全市场体系和价格体系，强化宏观调控机制；深化财税体制改革，完善公共财政政策；深化金融制度改革，促进资本市场健康发展；深化投资、土地、城市管理等体制改革，有效增强城市功能。

（2）深化农村经济体制改革。坚持和完善农村基本经营制度，确保农民土地产权的相关权属和利益；推动农业经营组织制度创新，构建新型农业经营主体；改革农村征地制度，提高农民在土地增值收益中的分配比例。

（3）建构城乡一体公共服务制度。建立公共资源特别是公共财政资源在城乡均衡配置制度，增强公共财政对城乡基本公共服务均等化的财力和政策支撑；建立完善城乡均衡教育制度，大力促进教育公平；建立完善城乡一致的基本医疗卫生制度，不断提高城乡居民健康水平；统筹推进城乡社会保障制度改革，建立公平、灵活、可持续的覆盖全体城乡居民的社会安全保障网络。同时，要建立健全统筹城乡文化、就业、保障、住房、社会安全等制度，全面持续提高城乡基本公共服务均等化水平。

## 参 考 文 献


[1] 胡锦涛. 把科学发展观贯穿于发展的整个过程 [J]. 求是，2005 (1)：4.

[2] 中国共产党全国代表大会. 中国共产党第十七次全国代表大会文件汇编 [M]. 北京：人民出版社，2007：22-23.

[3] 中央文献研究室. 十六大以来重要文献选编：上 [M]. 北京：中央文献出版社，2005：850.

[4] 中央文献研究室. 十六大以来重要文献选编：上 [M]. 北京：中央文献出版社，2005：851.

[5] 人民出版社. 中共中央国务院关于“三农”工作的十个一号文件 [M]. 北京：人民出版社，2008：160.

[6] 中共中央关于加强党的执政能力建设的决定 [N]. 人民日报，2004-09-27 (1).

[7] 中央文献研究室. 十六大以来重要文献选编：下 [M]. 北京：中央文献出版社，2007：276，662.

[8] 温家宝. 关于当前农业和农村工作的几个问题 [N]. 人民日报，2006-01-20 (2).

[9] 中央文献研究室. 十六大以来重要文献选编：中 [M]. 北京：中央文献出版社，2006：456，273.

[10] 景远. 2018 年全国扶贫支出达 4 770 亿元，增长 46.6% [EB/OL]. (2019-01-28) [2019-11-19]. https：//baijiahao. baidu. com/s? id=1623892760891275440&wfr=spider&for=pC.

[11] 余牧. 推动城乡统一配套改革 [EB/OL]. (2007-07-23) [2019-12-19]. http：//finance. sina. com. cn/roll/20070723/15481557598. shtml .

[12] 习近平. 健全城乡发展一体化体制机制 让广大农民共享改革发展成果 [N]. 新华日报，2015-05-02 (1).

[13] 粟实. 加快推进城乡一体化发展 [N]. 山西日报，2018-08-07 (9).

[14] 佚名. 国家统计局：至 2019 年末我国城镇化率为 60.60% [EB/OL]. (2020-01-17) [2020-04-05]. http：//finance. sina. com. cn/china/gncj/2020-01-17/doc-iihnzahk4671933. shtml2020.


## 思 考 与 测 试

### 一、思考题

1. 我国统筹城乡发展的战略方针和战略重点是什么？

2. 实施乡村振兴发展战略，对统筹城乡发展有何现实意义？

3. 在实施统筹城乡发展战略中我国采取的惠农措施主要反映在哪几个方面？

4. 推进我国城乡一体化发展应采取哪些措施？

**二、测试题**

（一）填空题

1. 我国统筹城乡发展在10年时间里，逐步形成了一个完整的（　　），确立了科学发展观战略指导思想和实现城乡一体化的战略目标，（　　）、城市支持农村的战略方针，以及加快（　　）的战略重点。

2. 科学发展观是指导发展的（　　），也是我国统筹城乡发展的战略指导思想，其第一要义是发展，核心是（　　），基本要求是全面、协调、可持续，根本方法是统筹兼顾。

3. 我国在统筹城乡发展实践中，形成了（　　），以城带乡；乡村主导，乡企拉动；（　　）、统筹规划等各具特色的基本模式，带动和引领各地正确处理城乡关系，推动区域、城乡协调发展。

4. 坚持走中国特色新型工业化、信息化、（　　）、农业现代化道路，推动信息化与工业化（　　）、工业化和城镇化互动、城镇化和农业现代化相互协调，促进工业化、信息化、城镇化、农业现代化（　　）发展。

5. 将农业农村发展真正融合在国民经济社会（　　）之中，将城乡一体化发展作为解决“三农”问题的（　　）。

6. 着力在城乡规划、基础设施、公共服务等方面推进一体化，促进（　　）平等交换和公共资源均衡配置，形成以工促农、以城带乡、（　　）、城乡一体的新型工农、城乡关系。

7. 推进城乡一体化发展，必须牢固树立城乡一体化（　　）思想不动摇，着力夯实城乡一体化发展的根基，加快实现城乡基本（　　）均等化，协调推进城镇化和（　　）转型，建立完善城乡一体化发展的体制机制。

8. 实施统筹城乡发展战略，必须紧紧围绕发展这一主题，坚持以（　　）为中心，努力提高经济发展水平，为城乡社会的（　　）和城乡居民的全面发展，奠定坚实的物质基础。

9. 在追求发展速度的同时，必须更加注重发展的（　　）的全面发展，做到发展为了人民、发展（　　）、发展成果由人民共享。

10. 全面发展，就是要以（　　）为中心，全面推进经济、政治、（　　）建设，实现经济发展和社会全面进步。

11. 协调发展，就是要促进现代化建设（　　）、各个方面相协调，促进生产力和（　　）、经济基础和上层建筑相协调。

12. 可持续发展，就是要促进（　　）的和谐，实现经济发展和人口、资源、环境相协调，坚持走生产发展、生活富裕、（　　）的文明发展道路，保证一代接一代地永续发展。

13. 2008年中央的一号文件，对党的十七大提出的形成城乡经济社会发展一体化新格局作出了解释，即要努力形成城乡发展规划、（　　）、基础设施、公共服务、劳动就业和（　　）一体化新格局。

14. 工业反哺农业、城市支持农村，最重要的形式就是通过调整（　　）分配和财政支出的结构，把来自工业和城市经济部门的（　　），更多地转移到农业生产与农村建设中去，加快农业和农村经济社会的发展。

15. 乡村振兴战略是（　　）同志 2017 年 10 月 18 日在党的十九大报告中提出的战略。

16. 农业农村农民问题是关系（　　）的根本性问题，必须始终把解决好“三农”问题作为（　　）重中之重。

17. 坚持稳中求进工作总基调，牢固树立（　　）理念，落实高质量发展的要求，紧紧围绕统筹推进“五位一体”（　　）和协调推进“四个全面”战略布局，坚持把解决好（　　）问题作为全党工作重中之重。

18. 实施乡村振兴战略，必须坚持（　　）农村工作的原则。

19. 实施乡村振兴战略，就是要按照党的十九大提出的决胜（　　）小康社会、分两个阶段实现第二个百年奋斗目标的（　　）。

20. 产业兴旺是实现（　　）的基石。

21. 实施（　　）建设专项行动计划，着力清脏、治乱、增绿，加快补齐农村（　　）突出短板。

22. 2005 年 12 月 29 日，十届全国人大常委会第十九次会议做出了在 2006 年（　　），废止《中华人民共和国农业税条例的规定》，向全世界正式宣告免除（　　）。

23. 2009 年，我国普遍建立了养老保险（　　）制度，出台了包括农民工在内的城镇企业职工（　　）关系转移接续办法。

24. 1986 年，上海市正式把（　　）作为全市经济和社会发展的战略思想和指导方针。

25. 北京市在统筹城乡发展中，大力开展（　　）、帮管理、帮设备、帮培训的“四帮”活动等。

26. 党的十八大明确提出实施城乡（　　）发展战略，这是我国经济社会发展战略（　　）的又一次深化。

27. 2010—2012 年，我国农民（　　）的增长幅度连续三年超过城镇居民，尽管收入差距缩小的幅度还不理想，但长期以来（　　）拉大的趋势开始扭转。

28. 党的十八大提出把（　　）建设放在突出位置，并融入经济建设、政治建设、文化建设、社会建设各方面和全过程，努力建设（　　），实现中华民族永续发展。

29. 推进城乡一体化发展，在我国将是一项长期的（　　），必须从思想、政策、制度建设等各个方面采取有效措施，稳步推进（　　）一体化。

30. 坚持全覆盖、（　　）、多层次、可持续方针，增强公平性，适应流动性，保证可持续性，全面建设覆盖（　　）的社会保障体系。

31. 从现代化建设的全局和保障（　　）的高度出发，着眼国际政治经济格局的变化，统筹（　　）和实施与中国实际相符合的城镇化战略。

（二）单项选择题

1. 实现城乡经济社会发展一体化的关键，就是要破除城乡（　　）。

A. 体制壁垒　　B. 一元结构　　C. 一体化机制　　D. 二元结构

2. 城乡经济社会发展一体化新格局，就是要创建（　　）的新型城乡关系，就是要构建城乡经济社会融合与协调的现代社会结构。

A. 以城带乡　　B. 平等统一　　C. 城乡互动　　D. 以乡促城

3. 从 2004 年至 2011 年，中央已经连续下发了七个（　　），全部都围绕“三农”问题展开，针对发展农业生产、促进农民增收、推进社会主义新农村建设做了全方位的具体工作部署。

A. 重要文件　　B. 一号文件　　C. 会议纪要　　D. 中央文件

4. 实施统筹城乡发展战略，关键是要处理好（　　）问题，这也是国际社会统筹城乡发展的重要经验。

A. 三农　　B. 农民增收　　C. 农业发展　　D. 农村建设

5. 目前，我国已有 13 个省级行政区域取消了“农业户口”和“非农业户口”的二元户口登记制度，建立了（　　）城乡户口登记制度。

A. 有区别的　　B. 分散的　　C. 统一的　　D. 农民转市民

6. 我国运用“城市为主导，以城带乡”模式的典型地区是（　　）地区。

A. 珠江三角洲　　B. 长江三角洲　　C. 环渤海　　D. 京津冀

7. 我国运用“乡村为主导、乡镇企业拉动城乡经济发展”模式的典型地区是（　　）地区。

A. 浙东　　B. 鲁南　　C. 中原　　D. 苏南

答案见第 208 页“附录　测试题参考答案”。

# 第六章 统筹城乡发展的重庆模式

**内容提要：**

重庆市地处我国西部，是我国西部唯一的中央直辖市和五大中心城市之一。作为我国西南地区的工业基地，重庆市是连接长江上游大片区域与长江中下游地区的重要枢纽，起着承东启西的作用。重庆市既有发达的大城市，又有欠发达的大农村，存在着“东北现象”和“西部现象”叠加、城乡二元结构矛盾突出、城乡基础设施十分薄弱、生态环境非常脆弱、移民搬迁任务繁重等独特市情。在统筹城乡发展中，重庆市还面临着“圈翼（区群）”发展差异大，城乡经济、城乡收入、基本公共服务、基础设施、城镇化建设等城乡差距大的挑战。

2007年，经国务院批准，重庆市成为我国唯一的省级全国统筹城乡综合配套改革试验区，承担起国家统筹城乡综合配套改革试验的任务。2009年1月，国务院印发了《关于推进重庆市统筹城乡改革和发展的若干意见》（国发〔2009〕3号），并从指导思想、基本原则、战略任务、主要目标、主要任务、政策措施等不同方面，对重庆市建设全国统筹城乡综合配套改革试验区的任务，进行了全面的安排和部署。

在过去的10多年时间里，重庆市坚持从市情特点出发，坚持同步推进城镇化、新型工业化和城乡一体化，围绕三条主线❶建立健全统筹城乡制度，着力缩小贫富、城乡、区域差距，促进共同富裕，初步形成了统筹城乡发展的制度框架，形成了以体制机制改革为核心，政府强力推动的以城带乡、城乡互动的统筹城乡发展的重庆模式，重庆市提前实现了改革试验第一阶段的目标，引起了国内外的关注。

**学习指导：**

了解重庆市在20世纪末21世纪初的市情特点和统筹城乡发展面临的挑战，了解国家在重庆市建立统筹城乡综合配套改革试验区的目的以及提出的主要任务和政策措施，了解重庆市改革户籍制度取得的成效；掌握重庆市在统筹城乡发展中形成的“重庆模式”的内涵，掌握重庆市在缩小贫富、城乡、区域差距，促进城乡共同富裕的过程中，初步形成的统筹城乡发展制度框架的主要内容。

**实践建议：**

在教师指导下，学生围绕重庆市户籍制度改革的成效以及户籍制度改革对破解城乡二元结构、促进城乡一体化发展的价值与作用开展座谈会。

---

❶ 三条主线：一是推进城乡经济社会协调发展，做大经济总量，建立向“三农”和“两翼”倾斜的公共财政投入机制和市场要素配置机制；二是推进城乡劳务经济健康发展，以就业为指向，引导城乡劳动力合理流动，支撑人口城镇化健康推进；三是推进土地流转和集约利用，在守住3 200万亩耕地、确保1 100万吨粮食生产的前提下，以农村土地流转促进现代农业发展，统筹城乡土地利用，建立土地节约集约利用、城乡空间合理布局的体制机制。

重庆市地处我国西部，是我国西部唯一的中央直辖市和五大中心城市之一。作为我国西南地区的工业基地，重庆市是连接长江上游大片区域与长江中下游地区的重要枢纽，起着承东启西的作用。重庆市既有发达的大城市，又有欠发达的大农村，城乡二元结构特别突出，城乡差异、区域差异大。2007 年 6 月 7 日，经国务院批准，重庆市成为我国唯一的省级全国统筹城乡综合配套改革试验区。通过不断的探索和实践，重庆市形成了以体制机制改革为核心，政府强力推动的以城带乡、城乡互动的统筹城乡发展的重庆模式，引起了国内外的关注。

## 第一节 重庆市独特的市情与面临的挑战

1997 年 6 月 18 日，中央批准建立重庆直辖市，原四川省的万州市、涪陵市和黔江地区划入重庆市，这时的重庆市既有发达的大城市，又有欠发达的大农村，特别是渝东北的大库区、渝东南的大山区和少数民族地区划入重庆市后，重庆市的市情更加独特。2007 年 6 月 7 日，中央批准重庆市为全国统筹城乡综合配套改革试验区，这时的重庆市比建立直辖市之初已发生重大变化，但城乡、区域之间的差距仍然很大，统筹城乡发展的任务十分艰巨。

### 一、直辖之初的重庆市市情特点

重庆市成为直辖市时下辖 43 区县（自治县、市），共有 1 502 个乡镇与街道办事处，所辖区县（自治县、市）数量分别为京、津、沪所辖区县的 2 倍左右。全市总人口 3 022.77 万人，其中农业人口 2 445.67 万人（占 80.91％），非农业人口 577.10 万人（占 19.09％），是一个典型的以农业人口为主的直辖市，经济社会发展呈现五大特点。

**（一）“东北现象”和“西部现象”叠加**

直辖之初的重庆市既具有西部地区贫穷落后的特征，脱贫和巩固脱贫成果任务繁重，又有我国东北老工业基地的困难与问题。突出表现在：一方面，国企存在“老、全、重、慢、低”五大特点，即企业老、设备老、产品老；行业门类齐全、分布广，国有经济成分高达 70％，企业债务重、社会负担重，企业转制慢、经济效益低。截至 1999 年年底，全市国企亏损面高达 72.2％，大中型国企亏损面达 78.13％，远高于全国平均 40％的水平。另一方面，重庆市有着连片的贫困地区和经济落后的少数民族地区，渝东北和渝西地区级差明显。东部和东南部占全市近 2/3 的面积，有 12 个国定贫困县，9 个省定贫困县，贫困人口达 366.6 万人，占全市总人口的 12.2％，大大超过全国 5.58％的贫困人口比例。少数民族人口达 170 万人，占全市总人口的 5.72％。重庆市既担负着近 400 万贫困人口脱贫致富奔小康的历史重任，又肩负着拥有 170 万人口的少数民族地区经济发展和社会进步的历史重任。

**（二）城乡二元结构矛盾突出**

重庆市大城市与大农村并存，即相对发达的现代城市工业板块和相对落后的农村经济板块并存，城乡二元结构、产业二元结构突出。城乡二元结构突出表现在：以重庆市主城区为中心的片区，已形成了大工业流通的格局。1998 年，国内工业生产总值占重庆市

GDP的72.42%，在全国大城市中只低于京津沪穗和深圳，居第六位，成为以二、三产业，特别是以工业经济为主的长江上游及西南地区的工商业重镇和经济中心。但以渝东北和渝东南的万州、涪陵、黔江为代表的广大地区，第一产业比重仍然很大，工业化水平低，仍处在落后状态，地域和人口占全市2/3，但工业产值仅占重庆市的16%，即便是份额很大的农林牧渔产值，也只占重庆市的30.1%，东西部地区发展极不平衡，形成两种不同的经济单元和经济特点。

产业二元结构突出表现在：一是全市第三产业相对落后，1998年，一、二、三产业比重为20.9∶41.0∶38.1，第二产业比重突出，第三产业明显不足。二是从工业内部结构看，二元结构也十分突出，全市乡及乡以上工业总产值中，轻重工业比重为28.41∶71.59，重工业在工业中所占比重过大。从国有成分上看，国有经济占70%以上，非国有经济发展缓慢。三是产业集约化程度低，劳动密集型产业比重很大，技术密集型产业比重小。产业资本有机构成较低，虽然有汽车、摩托车为代表的机械工业的崛起，但以电子技术、信息技术、生物工程为代表的高科技、高附加值产业比重很小。

**（三）城乡基础设施十分薄弱**

一是农业基础设施脆弱，"靠天吃饭"的现象明显，抗御自然灾害的能力不强。二是交通通信设施不完备，发展不平衡。据统计，截至1998年年底，重庆市路网密度为每百平方千米33千米，像城口、巫溪等边远县，公路密度甚至每百平方千米仅有10千米。高速公路占总里程的0.4%，二级以上公路占总里程的4.6%，四级与等外公路占总里程88.9%，中高级、次高级路面占公路总里程的15.7%。还有些僻远乡镇没有通公路。电话普及率仅为4.2%，有的地区还不足2%，远远低于北京市的38.6%、天津市的23.1%、广州市的53.15%的水平。三是能源供应能力不足。截至1998年年底，重庆市发电量不足全国的1.25%，排在第24位，占西部地区的7.1%，排第7位，能源供应紧张成为制约重庆市发展的又一个瓶颈，尤其是在渝东北和渝东南地区。

**（四）生态环境非常脆弱**

重庆市是全国生态环境建设的重点地区。根据国家规定，三峡库区及嘉陵江流域森林覆盖率要达到45%以上，当时仅为20.98%，还差24个百分点。全市水土流失面积占总面积的52.8%，高于全国近15个百分点。全市每年进入江河的泥沙量总计达1.4亿吨，占长江上游泥沙总量的26%。三峡库区农村移民就近后靠和外迁安置也进一步加大土地开发垦殖的力度，增大库区水土流失治理和生态环境保护的难度。水环境污染形势严峻，全市每年排放工业废水约10亿吨，非达标排放占35%，每年排放生活废水约3.5亿吨，基本未处理直接排入江河，导致水环境质量不断恶化，长江、嘉陵江、乌江重庆市部分污染逐渐加重。

**（五）移民搬迁任务繁重**

重庆市地处长江三峡库区腹地，肩负着百万移民和城镇工矿企业搬迁的特殊任务。全市16个区县、324个乡镇、445个村、1 397家企业都涉及移民搬迁。库区动态移民高达103.79万人，占整个三峡库区移民总量的86.3%，受地理条件、经济基础的限制，移民搬迁难度极大，相对于其他省级行政单位而言，重庆市面临着特殊的发展压力和困难。

## 二、统筹城乡发展的面临的挑战

2007 年，作为全国唯一的省级全国统筹城乡综合配套改革试验区，重庆市全力实施统筹城乡发展战略，区域之间、城乡之间在经济、社会等各方面的差距给重庆市的发展带来了巨大挑战。挑战主要表现在以下六个方面。

### （一）“圈翼”发展差异大

2007 年，重庆市确定实施“一圈两翼”[1] 区域发展战略。重庆市“一圈”与“两翼”的差距非常大，三大区域人均 GDP 之比为 2.34∶1.02∶1，人均投资比为 1.60∶0.77∶1，人均消费比 2.48∶0.92∶1，人均存款余额比为 3.93∶1.20∶1，人均贷款余额比为 5.09∶0.55∶1。各区县之间的差距也非常突出。以 2009 年为例，双桥区人均 GDP 为 66 128 元，排名全市第一，为全市平均水平的 2.88 倍；巫溪县人均 GDP 仅 7 056 元，为全市最低，两地人均 GDP 的比例约为 9.4∶1。2009 年，渝中区一般预算收入 28.6 亿元，排名全市第 1，巫溪县一般预算收入仅 1.4 亿元，为全市最低。同年，重庆市南岸区农村居民人均纯收入 7 955 元，为全市平均水平的 1.78 倍，排名第 1；巫溪县农村居民人均纯收入 3 078 元，两地之比约为 2.6∶1。2009 年，库区城镇移民家庭人均纯收入仅为全市平均水平的 50%左右，不少城镇移民无就业岗位、无就业能力、无生活来源，仅靠低保维持生计。更为严重的是少数移民因病、因残、因灾导致生活十分困难，成为社会关注的弱势群体，主要靠政府困难扶助。

### （二）城乡经济差距大

建立直辖市后，重庆市工业经济进入历史发展最快时期。从 2000 年开始，全市结束工业连续 4 年、国有工业连续 6 年严重亏损局面，经济效益逐年提高。2009 年，全市规模以上工业企业实现利润 356 亿元，工业经济效益综合指数达到 204.4%，比 1996 年提高 140.6 个百分点。全市有专利授权的企业 330 家，专利产品产值 769 亿元。2009 年规模以上工业总产值达 6 772.9 亿元，规模以上工业企业数量达 6 412 家。以汽摩、装备、材料冶金、化工医药、电子信息和能源为核心的覆盖面宽、支撑力强的“5+1”支柱产业体系和集群初具雏形。但也是在 2009 年，占重庆市就业人员 44%的农业劳动力创造的产值，仅占重庆市地区生产总值的 9.3%，农产品加工转化率只有 29%，低于全国 35%的平均水平，农业优势区域特征不明显，组织化程度低，全市仅有不到 6 000 个农村合作经济组织，163 万户入社（协会）成员，入社率不足 23%；农业机械化水平低，农村很多地方还处于“两亩地一头牛”的生产状态，全市农业机械总动力仅占全国的 1.1%；科技进步对农业的贡献率仅 44%，无公害农产品产量占比不足 0.5%。

---

[1] 一圈两翼：“一圈”，即以重庆主城区为核心、一小时通勤距离为半径的经济圈，包括 23 个区县，面积 2.87 万平方千米，占全市总面积的 34.8%；2009 年末常住人口 1 725.3 万人，占全市总人口的 60.3% 。“两翼”中的一翼是以万州为中心、三峡库区为主体的渝东北地区，以重庆三峡库区为主体，包括 11 个区县，面积 3.4 万平方千米，占全市总面积的 41.2%；2009 年末常住人口 851.4 万人，占全市总人口的 29.8%。“两翼”中的另一翼是以黔江为中心、少数民族聚居的渝东南贫困山区，包括 6 个区县，面积 1.98 万平方千米，占全市总面积的 24%；2009 年末常住人口 282.3 万人，占全市总人口的 9.9%，以土家族苗族聚居区为主体。2020 年“一圈两翼”改为“一区两群”，所辖区域仍为原“一圈两翼”的区域。

**（三）城乡收入差距大**

2007年，全市城乡居民收入比为3.59∶1，高于全国城乡居民收入比3.33∶1。2009年，全市城乡居民收入比缩小到3.52∶1，但仍高于全国平均水平和东部发达地区。2009年，重庆市城镇居民进入统计的最高收入的人均可支配收入与农村居民最低收入的人均纯收入之比为12.6∶1。农村居民家庭恩格尔系数为53.3%，高出城市14.2个百分点；市和县两级社会消费品零售额1 535.7亿元，占全市社会消费品零售总额的74.4%，而县以下社会消费品零售额528.2亿元，只占全市社会消费品零售总额的25.6%。每百户农村居民拥有洗衣机、电冰箱、彩色电视机、空调和计算机的比例，分别只是城市的37.6%、32.7%、66.7%、4.3%和1.9%。

**（四）基本公共服务城乡差距大**

2007年，重庆市城乡基本公共服务体系框架基本形成，公共服务水平较重庆市成为直辖市时有了大幅提高。但从总体上看，政府提供的基本公共服务的总量仍不足，农村基本公共服务体系尚不健全，甚至还存在“盲区”，城乡基本公共服务差距大于城乡经济发展的差距。

1. 教育方面

全市教育总量相对不足，区域之间、城乡之间、各类教育之间发展不平衡。一是教育经费失衡，农村教育经费远低于城市，农村小学和初中的教育经费仅为城镇小学和初中的33%和85%。二是办学条件失衡，农村地区教育硬件配备普遍较差，教学实验设施设备远远低于城镇水平，危旧房多。三是师资力量失衡，城市和农村学校在教职工编制、教师待遇、岗位设置等方面有较大差距。四是教育产出失衡。农村初中毕业生升入高中阶段学校比例比全市平均水平低4个百分点，农村居民人均受教育年限比城市低2年，农村文盲、半文盲和小学文化人员较多。

2. 卫生方面

全市医疗卫生资源总量不足，看病难、看病贵的问题比较突出。每千人拥有病床数、每千人拥有卫生技术人员、执业医师（执业助理医师）和注册护士等指标均低于全国平均水平。如2008年，全市每千人病床数为2.65，远低于北京市、天津市、上海市的5.14、3.98、5.16，甚至低于新疆维吾尔自治区与宁夏回族自治区的水平。城乡之间卫生资源分布极不均衡，全市医疗卫生资源80%集中在城区，达到基本设备要求的乡镇卫生院不到50%，农村每千人拥有乡镇卫生院病床数仅为全市人均拥有病床数的50%，远低于全国平均水平。乡镇卫生院具有执业资格的医师占乡镇卫生院临床医生总数的85%，村卫生室具有执业资格的医师数仅占村医总数的10.3%。

3. 文化体育方面

文化体育基础设施城乡差距大。除重庆市主城外，几乎所有的区县文化馆均未达到国家最低的三级馆标准，图书馆有一多半未达到三级馆标准。农村文化设施建设十分落后，农村人均文化设施面积仅为城市的21.3%，近50%的乡镇没有文化站或有站无舍。体育设施供给明显不足，全市体育场地规划和建设大大滞后于社会发展的需要，公共体育场馆偏少。群众体育事业发展滞后，远郊和农村在体育场地设施建设方面欠账过多，农村人均体育用地面积仅为全市平均水平的49%。城乡居民享有的公共文化服务差距大。农村广播人口覆盖率比全市平均水平低 1.75 个百分点，农村有线电视入户率仅为 35%左右。

4. 社会保障方面

全市农村新型合作医疗的建立实现了农村居民医疗保障从无到有的突破性进展，但保障水平低，大病保障不足。农民工社会保障亟待解决。2007 年以前，农民工社会保险参保率低，全市参加城镇职工基本养老保险和医疗保险的农民工分别仅占在重庆市域内就业农民工的 2.59%和 0.8%。2007 年，重庆市建立了农民工养老保险和大病医疗保险制度，参保农民工人数有了较大幅度提升，到 2010 年 6 月，全市有 70 万农民工参加了养老保险，有 18 万农民工参加了大病医疗保险。但各项社会保险制度之间的转移衔接机制仍需不断建立健全。

**（五）基础设施城乡差距大**

农村交通、能源、通信、供水等基础设施建设大大落后于城市，交通问题作为制约全市发展的“瓶颈”仍未得到根本解决。2007 年，全市骨架公路网尚不健全，断头路较多，行政村公路通达率、通畅率分别只有 71.8%和 27.9%。长江黄金水道利用水平不高，主要支流航道等级低，规模化、专业化码头较少。公路、水路、铁路等运输方式之间衔接不顺畅。水利基础设施薄弱。全市人均蓄引提水能力 185 立方米，为全国平均水平的 24.6%，西部倒数第一。人均旱涝保收面积仅 0.18 亩，为全国平均水平的 37.5%，西部倒数第二。尚有 1 066 万农村居民饮水不安全，占农村人口的 44%，比例在西部最高。城镇防洪堤达标的仅有 192 千米，西部倒数第二。有病险水库 1 475 座，占全市水库总数的 52%。农民自来水入户率不到 30%。农村生活环境与城市有较大差别。

**（六）城镇化建设差距较大**

全市有特大城市 1 个，50 万～100 万人口的大城市 1 个，20 万～50 万人口的中等城市仅有江津、合川、永川、涪陵 4 个，不仅数量少，而且规模小，其余多为人口在 10 万人以下的城镇。大中小城市和小城镇发展不协调，特大城市孤立发展，缺乏大城市支撑，小城镇的发展严重滞后。城镇密度为每万平方千米 73 个，约为全国平均水平的 4 倍，每个城镇的行政辖区平均不足 85 平方千米，经济腹地太小。小城镇数量多，规模偏小，平均每个小城镇的建成区面积不足 0.4 平方千米，城镇人口不到 5 000 人，不及全国平均水平的一半，人口和生产要素的集聚程度较低，对周边农村地区的辐射和带动作用较弱。

## 第二节　全国统筹城乡综合配套改革试验区建设

2007 年 6 月 7 日，国家决定在重庆市建立全国统筹城乡综合配套改革试验区，开展统筹城乡综合配套改革试验。2009 年，国务院印发《关于推进重庆市统筹城乡改革和发展的若干意见》（以下简称《意见》），并从指导思想、基本原则、战略任务、主要目标、主要任务、政策措施等不同方面，对重庆市建设全国统筹城乡综合配套改革试验区的任务，进行了全面的安排和部署。

### 一、指导思想、战略任务和主要目标

对重庆市开展统筹城乡综合配套改革试验的指导思想、战略任务和主要目标的表述，

是《意见》第一部分的主要内容，虽然文字不多，却是整个文件的灵魂和精髓所在，它确定了《意见》的基调，是统领《意见》各个章节的总纲。

**(一) 指导思想**

重庆市统筹城乡综合配套改革试验的指导思想，可以概括为“五个加快、五个着力”。这“五个加快、五个着力”是重庆市推进统筹城乡改革和发展的关键所在，具体内容包括以下五个方面。

第一，加快推进统筹城乡综合配套改革，着力解决“三农”问题。这是中央在重庆市改革发展新时期，立足全局、着眼实际，赋予重庆市的新使命，是重庆市进一步推进改革发展的最强有力的工作抓手。

第二，加快推进结构调整和自主创新，着力发展内陆开放型经济。这是重庆市进一步推进改革发展的主线，构建内陆开放型经济体系，实现产业结构高度化的两大动力源泉。

第三，加快推进基础设施和公共服务设施建设，着力改善城乡人居环境。这是重庆市深入实施西部大开发战略的重要依托，也是处于工业化中期阶段的重庆市铺就经济起飞跑道，实现稳步提升的基础性工作。

第四，加快推进环境保护和资源节约，着力构建长江上游生态屏障。这是重庆市在实现经济腾飞的同时必须恪守的前提，是西部大开发的基本原则，绝不能重蹈发达国家和先行地区过度索取自然资源、先污染后治理的老路，这不仅事关重庆市，而且事关整个长江流域的生态安全。

第五，加快推进社会事业发展，着力做好库区移民和扶贫开发工作。这是由重庆市的特殊性决定的。重庆市统筹城乡综合配套改革一切工作的基本出发点和落脚点，就是要真正做到发展为了人民、发展依靠人民、发展成果由人民共享。

**(二) 战略任务**

《意见》根据指导思想的总体要求，在阐明坚持城乡统筹，促进城乡协调发展；坚持科学发展，着力转变发展方式；坚持以人为本，推进和谐社会建设；坚持改革开放，推进体制机制创新“四个坚持”基本原则的基础之上，提出了“五大战略任务”。“五大战略任务”是“五个加快、五个着力”的进一步实化和具体化，所阐明的是“怎么做”的问题，即如何去推进这些工作。

(1)“一圈两翼”开发战略。这是对重庆市空间发展的战略定位。在重庆市，“一圈”代表大城市，“两翼”代表大农村。“一圈”“两翼”发展不平衡，是制约重庆市发展的基本矛盾。“一圈两翼”开发战略既体现了非均衡发展的战略取向，也体现了大城市带动大农村的战略意图。

(2) 扩大内陆开放战略。把加快推进内陆开放型经济体系建设提到战略层面是一个创举。我国的对外开放始于沿海，渐次推进到内地，重庆市要壮大经济实力，就必须深化与外部经济的交流互动。

(3) 产业优化升级战略。这是处于工业化中期阶段的重庆市进一步发展的中心任务。《意见》从两个层面提出了新要求：一是从产业结构层面，要求形成城乡分工合理，区域特色鲜明，资源要素优势充分发挥，一、二、三产业协调发展的产业体系；二是从制造业层面，要求加快推进老工业基地改造和振兴，建成国家重要的现代制造业基地。

（4）科教兴渝支撑战略。这是从发展质量、发展后劲和发展方式方面提出的要求。从粗放型的外延发展方式转向集约型的内涵发展方式，必须要依靠科技和人才。《意见》强调了要大力发展教育，充分发挥企业自主创新主体作用和推进产、学、研相结合的科技创新体系建设。

（5）资源环境保障战略。这是重庆市实现加快发展的前提。《意见》首先强调要把握“生态立市”和“环境优先”的理念，接着提出了发展循环经济和低碳经济，建设森林城市，保护好三峡库区和长江、嘉陵江、乌江流域的水体和生态环境，打造“长江上游生态文明示范区”的要求。

### （三）主要目标

《意见》分阶段提出了到2012年和2020年的奋斗目标。这个目标体系的设置，既包括改革目标，也包括发展目标；既包括经济发展目标，也包括社会发展和保护资源环境目标；既有定性的目标，也有定量的目标。

从改革的角度看，《意见》提出的目标：到2012年要在重要领域和关键环节改革上取得重大进展，统筹城乡发展的制度框架基本形成；到2020年，则要求形成统筹城乡发展的制度体系，这与党的十七大提出的到2020年，我国要基本建立比较完善的社会主义市场经济体系的要求是一致的。

从社会发展和保护资源环境目标来看，则涉及地区生产总值、城乡收入、城乡收入差距、基本公共服务、能耗及环境质量等多个方面。

## 二、重点任务和政策措施

《意见》第二部分至第九部分是文件的主体部分，分别从八个方面提出了推进重庆市统筹城乡改革和发展的重点任务，反映了五个方面的重大问题。

### （一）率先探索统筹城乡发展的新路子

党的十六大以来，是我国着力破除城乡二元结构、形成城乡经济社会发展一体化新格局的关键时期。加快形成城乡经济社会发展一体化新格局，既需要中央加大强农惠农的政策力度，也需要各地积极探索，大力推进制度创新。重庆市是全国统筹城乡综合配套改革试验区，担负着探索适合中国国情的统筹城乡发展新路子的重任。因此，《意见》以《中共中央关于推进农村改革发展若干重大问题的决定》精神为指导，以制度创新为重点，分别从强农惠农、土地利用、金融支持、劳动就业、社会管理等方面，对重庆市加快推进统筹城乡改革试验提出了明确要求，并给予了必要的政策支持。概括起来，就是要建立“一个机制”“两个制度”“两个体制”。

（1）建立以城带乡、以工促农的长效机制，重点是完善农业支持保护制度，扩大公共财政覆盖农村范围，构建新型工农关系和城乡关系。

（2）建立统筹城乡的土地利用制度，重点是保障农民土地承包经营权，逐步建立城乡统一的建设用地市场。

（3）建立统筹城乡的金融体制，重点是加快发展多层次资本市场，开发债券、投资基金、保险、小额贷款、信贷担保等金融工具，为城乡发展服务。

（4）建立城乡统一的劳动就业制度，重点以解决农民工问题为突破口，建立覆盖城乡的就业服务体系，加强职业技能培训，加快农村劳动力转移，形成平等的就业制度。

(5) 建立城乡统一的社会管理体制，重点是转变政府职能，探索建立有利于统筹城乡发展的行政管理体制，建设服务型政府，把城乡社区建设成为社会生活共同体。

这与党的十七届三中全会提出的“五大统筹”重点任务，即统筹土地利用和城乡规划、统筹城乡产业发展、统筹城乡基础设施建设和公共服务、统筹城乡劳动就业、统筹城乡社会管理是完全一致的。

**(二) 加快调整产业结构，转变经济发展方式**

作为西部工业城市，重庆市经济总量偏小，2008 年工业增加值刚突破 2 000 亿元，在全国排在第 23 位，且经济发展结构不够合理，自主创新能力较弱，产品升级换代不快，企业竞争力不强，此外三峡库区产业空虚问题也还没有得到根本解决，8 个库区核心区县规模以上工业增加值仅占全市的 2.2%。《意见》要求加快推进老工业基地改造，构建特色优势产业集群，加快产业结构调整，通过结构变革加快重庆市经济发展。针对以上问题，要注意从两个方面进行解决。

一是转变发展方式。重庆市尚处于工业化中期阶段，扩大经济总量的任务繁重，必须在工业化中期阶段把转变发展方式、实现科学发展提上日程，并努力付诸实践。《意见》强调重庆市要坚持科学发展，也就是要坚持走新型工业化道路，坚持产业链的高端化取向，坚持一、二、三产业协调发展，坚持发展内陆开放型经济，坚持促进产业向集约化、内涵式发展方式转变，这样才能真正做到又好又快发展。

二是发展现代农业。加快现代农业发展，是确保国家粮食安全，强化国民经济基础，增加农民收入和推进社会主义新农村建设的迫切需要。重庆市农业发展处在关键时期，在加快推进工业化、城镇化的同时，要高度重视农业现代化建设。《意见》从统筹规划、整体布局出发，对现代农业建设提出了明确要求。

第一，科学定位“一圈两翼”发展重点。“一圈”要打造城郊都市型农业示范区，“渝东北翼”库区要大力建设生态农业走廊，“渝东南翼”要加强山地特色农业基地建设。

第二，搭建示范平台。《意见》赋予重庆市农业发展五大示范定位，即国家现代畜牧业示范区、全国农业机械化综合示范基地、三峡库区生态家园富民工程示范区、现代农业科技示范区、农产品质量安全示范区。

第三，提供了一系列支持政策。如继续实施良种补贴、柑橘种苗补贴、农机具购置补贴、阳光工程补助；支持重庆市柑橘优势产业带建设、大中型农产品批发市场建设、“两翼”农副产品及加工品拓展市场空间，扶持贫困区县发展一至两个特色产业；鼓励重庆市探索城乡资源双向互进、农村土地承包经营权流转，以及加快农业投融资体制、农村集体经济组织产权制度、农业管理与服务体系改革等。这些政策支持，为重庆市发展现代农业提供了机遇、创造了条件。

**(三) 提高开放水平，发展内陆开放型经济**

改革开放的历史，就是我国从沿海到沿江沿边、从东部到中西部，逐步实现全方位、宽领域、多层次对外开放的历史。相对沿海地区而言，中西部地区对外开放起步稍晚。到了 20 世纪末 21 世纪初，中西部地区加快了对内对外开放的速度，特别是一些沿边省区加快了向西开放的速度，为西部大开发注入了新的活力，这也是西部大开发取得巨大成效的重要原因。建设全国统筹城乡综合配套改革试验区，重庆市要不断提高开放水平。

第一，重庆市仍处于相对欠发达地区，要实现经济赶超，就必须充分利用后发优势，通过扩大开放，积极引进国内外先进技术、管理、人才和资金，加快缩小与国外和国内发达地区的差距。

第二，重庆市要实现又好又快发展，在很大程度上取决于能不能在更大范围内促进要素自由流动，在更大范围内积极主动地参与国内国际经济合作与竞争，从生产力的分工布局及其重新组合中获取发展机遇，提高资源的利用效率和质量。

第三，重庆市地处内陆腹地，开放既包括对外开放，也包括对内开放。重庆市拥有比东部地区更低廉的劳动力成本和要素价格、生活成本等比较优势，又比中西部地区的一些地方具有明显的先发优势，这两个优势只有在开放中才能转化为经济优势。

《意见》对重庆市对外开放作了比较集中的阐述，一是加快内陆开放型经济平台建设，明确设立重庆市北部新区内陆开放型经济示范区，加快建设两路寸滩保税港区，认真研究设立“两江新区”问题；二是进一步扩大对外开放，转变贸易发展方式，加强投资贸易合作，支持企业走出去；三是加强与周边省市、长江沿线、沿海地区三个层面的区域经济合作；四是建立健全发展内陆开放型经济政策体系，营造与国内外市场接轨的制度环境，从而为内陆开放型经济发展提供政策保障。

**（四）高度重视和着力解决民生问题**

科学发展观的核心是以人为本，它要求在经济发展的基础上，注重保障和改善民生。重庆市城乡区域发展差异性大，民生领域欠账较多，解决民生问题尤为急迫。《意见》的第二、三、八部分对民生问题都做了比较集中的阐述，需要强调的有以下两点。

（1）库区发展和移民安稳致富问题。库区问题始终牵引着中央的心。2008 年，库区城镇移民家庭人均可支配收入为 7 383 元，是全市城镇居民人均可支配收入的 51.4%。移民调查失业率 8.5%，远高于全市平均水平。因此，《意见》针对重庆市的特殊市情，提出要加大移民后期扶持力度，逐步增加移民后期扶持资金，切实解决移民的长远生计问题。《意见》还特别强调，要完善移民就业扶持体系，提高移民就业再就业能力；以基本养老、医疗和失业保险为重点，将农村进城镇安置移民、城镇占地移民、生态屏障区及地质灾害避让移民纳入社会保障体系。

（2）贫困山区扶贫开发问题。2008 年，重庆市有 18 个扶贫开发工作重点县（其中国家级扶贫开发工作重点县 14 个，市级扶贫开发工作重点县 4 个），全市有贫困人口 148 万人，农村贫困发生率为 6.3%，比全国高 3.8 个百分点。尤其是渝东北、渝东南地区，贫困面广、数量大，贫困程度深，扶贫攻坚任务相当繁重。《意见》提出，要把扶贫工作的重点放在渝东南山区和渝东北的库区，要扶持特色产业发展，完善整村推进扶贫规划，实行新的扶贫标准，加大以工代赈的力度，扩大扶贫搬迁工程，建立渝鄂湘黔四地扶贫经济协作区等。

**（五）加强环境保护和资源节约，建设长江上游生态文明区**

世界各国的经济发展经验表明，以过量消耗资源和牺牲环境为代价的经济增长是不可持续的。重庆市是全国生态建设与环境保护的重点地区，党中央、国务院历来高度重视，国内外广泛关注。重庆市特殊的市情和担负的特殊使命，决定了加强重庆市生态建设与环境保护，是确保三峡工程效益充分发挥和促进长江流域经济持续健康发展的重要前提。多年来，重庆市在中央的支持下，积极推进主城区清洁能源工程和库区污水垃圾处理项目建设，取得阶段性成果，保持了三峡库区良好水质。2005 年以后，重庆市又着力推动蓝天、碧水、绿地、宁静“四大行动”，环境质量日益改善，生态恶化趋势逐步得到遏制。

但重庆市已取得的成效与生态环境保护的现实需要，和国家对重庆市的战略定位要求仍然存在差距。主要表现在库区环境容量小，水生态环境仍然比较脆弱，经济总量不断扩大，能源资源的消费不断增加，人口密度不断提高，各类污染物不断增多，生态环境压力进一步加大等。因此，《意见》从节能减排、城乡污染综合治理、建设长江上游生态文明区三个方面，提出了把重庆市建成西部地区发展循环经济示范区，认真实施三峡库区及其上游水污染防治规划，加强重庆市长江流域防护林体系建设等重要任务，强调了加强资源节约和环境保护的体制机制建设，并赋予了相关政策支持。

## 第三节　综合改革试验的基本做法与进展

从 2007 年 6 月国务院批准建立全国统筹城乡综合配套改革试验区以来，重庆市坚持同步推进城镇化、新型工业化和城乡一体化，认真组织实施改革总体方案，围绕三条主线建立健全统筹城乡制度，着力缩小贫富、城乡、区域差距，促进共同富裕，初步形成了统筹城乡发展的制度框架，提前实现了改革试验第一阶段的目标。

### 一、促进“一圈两翼”协调发展

促进“一圈两翼”协调发展，初步构建起缩小区域差距的体制机制。2007 年，重庆市人民政府提出实施“一圈两翼”发展战略，通过做大“一圈”，带动“两翼”，促进“圈翼”协调发展，“一圈”和“两翼”人均 GDP 比例从 2007 年的 2.4∶1 下降到 2010 年的 2.2∶1。

#### （一）探索形成内陆开放新模式，努力做大“一小时经济圈”

虽然重庆市地处内陆腹地，但位于中西部结合点，扼守长江黄金水道，也具有推进开放的特殊的优越条件。为此，重庆市积极探索实施内陆开放新模式，努力做大“蛋糕”，实现以“一圈”带“两翼”，创造更多就业机会吸纳“两翼”人口。其内陆开放新模式，主要体现在以下五个方面。

（1）创新垂直整合的加工贸易模式。重庆市构建了“一头在内、一头在外”和“两头在内”的产业链招商及加工贸易模式，通过整机零部件垂直整合一体化，进项、出项和保税物流一体化，制造、研发和结算一体化，无中生有地形成了“3＋6＋300”的笔记本电脑产业集群。从 2009 年开始，惠普、宏碁、华硕“笔记本电脑出口制造基地”、富士康等六家台湾代工企业及 300 多家零部件企业先后落户重庆。到 2013 年后，将形成每年生产 1 亿台的笔记本电脑基地。[1]。据新华网重庆 2019 年 1 月 17 日报道，从重庆海关 2019 年外贸进出口情况新闻发布会上获悉，2019 年，重庆外贸进出口总值 5792.8 亿元人民币，比 2018 年增长 11%，高出同期我国整体外贸进出口增速 7.6 个百分点，在全国排第 11

位，在中西部 18 省市中排第 2 位。其中，出口 3 712.9 亿元，增长 9.4%；进口 2 079.9 亿元，增长 13.8%。

(2) 构建国际贸易大通道。建设形成了新的高速公路网和铁路网，彻底改变了“蜀道难”的局面。构建“一江两翼三洋”的国际贸易大通道，开通“定班次、定时间、定运输线路、定运输品种、定运输价格”的渝新欧铁路“五定班列”。到 2019 年时，重庆已开辟出渝甬班列、陆海新通道铁海联运班列、中欧班列（重庆)、“渝满俄”班列“东南西北”四向的铁路物流大通道：中欧班列（重庆）累计开行 4 500 班，陆海新通道铁海联运班列覆盖 86 个国家和地区，内陆国际贸易大通道已经形成并运行良好。2019 年重庆国际物流枢纽园区进出口贸易 40 亿美元，汽车整车进口累计达 13 667 辆。

(3) 探索内陆通关新模式。改革内陆出口物品到沿海通关、商检，同一批出口物品多地检验的模式，推动中国、俄罗斯、哈萨克斯坦签署边境口岸高效通关协议，实现三国海关一体化运行，相互便捷通关，形成了“安（全）智（慧）贸（易）”通关模式。2014 年，重庆两江新区探索构建了以“速度”战胜空间距离的内陆开放新模式，扩建了国际机场、货运港口，增设“渝新欧”国际货运铁路，打造“水陆空”立体物流体系，形成了汽车、电子信息、高端装备、通用航空等产业集群。2019 年，重庆海关推出“两步申报”新模式 进口货品 2 分钟可通关提离。2019 年，重庆外贸进出口总值为 5 792.8 亿元人民币，比 2018 年增长 11%，高出同期我国整体外贸进出口增速 7.6 个百分点，在全国排第 11 位，在中西部 18 个省市中排第 2 位。

(4) 统筹“引进来”和“走出去”。推进引资模式的制度创新，已形成外商直接投资、本地企业海外上市、发行外资私募基金、外国企业收购兼并等多渠道、多层次的多元模式。2007—2010 年，重庆市利用外资每年增长 50%以上，2010 年达到 53.7 亿美元。在“引进来”的同时，重庆市积极鼓励企业“走出去”，探索资源的全球化合理配置，2010 年海外投资协议金额达 50 亿美元。2019 年，重庆市外商直接投资（FDI）32.5 亿美元，增长 43.8%，位列中西部首位，实际利用外资 102.7 亿美元，连续 8 年实际利用外资每年都超过了 100 亿美元。

(5) 打造有别于其他地方的结算类金融中心。惠普公司亚太结算中心、美国贝宝、阿里巴巴已先后落户重庆市开办结算中心。2019 年前 3 季度，重庆市跨境人民币结算总额为 828.7 亿元，同比增长 25.2%，参与结算的企业共有 1487 家，较上年同期增长 20.3%，企业主体结算积极性明显提升。其中，货物贸易项下结算金额达 461.4 亿元，在中西部居于第二，同比增长 102.3%。

此外，经国务院批准，重庆市成立了联合产权交易所、农村土地交易所、股份转让中心、农畜产品交易所、药品交易所、航运交易所、金融资产交易所 7 个交易所，每一个交易所都已成为专业要素交易的集聚点，2010 年年底累计实现交易近 1 900 亿元。截至 2019 年，重庆各类交易所完成了智能化升级，交易服务场所覆盖大部分区县，面向全国提供各类交易服务，日均交易项目上千宗，交易金额达数百亿。据重庆市产权交易中心披露，仅 2019 年上半年，重庆市公共住房开发建设投资集团产权交易分中心对北碚及空港的 58 宗项目进行竞价交易，就成交金额达 3 526.67 万元，总体增值 2 687 万元，溢价率达 209%。

**（二）拉长短板，促进“两翼”地区加快发展**

重庆市统筹城乡改革和发展首先从最不发达的板块开始着力，多措并举促进“两翼”发展，2007—2011年，“两翼”地区经济增长速度连续4年快于全市平均水平。

（1）完善城镇体系，打造统筹城乡平台。重庆市主城已进入二环时代，六大区域性中心城市提速发展；从2009年开始，市财政对主城区以外的31个区县每个区县每年补助2 500万元（2010年起增至3 000万元），支持区县城发展，着力完善城镇功能；市级中心镇加快建设。2019年，重庆推动转移支付全域统筹，将18个贫困区县转移支付统筹改革推广到了全市的所有区县。

（2）建设区县园区，提升造血机能。重庆市形成了由1个国家级高新技术开发区、2个国家级经济技术开发区、4个市级经济技术开发区和43个市级特色工业园区构成的“1＋2＋4＋43”的开发区发展格局，其中，43个市级特色工业园区已成为区县加快发展的重要引擎。

（3）税收分成和转移支付向“两翼”地区倾斜。完善分税制，按照市与区县25∶75比例分配税收。同时，提高困难区县和少数民族地区收入分成比例，市级财政仅参与郊区县营业税、个人所得税和教育费附加三项税费的分成，少数民族地区所有地方收入则全部留在区县；加大对“两翼”的财政转移支付，促进了区县间的横向平衡[2]。

（4）实施“两翼农户万元增收工程”，培育特色产业。2007—2010年，3年内新增财政投入100亿元，使95％有劳动能力的农户每户增收万元以上。2010年，全市已投入财政资金28.7亿元，拉动社会投资138亿，2010年，“两翼”农民平均每户增加收入超过3 000元，农民人均纯收入达到4 823元，比上年增长23％，比“一圈”农户增收速度高出5.6个百分点。2019年，由于农户增收，重庆市14个国家级贫困区县实现了整体脱贫。

（5）开展“圈翼”对口帮扶。从2007年建立这一制度以来，到2011年年底，“一圈”对“两翼”累计援助实物量达8亿元。2019年。重庆市支持“一区两群（原一圈两翼）”协调发展，突出分类指导，进一步完善了差异化财税扶持政策，推动各区域各区县协同化发展。2020年，市财政就安排补助区县各类自己共计619亿元，大力支持区县，尤其市渝东北、渝东南两翼各区县的发展。

**（三）先行推进基本公共服务标准化，为均等化创造条件**

重庆市努力加快落后贫困地区和边远区县基本公共服务体系标准化建设，着力提高基本公共服务水平，为下一步实现均等化打下坚实基础。

（1）构建城乡教育一体化发展机制。2008—2010年，教育经费3年总投入达997亿元，已达到国家规定的占GDP比重4％的要求。2018年，重庆全市地方教育经费总投入1 021.63亿元（不含中央驻渝教育单位，下同），比上年的948.35亿元增加73.28亿元，增长7.73％。其中，国家财政性教育经费为828.46亿元，比上年的759.51亿元增加68.95亿元，增长9.08％。

（2）着力健全基层医疗卫生体系。2010年时，乡镇卫生院覆盖率、社区卫生服务中心覆盖率均达到95％以上。中国社会科学院有关权威发布显示，重庆市的医疗卫生满意度居全国之首。到2019年末，全市共有各级各类医疗卫生机构21 058个。其中，医院847个，社区卫生服务中心（站）536个，乡镇卫生院860个，村卫生室10 580个。医疗卫生机构实有床位数 23.19 万张。其中，医院床位 17.12 万张，乡镇卫生院床位 4.55 万张。全市共有卫生技术人员 22.39 万人。其中，执业医师和执业助理医师 8.22 万人，注册护士 10.32 万人。

（3）进一步健全文化体育服务体系。2007—2010 年，重庆全市强力推进基层公共文化服务体系建设，积极探索保障和改善文化民生的新路，在西部地区率先建成覆盖全市城乡的公共文化服务网络。基本完成了“广播村村响、电视户户通”攻坚行动，以及乡镇综合文化站、街道文化中心、标准农家书屋等基本设施建设。2019 年，全市共有博物馆 104 个，文化馆 41 个，公共图书馆 43 个，公有制艺术表演团体 22 个。广播综合人口覆盖率 99.17%；电视综合人口覆盖率 99.40%。全年生产电视剧 2 部、电影 21 部、电视动画片 1 小时 40 分钟。出版各类报纸 16 813 万份，各类期刊 4 300 万册，图书 13 777 万册（张）。全市共有国家级综合档案馆 40 个、市级专业档案馆 1 个、市级部门档案馆 4 个。

**（四）创新社会管理体制，形成和谐的社会环境**

重庆市不断推进社会管理体制改革和创新，营造了和谐稳定的社会环境，主要表现在：

（1）实行交巡警合一及校园安全警务机制。2010 年，重庆市探索实施了交巡警合一改革。全市已建成 350 个交巡警平台，配备 1.1 万余名交巡警。同时，建立了新型校园警务体制。

（2）建设适应统筹城乡要求的基层党组织体系。改革过去按地域、单位为主设置党组织的模式，推进城乡联合党组织、社区党组织、产业党组织、“两新”组织党组织、流动党员和网络党组织等各种新型党组织建设，探索形成城乡基层党组织建设开放融合的新格局。

## 二、解决农民问题

重庆市以解决农民工问题为突破口，构建缩小城乡贫富差距的体制机制。重庆市是农民工输出大市，农民工长期为城市作贡献，却无法融入城市。为此，重庆市从实际出发，决定启动户籍制度改革。

**（一）全面推进户籍制度改革，打破城乡藩篱**

重庆市户籍制度改革，从 2010 年 8 月 15 日开始，在全市范围内正式施行。重庆的户籍制度改革，将在两年内让 300 万、10 年期间让 1 000 万的农民进城，成为几十年来我国户籍制度改革规模最大、配套制度设计最完善、影响最深的一次实践。截至 2012 年 12 月底，重庆已办理农村居民转户 359.7 万人，户籍人口城市化率提升了 6.4 个百分点。2017 年，重庆市城镇人口达 1 970.68 万人，占常住人口的比重为 64.08%。2019 年，重庆市城镇化率达 66.8%，高于全国平均水平 60.6%的 6.2 个百分点，城乡人口结构已发生显著变化。

**（二）大力发展微型企业，鼓励创业富民**

2010 年，重庆市在全国率先出台扶持微型企业发展的政策措施，激发民间活力，以创业带动就业，促进社会和谐稳定。有关调查显示，自 2010 年 6 月政策实施以来，到 2013 年，重庆市已发展微型企业 4.1 万户，存活率达 95%，注册资本金总额达到 33 亿元，带动就业37万多人，就业贡献率超过30%。截至2019年年底，重庆市拥有微型企业66.19万户，占全市企业数比重已超7成。尤其在这一年，新增微型企业超过10万户。截至目前，全市微型企业注册资本金2 218.11亿元，从业人员高达624.3万人。

**（三）建立双轨制住房保障体系，实现“住有所居”**

重庆市按照“三端调控”即“低端有保障、中端有市场、高端有约束”的基本要求，构建双轨制住房保障体系，着力解决城市居民住房难的问题，努力改善农村居民住房条件。

（1）大力推进公租房建设。从2010年起，重庆市在全国率先大规模建设公租房。公租房建设立足于解决中低收入群众的住房难题，重点覆盖进城农民工、新毕业大学生、城镇住房困难户等住房困难人群的住房需求。公租房围绕大型人口聚居区和产业集聚区布局，与普通商品房“混建”，并同步建设配套设施，避免出现“贫民窟”现象。公租房实行“封闭运转”，租金在同类商品房租金的60%、城镇居民月收入的1/6以内，以体现公租房的保障属性。截至2018年年底，重庆市累计分配公租房50.5万套，其中市级公租房累计分配28.77万套。2019年市级公租房项目将新增幸福华庭、缙云新居、空港佳园3个项目投入使用，至此市级累计22个公租房项目全部建成投入使用。

（2）开展房产税改革试点。2011年年初，经国务院批准，重庆市在全国率先开展个人住房房产税改革试点。结合提高高档住房的土地增值税、交易契税，重庆市打出了一套调节高档住房消费的“组合拳”。重庆市将征收的房产税全部用于公租房建设，体现了对弱势群体的补助和支持。

（3）改善农村居民住房条件。大力推进农村危旧房改造和农民新村建设，节约利用了农村建设用地，提升了农房品质。因为农房也是农民主要的财产，改善农村居民的住房条件后将极大地促进农民房屋实现有效增值。2015年，重庆市人民政府办公厅印发了《关于进一步加强改善农村人居环境工作的实施意见》，提出到2020年，全市所有行政村的农村居民住房、饮水和出行等基本生活条件明显改善，人居环境基本实现干净、整洁、便捷，建成600个各具特色的美丽宜居村庄。2019年，全市农村人居环境已发生深刻变化，仅江津区就投入资金6.65亿元用于农村人居环境整治，推进“五沿”和重点区域示范整治。当年已完成院落整治63个院落、涉及农户1 298户，共评选出40个“美丽院落”、80个“美丽家园”。

**（四）推进社会保障制度城乡全覆盖，努力实现“人人社保”**

重庆市着力破除城乡户籍限制、职工身份限制，根据城乡居民不同的社会保障需求和经济承受能力，努力构建多层次、广覆盖、便参保、易转移的城乡社会保障体系。

2019年，市城镇企业职工基本养老保险参保人数达1 127.72万人，比上年增长7.3%。城乡居民社会养老保险参保人数1 162.68万人，增长3.8%。城镇职工基本医疗保险参保人数720.63万人，增长6.2%。城乡居民基本医疗保险参保人数2 551.44万人，下降1.4%。工伤保险参保人数661.67万人，增长14.7%。生育保险参保人数466.95万人，增长6.2%；享受生育保险待遇29.35万人次，增长9.1%。失业保险参保人数514.95万人，增长5.1%。2019年末全市共有28.10万人享受城市居民最低生活保障，57.89万人享受农村居民最低生活保障。城市特困人员救助供养人数8.61万人，农村特困人员救助供养人数9.87万人。全年资助164.74万困难群众参加医疗保险[3]。

## 三、推进资源在城乡合理流动

重庆市着眼于促进城乡土地和其他资源的合理流动和优化配置，通过一系列的创新探索，构建缩小城乡差距的制度。

### （一）创设地票交易制度，构建城市反哺农村的市场化机制

2008年12月4日，经国务院批准，重庆市设立全国首家农村土地交易所，其主要职责是“开展土地实物交易和指标交易试验（地票交易），逐步建立城乡统一的建设用地市场，通过统一有形的土地市场、以公开规范的方式转让土地使用权，率先探索完善配套政策法规”[4]，首创地票交易制度。

(1) 不断完善地票交易运行机制和配套政策，严格按照复垦、验收、交易和使用4个环节规范推进地票运行，积极探索地票质押等新型业务。

(2) 地票交易坚持维护“三农”利益、坚持保护农民合法权益、坚持地票价款全部用于“三农”，其中宅基地复垦形成的地票价款，在扣除复垦项目工程成本和融资成本后，85%支付给复垦的农户，剩余的15%支付给农村集体经济组织。

到2013年时，农村土地交易所已交易地票7.7万亩、成交金额148亿元，为农村输入资金近百亿元。2018年，重庆农村土地成交地票40 566亩，成交金额75.2亿元。其中：初次交易37 104亩、成交金额69.01亿元，同比分别增长5.68%、5.25%。全年使用地票40 409亩，同比增长15.36%，其中土地转用环节使用地票286宗、34 498亩；土地出让环节补充使用地票100宗、5911亩。主城片区使用地票18 558亩，占比45.93%；渝西片区13 635亩，占比33.74%；渝东北、渝东南片区8 216亩，占比20.33%。

### （二）探索农村“三权”抵押融资，实现农村资源资产化

重庆市以农村土地承包经营权、农村居民房屋和林权为突破口，以建立农村土地承包经营权等农村“三权”抵押融资制度为核心，创新农村金融制度，唤醒农村沉睡资产，有效解决制约农村经济发展和农民增收的融资难问题。

为规范推进农村“三权”抵押融资工作，重庆市人民政府相继出台了有关加快推进农村金融服务改革创新的意见、市级各部门的专项实施细则、“三权”抵押融资风险补偿办法，以及为推进农村金融服务改革创新提供司法保障和法律支撑的意见，形成了较为完善的政策框架体系和保障措施。截至2011年8月末，重庆市已发放“三权”抵押贷款99亿元，其中林权抵押贷款84亿元。

### （三）统筹抓好乡村振兴和城市品质提升

2019年，重庆统筹抓好乡村振兴和城市品质提升，城乡融合发展呈现新气象。立足大城市、大农村、大山区、大库区基本市情，加快城乡一体化建设，促进城乡各美其美、美美与共。坚持把实施乡村振兴战略摆在优先位置，扎实推进产业振兴、人才振兴、文化振兴、生态振兴和组织振兴“五个振兴”。新发展农林特色产业166万亩，“巴味渝珍”品牌首批授权产品438个，乡村旅游和农村电商网络零售额分别增长32%、21.3%。农村“三变”改革、“三社”融合发展试点稳步推进，减少村级集体经济“空壳村”1 224个。启动农村人居环境整治三年行动，行政村生活垃圾有效治理率超过90%、污水处理率达

到63%。实施三峡后续规划项目321个。

## 第四节　城乡教育一体化改革发展

在建设全国统筹城乡综合配套改革试验区过程中，2008年7月，经教育部批准，重庆市成为全国唯一的国家统筹城乡教育综合改革试验区，通过统筹城乡教育综合改革试验，破解城乡教育二元结构难题，促进城乡教育均衡发展，推动城乡教育一体化改革，为重庆市统筹城乡发展提供重要支撑和人才保障。为此，教育部与重庆市人民政府签订了“部市战略合作协定”。统筹城乡教育发展成为重庆市建设全国统筹城乡综合配套改革试验区的重要组成部分。

### 一、重庆市城乡教育一体发展的过程

进入21世纪后，重庆市就着手统筹城乡教育发展的改革，探索实现城乡教育一体发展目标，这个过程大致经历了转型探索、全面推进、攻坚克难、一体化发展四个阶段。

#### （一）转型探索阶段（2001—2006年）

这个阶段的主要特征是重庆市教育实施战略转型。受中国教育基尼系数首次出现退步危机的影响，重庆市教育开始探索实现效率驱动型教育发展向结构调整型教育发展的路径转型，探索实现粗放型教育发展向集约型教育发展的方式转型，立足于以“公平”为指向的统筹城乡教育发展。

在“办人民满意教育”的鼓舞下，重庆市各级教育管理部门以“统筹城乡教育发展”为核心抓手，坚持“一体重庆”的发展理念，全面建构城乡教育立体多元、协调互动的统筹模式。2002—2004，重庆市教育初步实现了统筹实践的观念转轨。从2005年起，重庆市将教育发展的战略重点调整到了以“效率—人本—公平”为核心的统筹治理上来，紧密围绕“社会主义新农村建设”开展了一系列教育配套改革项目，取得了部分成果。如在2006年，全面免除了388.6万农村学生的学杂费，为110万农村贫困学生免费提供教科书，为19万农村贫困寄宿生补助生活费9.47亿元，基本解决了长期导致适龄儿童辍学的“上学贵、上学难”问题。2006年年底，重庆市全部偿还了在2003年被列入惠民工程的“普九”工程的欠债。这些成果的取得，为2007年重庆市全面推进统筹城乡教育综合改革试验奠定了基础。

#### （二）全面推进阶段（2007—2009年）

这一阶段的主要任务是构建统筹城乡教育发展的政策体系，把重庆市城乡教育发展纳入国家教育发展和重庆市经济社会发展总体战略，全面推进统筹城乡教育综合改革试验。

按照胡锦涛同志提出的“建设城乡统筹的直辖市”要求，重庆市教育全力推进市和区县域的区域统筹，全面促进教育“公平”和“均衡”；发挥高校、科研院所和城市优质教育资源的作用，推进以校地合作、院地合作、对口帮扶等为代表的以城带乡、城乡互动发展模式，缩小城乡教育发展差距；重庆市围绕自身城乡教育一体化改革发展的重点和难点开展项目研究，通过科研和项目试点，不断提升城乡教育水平，实现一体化发展。

2007年3月8日，胡锦涛同志作出“314”总体部署，明确定位重庆市要建成城乡统

筹发展的直辖市，为重庆市的发展指明了方向。2007 年 6 月 7 日，国务院批准重庆市为全国统筹城乡综合配套改革试验区，全域开展统筹城乡综合配套改革试验。同年 10 月，党的十七大召开，中央高度强调深入贯彻落实科学发展观，统筹城乡发展，推进新农村建设，形成城乡经济社会一体化新格局。统筹城乡发展的国家战略和重庆市的全域试验催生了新政策的出台，诸多政策突破了改革禁区，如城乡户籍制度、农村土地流转制度和农村金融体系改革等。

在统筹城乡发展的新形势下，重庆市城乡教育一体化改革发展也取得了进展。如 2007 年 8 月通过招聘、补偿等形式彻底解决了代课教师问题；2007 年，“两基”攻坚顺利通过国家督导检查、农村寄宿制学校建设工程全部竣工、中小学危房改造工程提前完成、第二期“农村中小学现代远程教育工程”成效初见、三峡库区移民迁校工程得以扎实推进。这些成就的取得，加快了城乡教育一体化改革发展的进程。

2008 年 7 月，“部市战略合作协定”签订，重庆市成为我国首个国家统筹城乡教育综合改革试验区，城乡教育一体化改革发展由此有了崭新的平台。2008 年 8 月，《重庆市统筹城乡教育综合改革试验实施方案》（以下简称《方案》）颁布实施，这是重庆市未来 10 年城乡教育一体化改革发展的总纲领，为重庆市城乡教育一体化改革发展规划了方向、目标、任务、路径、步骤和政策。各区县依据这个《方案》，又制订了各有特色的实施方案，力求在某一方面有所突破，如城乡师资改革、城乡管理体制改革、城乡财政体制改革等。2008 年年底至 2009 年年初，按照统一设计和规划，重庆市 84 个单位以科研为引领同时开展了 9 个综合项目、40 个单项项目的改革试点，助推城乡教育一体化改革发展走向深入。2009 年 1 月，国务院印发《关于推进重庆市统筹城乡改革和发展的若干意见》，进一步明确了重庆市城乡教育一体化改革发展的方向，促进了教育新的思想解放和创新。在整体推进的这一过程中，重庆市城乡教育一体化改革发展取得了累累硕果。

**（三）攻坚克难阶段（2010—2015 年）**

从 2010 年开始，重庆市城乡教育一体化改革发展进入克难攻坚的新阶段。在教育改革发展的新的历史时期，重庆市市通过城乡教育中长期发展规划和“十二五”发展规划纲要，将发展重点放在城乡教育统筹改革试验上，真正形成了重庆市城乡教育一体化改革发展的崭新格局。

这两个发展规划与 2008 年制定的《方案》紧密结合，不再单纯列述统筹城乡教育的幅度和量化比例，不再单纯强调教育规模与效率的绝对增长，而是重点强调教育要素内外部之间的合理统筹与结构调整，注重人自身的价值与尊严。各项教育要素的系统改革紧密围绕人的全面发展而展开，“复合化的法理型软性教育公平政策设计思路成为《规划纲要（渝）》的总体政治哲学，其背后要解决的根本问题仍然是教育公平的核心抓手：统筹城乡教育”[5]。

为扎实推进重庆市城乡教育一体化改革发展，根据统筹城乡教育改革发展的进程，重庆市人民政府在 2012 年又先后出台了两个文件，紧紧抓住影响重庆市城乡教育一体化改革发展的义务教育、职业教育两大战略重点全力突破。2012 年 4 月，重庆市人民政府出台了《关于深入推进义务教育均衡发展促进教育公平的意见》，立足推进义务教育城乡均衡发展，促进教育公平，改善教育民生，缩小城乡、区域、贫富差距，扎实推进城乡教育一体化改革发展。2012 年 5 月，中共重庆市委、市人民政府又作出了《关于大力发展职业技术教育的决定》，出台了一系列的政策，以促进城乡教育一体化改革发展。

**（四）一体化发展阶段（2016 年至今）**

一是统筹城乡教育均衡发展。围绕城镇化和户籍制度改革进程，市和区县人民政府建立了各类教育学龄人口预测机制。综合考虑学龄人口、地理环境和经济条件等资源因素，确定学校的服务半径，科学预留发展空间，超前规划布局城乡各类学校。在农村乡镇则重点布局中心幼儿园、中心小学和初级中学。在具备条件的地区，新建小学向公路沿线集中，新建初中向集镇集中。

二是城乡教育资源均衡配置。统筹区县域内师资、经费等教育资源配置，积极向农村地区、边远山区、贫困地区倾斜。建立区县（自治县）管校用、进出有序的城乡教师交流互动机制；鼓励优秀校长和教师到农村学校任教。建立区域校际协同发展联盟，探索实施以城带乡、以强带弱、共同发展的集团化办学模式。城乡学校通过师资结对、课程共享、教研互助，实现优质教育资源共享。深化人事制度改革，实现城乡教师编制一体化，并向农村地区倾斜。

三是统筹城乡教育一体化标准、制度与评价。围绕经费投入、师资配备、基础设施、教学设备、学校管理、教育质量等要素，建立城乡教育一体化标准和制度，形成城乡教育一体化机制，实现区县域内义务教育学校在办学条件、师资水平、管理水平、教育质量等方面基本均衡。制定城乡教育均衡发展监测和评估标准，加强动态监测和考核评估，推进城乡教育一体化改革发展。

四是确保义务教育生均经费“两增不减”。2019 年，全市城乡初中和小学生均经费分别为 4 183.21 元、3 236.5 元，较 2018 年分别增加 70.38 元、60.78 元，增长 1.71%、1.91%。一般公共预算教育支出 728.25 亿元，较 2018 年增长 6.9%。其中，义务教育经费 433.16 亿元，较 2018 年增加 28.5 亿元，增长 7.04%。生均义务教育一般公共预算教育支出，小学为 13 002.09 元，较 2018 年增加 701.66 元，增长 5.7%；初中为 17 478.81 元，较 2018 年增加 676.43 元，增长 4.07%。

## 二、城乡教育发展的理性回归

城乡教育改革发展最后都要落脚到城乡教育一体化改革发展上。经过十多年的艰辛努力，十多年的勇立潮头，十多年超常发展，重庆市教育正在从城乡对立、城乡分割的二元结构走向弥合，呈现出一体化发展的良好态势。重庆市用统筹城乡均衡公平、一体化发展的累累硕果，诠释了教育的应有之义。

**（一）四项统筹带来四大变化**

重庆市大力实施统筹城乡教育综合改革，大力促进城乡教育一体化，促进教育公平，通过强化“四个统筹”实现了“四大变化”。这在一定程度上反映了重庆市在促进城乡教育一体化改革发展中所作出的巨大努力和取得的阶段性成果。

1. 强化的四项“统筹”

（1）统筹调整城乡学校布局。根据重庆市经济社会发展总体规划，重庆市加大了对普通中小学、中等职业学校、高等院校布局结构调整的力度，促进了各级各类教育发展。

2007 年，全市有各级各类学校 1.42 万所，在校生 594.4 万人，与 1998 年比较，学校总数减少了 1.31 万所，在校生总数增加了 82.17 万人。2015 年，全市学前教育在园幼儿数达 91.6 万人，学前 3 年毛入园率达到 81%；义务教育入学率达到 99%，九年义务教育巩固率达 93.4%；全市优质普通高中覆盖率提高到 65%，高中阶段毛入学率达到 93.1%；高等教育毛入学率达到 40.5%。2019 年，全市共有普通高等教育学校 65 所，成人高校 4 所，中等职业学校 180 所，普通中学 1 127 所，普通小学 2 860 所，幼儿园 5 660 所，特殊教育学校 39 所。2019 年，全市各级各类学校在校生总规模达 647 万人，高等教育毛入学率为 49%，高中阶段教育毛入学率 98.46%，初中入学率为 99.86%，小学入学率为 99.99%，学前教育 3 年毛入园率 89%。在园幼儿普惠率 81.60%。九年义务教育巩固率 95%。人均受教育年人限达到 10 年，主要劳动年龄人口平均受教育年限达到 11 年。

（2）统筹配置城乡教育经费。政府加大了城乡教育投入，依法保障教育经费“三个增长”。积极探索教育融资渠道及经费管理机制，促进了城乡教育经费的统筹配置。2007 年，重庆市教育经费总投入 230.97 亿元，其中农村总投入 77.58 亿元。全市财政预算内教育经费拨款 139.7 亿元，比上年增长 40.68%，用于农村的教育经费比例也逐年提高。“十二五”期间，全市财政教育投入累计达到 2 702 亿元，年均增长率为 15.2%；从学前教育到高等教育均建立了财政投入生均拨款标准体系，对民办教育实行生均公用经费补助；2015 年地方教育公共财政支出占公共财政预算支出的比例达到 17%，通过强化财政性教育投入保障，教育保障水平不断提升。2019 年，除按城乡统一标准常规拨款外，全市还安排城乡义务教育补助资金 61.29 亿元。其中，中央投入 41.04 亿元、地方投入 20.25 亿元。在安排的 61.29 亿元资金中，公用经费 27.09 亿元，免费教科书、地方教材、初中教辅 5.21 亿元，寄宿生生活费补助 5.31 亿元，校舍维修改造资金 9.35 亿元，学生营养改善计划 8.67 亿元，特岗教师岗位生活补助 1.4 亿元，乡村教师岗位生活补助 4.26 亿元，通过多种措施足额落实义务教育改善薄弱环节与提升能力的专项资金。

（3）统筹改善城乡办学条件。大力推进城乡基础教育均衡发展，加强中职学校和高校基础能力建设，促进城乡学校现代教育技术装备建设，各级各类学校办学条件明显改善。2007 年，全市各级各类学校占地面积 12 385 万平方米，校舍建筑面积 5 210 万平方米，图书 8 562 万册，教学科研仪器设备值 55.93 亿元。与 1998 年相比，学校占地面积增加 6 272 万平方米，校舍建筑面积增加 2 160 万平方米，图书增加 3 783 万册。2019 年，建成 1 000 所农村寄宿制学校，进一步改善农村寄宿制学校的办学和生活条件。推进“全面改善贫困地区义务教育薄弱学校基本办学条件”工程，加大义务教育学校城乡一体化发展力度。建立健全农村留守儿童关爱服务体系和动态监测机制，创新农村留守儿童关爱与教育形式，率先对城乡低保、建卡贫困户等家庭经济困难的普通高中学生免除学杂费。

（4）统筹提升城乡师资水平。努力完善中小学编制配置和管理办法，完善教师评聘制度，建立健全教师补充、交流、培训和激励机制，提升了城乡师资队伍整体水平。2007 年，全市各级各类学校共有教职工 34.5 万人，其中专任教师 28.1 万人，与 1998 年比较，教职工增加 3.3 万人，专任教师增加 3.7 万人。从 2012 年以来，市和区县教育行政部门进一步优化教师配备机制，完善各类学校编制标准，统一了城乡中小学的编制标准，并适当向农村边远地区倾斜。深入推进区县（自治县）管校聘的教师管理机制，区县教育部门在核定的编制总额内，按照班额、生源等情况可统筹调剂使用教师。继续实施“特岗计划”（农村学校教师特设岗位计划），完善乡村教师岗位生活补助政策，切实提高农村教师的待遇。

2. 带来的四大变化

（1）“两基”人口实现全覆盖。2007年，重庆市义务教育阶段学生总数达370.12万人。小学、初中专任教师学历合格率分别为98.48%、97.63%；学历提高率分别为70.89%、58.65%。2019年，基本建成更加合理的城乡教育一体化体系，农村教育得到优先发展，城乡教育差距全面缩小，城乡教育一体化基本实现。全市“两基”人口覆盖率达到100%，各项指标均达到了国家规定标准。

（2）非义务教育得到长足发展。2007年，高中阶段教育战略性结构调整基本完成，初中毕业升高中阶段学生的比例达到84.5%，高中在校生首次突破100万人。其中，普高在校生51.77万人，中职在校生50万人，实现了“大体相当”的目标。全年在渝高校招生19万人，高校在校生规模超过62万人，毛入学率达到23%。民办学校达0.25万所，在校生达48万人。2019年，高中阶段教育在校生达98.7万人，高等学校在校生达110万人，高等教育毛入学率上升到49%。

（3）重大和难点问题有效解决。重庆市投入了19.6亿元，全部偿清1 000多所学校的11 051笔“两基”欠债。投入22亿元，全部排除中小学危房442.9万平方米。安排专项资金9.3亿元，对20万农村中小学教师每人每月发放300元补贴。投入8 702万元，将实施保障机制的学校公用经费拨款标准生均提高10元，将农村中小学校的免杂费补助标准生均提高30元。安排资金18.61亿元，资助各级各类学生402.15万人。在农村代课教师中录用公办教师和招聘“特岗”教师共1万多名，结束了代课教师的历史。

（4）城乡教育呈现协调发展。重庆市逐步转移重心，加大对农村教育的投入力度，实施了“百校牵手”等“圈翼”对接帮扶活动，城乡、区域教育发展渐趋协调。全市先后投入38.6亿元，迁建三峡库区学校295所。投入4.49亿元，完成了307所农村中小学寄宿制学校建设。新增农民工子女就读学校199所，妥善安排9.1万名进城务工人员子女就读。投入3.65亿元，对39个区县实施了中小学现代远程教育工程，受益师生350万人，城乡学生共同得到现代远程教育的滋润。

### （二）四个率先与四大突破

2010年9月21日，《中国教育报》以《统筹城乡教育的改革之路》为题，对重庆市统筹城乡教育改革发展的情况作了深度报道，其中的四个率先与四大突破，从一个侧面反映了重庆市城乡教育一体化改革发展取得的成果。

1. 四个率先

一是全市8 000名代课教师一次性整体转为公办教师。在全国率先有效解决了长期困扰义务教育发展的一大难题。二是筹集经费49亿元，在全国率先兑现了义务教育教师的绩效工资。三是安排资金82.9亿元，率先在西部建立城乡一体化义务教育经费保障机制。四是统筹安排资金25亿元，在全国率先对中职五类学生（三峡库区移民、城镇低保人员、农村贫困家庭子女、退役士兵和适龄孤儿）实行“学费全额资助、生活费住宿费包干补助”的政策。

2. 四大突破

一是在西部地区率先实现全面“普九”。2006 年，40 个区县实现 100%“普九”；2007 年顺利通过国家检查验收，这是一个重大突破。二是重庆市初中毕业生升入高中阶段学校的比例达到 90%，基本实现普及高中阶段教育。在当时，国家的这项指标是 80%，西部很多省为 70%。重庆市作为西部地区的省级行政单位，能够超过全国平均水平，跟东部地区一样实现“普十二”，又是一个重大突破。三是 2012 年大学毛入学率达到 35%，为西部第一，为今后基本普及高等教育奠定了基础。重庆市直辖初期，全国大学毛入学率是 14%，重庆市为 8%。国家每年增加 1 个百分点，重庆市几乎每年以 2 个百分点挺进，2012 年达到了 35%，超过全国平均水平 4 个百分点。2018 年，重庆市高等教育在校生规模达到 104 万人，高等教育毛入学率达到 43%，这也是一个重大突破。

**（三）城乡教育一体化改革发展初见成效**

（1）建立城乡一体化义务教育经费保障机制。全市统一了城乡义务教育的经费拨款标准。实行了中小学生均经费城乡同一标准，区县农村与城镇学校生均公用经费和免杂费补助同标准拨款。政府教育经费支出已超过了重庆市当年 GDP 总额的 4%，2011 年达到了 4.1%。每年的教育经费中，增量的 70%向农村倾斜。2013—2017 年，全市一般公共预算教育支出近 2600 亿元，年均增长近 11%。2018 年，全市地方教育经费总投入 1021.63 亿元，比 2017 年的 948.35 亿元增加 73.28 亿元，增长 7.73%，其中：国家财政性教育经费 828.46 亿元，比 2017 年的 759.51 亿元增加 68.95 亿元，增长 9.08%；占总投入比 81.09%，较 2017 年的 80.09%增加 1 个百分点。2019 年 7 月 16 日，重庆市政府印发了《进一步调整优化结构提高教育经费使用效益实施方案》，提出要确保财政教育投入比例和数额“两个只增不减”，全市财政性教育经费占 GDP 比例不低于 4%。

（2）推行城乡一体化义务教育学校建设标准。推进城乡义务教育学校标准化建设。2011 年，全市农村中小学标准化率已达到 70%，大大高于全国平均水平，中西部领先，西部第一。2018 年重庆中小学标准化率已达到 86%，乡村学校办学条件显著改善，实施“全面改薄”工程累计投入资金 94.03 亿元，新建改扩建校舍 203.07 万平方米，建成寄宿制学校 1 001 所。实施城乡学校帮扶机制，义务教育学区化、集团化办学占全市义务教育学校总数的 42%。

（3）实行城乡一体化教师配备编制标准。按照城乡一体编制标准配备城乡学校教师。建立了城乡一体的学校教师绩效工资考核标准。农村学校教师与城市学校教师一个标准考核，城乡教师之间的收入差距明显缩小。乡村教师队伍建设不断加强，从 2018 年开始实施乡村教师“特岗计划”，每年招聘 100 名左右特岗教师。实施“农村小学全科教师培养计划”，首届已毕业 632 人。

（4）构建城乡一体化义务教育学生爱心工程。重庆市先后实施了建设农村学校食堂、推进饮用奶计划、鸡蛋供给计划、提供爱心午餐四大工程。政府投入 9.45 亿元，解决了 113 万留守儿童的吃饭问题。38 个区县实施蛋（奶）工程，受益学生近 250 万人次。30 个区县实施爱心午餐工程，30 万困难学生受益。2018 年，实施贫困地区农村学生营养改善计划，全市 14 个试点区县惠及义务教育学生 85.27 万人、学前幼儿 19.2 万人。

从统筹城乡到促进公平，从均衡发展到城乡一体，重庆市教育 12 年的探索，所有的努力都指向了农村教育和农民，与之相联系的学校、教师和孩子，以及相关的体制、机制与投入。所有的努力都在修复、弥合城乡教育二元体制带来的创伤和裂痕。统筹城乡、公平均衡、城乡一体化发展，既是国家教育发展战略的核心要素，也是重庆市教育 12 年创新实践交出的一份答卷！

## 第五节　统筹城乡发展的探索与思考

重庆市在统筹城乡综合改革实践中，从大城市与大农村并存，城乡二元结构矛盾突出的实际出发，在 12 年的探索中，着力于体制机制改革，形成了政府主导下的以城带乡、城乡互动的统筹城乡发展模式，引起了国内外的广泛关注，但与此同时也存在一些值得思考的问题。随着我国统筹城乡发展战略的深入实施，重庆市城乡一体化发展的综合配套改革实践，也将随着乡村振兴战略的实施走向深入。

### 一、12 年探索实践取得丰硕成果

从 2007 年开展全国统筹城乡综合改革试验以来，到 2019 年已经历了 12 个春秋，重庆人民坚持以习近平新时代中国特色社会主义思想为指导，全面落实习近平总书记对重庆提出的“两点”定位、“两地”“两高”目标、坚持稳中求进工作总基调，深入贯彻新发展理念，落实高质量发展要求，深化供给侧结构性改革，持续打好“三大攻坚战”，大力实施“八项行动计划”，统筹推进稳增长、促改革、调结构、惠民生、防风险、保稳定，全市经济稳中有进，经济高质量发展势头强劲。

#### （一）经济实现快速增长

2019 年，重庆市实现全年地区生产总值 23 605.77 亿元，比上年增长 6.3%。按产业分，第一产业增加值 1 551.42 亿元，增长 3.6%；第二产业增加值 9 496.84 亿元，增长 6.4%；第三产业增加值 12 557.51 亿元，增长 6.4%。三次产业结构比为 6.6∶40.2∶53.2。非公有制经济增加值 14 699.61 亿元，增长 6.9%，占全市经济总量的 62.3%。按常住人口计算，全市人均地区生产总值 75 828 元，比上年增长 5.4%。全员劳动生产率为 128 035 元/人，比上年增长 6.5%。[6]

#### （二）新动能产业加快发展

2019 年全年规模以上工业战略性新兴制造业增加值比 2018 年增长 11.6%，高技术制造业增加值增长 12.6%，占规模以上工业增加值的比重分别为 25.0%和 19.2%。新一代信息技术产业、生物产业、新材料产业、高端装备制造产业分别增长 16.0%、7.9%、10.3%和 7.8%。全年高技术产业投资比上年增长 18.0%，占固定资产投资（不含农户）的比重为 6.8%；工业技术改造投资增长 6.9%，占工业投资的比重为 39.0%。全市限额以上批发和零售企业实现网上商品零售额比上年增长 13.5%，高出非网上商品零售额增速 8.6 个百分点。

#### （三）城乡就业形势稳定

2019 年，全市城镇新增就业人员 75.16 万人，比上年下降 0.2%。年末城镇登记失业率 2.6%，比上年末下降 0.7 个百分点；全年城镇调查失业率稳定在 5.1%左右的较低水

平。当年全市农民工总量 758.6 万人，比上年下降 1.0%。其中，外出农民工 541.9 万人，下降 2.2%；本地农民工 216.7 万人，增长 2.2%。

**（四）脱贫攻坚成效明显**

2019 年年末，重庆全市农村贫困人口 2.4 万人，比上年末减少 11.5 万人；贫困发生率 0.12%，比上年下降 0.58 个百分点。全年全市贫困地区农村居民人均可支配收入 13 832 元，比上年增长 10.9%，扣除价格因素，实际增长 8.0%。截至 2020 年 6 月底，重庆市 14 个国家级和省级贫困区县实现整体脱贫。

## 二、深入推进改革的理性思考

破解城乡二元发展难题，促进城乡一体化发展是一个世界性的难题。在统筹城乡发展中，重庆市大胆探索实践，初步形成了以体制机制改革为核心，以城带乡、城乡互动，政府强力推进的统筹城乡发展模式，在一定程度上促进了重庆市城乡一体化发展。但必须清楚地看到，重庆市在统筹城乡综合改革实践中，也出现了一些带有普遍性和深层次的问题值得我们深思。重庆市统筹城乡综合改革取得的成果还只是初步的成果，全市统筹城乡发展的任务仍然十分艰巨。

**（一）必须从综合配套角度策划改革**

今日之中国，许多改革的深化，都与政治、文化、社会等各方面的改革联系在一起，改革已成为庞大的系统工程，综合配套性显著增强。为此，重庆市统筹城乡的综合改革与探索，无论在政策设计上，还是在推进实施中，都贯穿了综合配套的理念，在推进某项重点领域改革的同时，同步推进一系列相关领域的配套改革，如户籍制度改革。重庆市共出台了 38 个文件，涉及户籍迁移、社会保障、土地处置等 10 多个领域，确保了改革的顺利推进。正因为改革的综合配套性要求，每项改革取得成功的难度也在加大，但无论困难多大，都应该坚持这一正确的方向。

**（二）必须从可持续角度研究改革**

全面、协调、可持续是科学发展观的基本要求，推进改革也必须可持续，包括改革自身和保证经济社会发展的可持续，这是改革取得成功的关键所在。重庆市统筹城乡综合配套改革坚持“共建、共享、共富”，走民生之路，先后提出“民生十条”“共富十二条”的政策措施，使大多数人民群众在改革中增加了福利，促进了城乡差距的缩小与社会的稳定和谐，实现了改革自身和全市经济社会的可持续发展。但我们也要看到，稍有不慎，急功近利，制度设计就可能短期化，从而失去改革应有的功效。因此，对制度的研究、设计、出台，必须着眼于长远和可持续。

**（三）必须从制度层面推进改革**

统筹城乡综合配套改革试验，其核心是体制机制创新，目标是建立统筹城乡的制度体系。只有着力破除那些不适应城乡统筹发展的体制机制，才能逐步建立在全国范围内具有示范作用和推广价值的新体制机制。重庆市的改革试验，没有着力打造“看点”和“亮点”，而是集中力量去突破户籍制度、地票制度等一系列重点领域的制度障碍，着力建立区域协调发展机制、农民增收机制等关键制度，大力实施乡村振兴战略，动员社会各方力量脱贫攻坚，从而形成了相对持久的促进城乡统筹发展的体制。因此，进一步推进制度改革，仍然是推动城乡一体化深入发展的关键。

**(四) 从科学发展角度检验改革**

发展是基础和结果，改革是手段和动力，必须将实际成效作为检验改革成效的标准，才能实现“改革做文章，发展见成效”。重庆市统筹城乡改革实践，实现了GDP总量从2007年的4 676亿元增长到2019年的23 605.77亿元，在12年间几乎翻了两倍。地方财政收入从2007年的788亿元增长到2019年的2 134.9亿多亿元，增长了1.71倍。全市居民人均可支配收入28 920元，比2018年增长9.6%。2007年城镇居民人均可支配收入仅13 715.25元，2019年增加到37 939元，增长1.77倍；农村居民人均可支配收入2007年为3 509.29元，2019年增加到15 133元，增长3.31倍。农村居民与城镇居民人均可支配收入的差距，从2007年的2.91倍，降低到2019年的1.5倍。显然，城乡的差距在大幅度缩小，城乡一体化发展的成效也在显现。

## 参考文献


[1] 李杰. 打通欧亚铁路大通道：逼出来的“渝新欧”[ER/OL].（2011-11-14）[2020-06-09]. https：//finance. huanqiu. com/article/9CaKrnJt6fF.

[2] 黄奇帆. 民生导向发展重庆实践 [R]. 在中国浦东干部管理学院的辅导报告，2011（4）：1.

[3] [6] 重庆市统计局，国家统计局重庆调查总队. 重庆市2019年国民经济和社会发展统计公报 [ER/OL].（2020-03-21）[2020-06-07]. http：//www. cq. gov. cn/zqfz/gmjj/tjgb/202004/t20200402_6963113. html.

[4] 杨庆育. 统筹城乡改革法制保障研究 [M]. 重庆：重庆大学出版社，2015：188.

[5] 李涛，邬志辉，邓泽军. 中国统筹城乡教育综合改革，统筹什么？改革什么？：《国家中长期教育改革和发展规划纲要（2010 — 2020年）》视阈下的“城乡治理论”建构 [J]. 西南大学学报：社会科学版，2011（3）：122-130.


## 思考与测试

**一、思考题**

1. 重庆市统筹城乡发展模式的内涵是什么？

2. 重庆市在统筹城乡发展中，面临的主要挑战是什么？

3. 重庆市统筹城乡发展的主要任务有哪些？

4. 重庆市实施统筹城乡综合配套改革取得了哪些主要成果？

**二、测试题**

（一）填空题

1. 重庆市既是发展中的大城市，内部又有欠发达的（　　），存在着“东北现象”和“西部现象”叠加、城乡（　　）矛盾突出等独特市情。

2. 通过探索和实践，重庆市形成了以（　　　　）改革为核心，政府强力推动的（　　）、城乡互动的统筹城乡发展重庆模式，引起了国内外的关注。

3. 重庆市（　　）发展综合改革实验的指导思想，可以概括为“（　　）、五个着力”。

4. 重庆统筹城乡综合改革一切工作的基本（　　）和落脚点，就是要真正做到发展为了人民、发展依靠人民、（　　）由人民共享。

5. 到2020年，重庆市要求形成统筹城乡发展的（　　），这与党的十七大提出的到2020年，我国要基本建立比较完善的社会主义（　　）体系的要求是一致的。

6. 重庆市是全国统筹城乡（　　）改革试验区，担负着探索适合中国国情的（　　）发展新路子的重任。

7. 中央要求重庆加快推进老工业（　　），构建特色优势产业集群，加快（　　）调整，通过结构变革加快重庆经济发展。

8. 重庆仍处于相对欠发达地区，要实现经济赶超，就必须充分利用（　　），通过扩大开放，积极引进国内外（　　）、管理、人才和资金，加快缩小与国外和国内发达地区的差距。

9. 重庆城乡（　　）差异性大，民生领域欠账较多，解决（　　）尤为急迫。

10. 2005年以后，重庆市又着力推动（　　　）、碧水、绿地、宁静“四大行动”，（　　）日益改善，生态恶化趋势逐步得到遏制。

11. 2007年，重庆市政府提出实施（　　）发展战略，通过做大“一圈”，带动“两翼”，促进（　　）发展。

12. 重庆构建了“一头在内、一头在外”和（　　）的产业链招商及加工贸易模式，通过整机零部件垂直整合一体化，进项、出项和保税物流一体化，制造、研发和结算一体化，（　　）地形成了“3＋6＋300”笔记本电脑产业集群。

13. 重庆市构建“一江两翼三洋”的（　　）大通道，开通“定班次、定时间、定运输线路、定运输品种、定运输价格”的（　　）铁路“五定班列”。

14. 经国务院批准，重庆成立了联合产权交易所、农村（　　）、股份转让中心、农畜产品交易所、药品交易所、航运交易所、（　　）交易所等七个交易所。

15. 2010年，重庆探索实施了（　　）合一改革。全市已建成350个交巡警平台，配备（　　）万余名交巡警。

16. 重庆市按照“三端调控”即“低端有保障、中端有市场、（　　）”的基本要求，构建（　　）住房保障体系，着力解决城市居民住房难。

17. 重庆市实行最低生活保障标准与经济发展水平及物价上涨幅度之间的（　　），使全市（　　）万困难群众的生活水平随着经济发展水平而提高，且不因物价上涨而受到影响。

18. 2008年12月4日，经国务院批准，重庆设立全国首家（　　）交易所，其主要职责是开展土地实物交易和（　　）试验（　　），逐步建立城乡统一的建设用地市场。

19. 进入21世纪后，重庆市从着手统筹城乡教育发展的改革，到探索实现（　　）一体发展目标，这个过程大致经历了转型探索、全面推进、（　　）三个阶段。

20. 在“办人民满意教育”的鼓舞下，重庆教育以“统筹城乡教育”为核心抓手，坚持（　　）的发展理念，全面建构城乡教育（　　）、协调互动的统筹模式。

21. 统筹城乡发展的（　　）和重庆市的全域试验，催生了新政策出台，诸多政策突破了改革禁区，如城乡（　　）、农村土地流转制度改革，农村金融体系改革等。

22. 重庆市大力实施统筹城乡（　　）配套改革，大力促进城乡教育一体化，促进（　　），通过强化“四个统筹”实现了“四大变化”。

23. 统筹城乡公平均衡、（　　）发展，既是国家教育发展战略的核心要素，也是重庆市教育十几年（　　）交出的一份答卷！

24. 从2007年开展国家统筹城乡综合改革试验以来，重庆市紧紧围绕（　　）进行探索实践，基本形成了统筹城乡综合配套改革的（　　），并取得了明显的成效。

（二）单项选择题

1. 2007年，经国务院批准，（　　）成为我国唯一的省级国家统筹城乡综合配套改革试验区，承担国家统筹城乡综合配套改革试验的任务。

A. 成都市　　B. 重庆市　　C. 上海市　　D. 青岛市

2. 2007年，重庆市确定实施（　　）区域发展战略。

A. 科教兴渝　　B. 城市化　　C. 一圈两翼　　D. 两江新区

3. 2007年，重庆市作为全国唯一的省级统筹城乡综合改革试验区，主要面临“圈翼”发展差异大、城乡经济差距大、城乡收入差距大、基本（　　）城乡差距大、基础设施城乡差距大五个方面的挑战。

A. 公共服务　　B. 居民收入　　C. 社会保险　　D. 基础教育

4. 2010年8月，重庆市在全国率先启动户籍制度改革，总体进展顺利，截至2012年12月底，已办理农村居民转户（　　）万人。

A. 250　　B. 300　　C. 359.7　　D. 400

答案见第208页“附录　测试题参考答案”。

# 第七章　不同特色统筹城乡发展模式

**内容提要：**

在实施统筹城乡发展战略的过程中，我国出现了一批特色鲜明，具有典型意义的城乡一体化发展模式，这些发展模式不仅反映了我国统筹城乡发展取得的重要成果，而且对推动全国统筹城乡的深入发展具有借鉴意义。成都模式、苏州模式、华明街模式从纵向维度上反映了国家和区域开展统筹城乡发展试验取得的成果；义乌模式、新乡模式、潍坊模式、芜湖模式、赣州模式等，从横向维度上反映了我国不同区域统筹城乡发展取得的阶段性进展。这两条维度上取得的成效，在一定程度上反映了我国实施统筹城乡发展战略的深度和广度。

成都市是省政府驻地中心城市，也是全国统筹城乡综合配套改革试验区，在统筹城乡发展过程中，从改变外在形态的“三个集中”，到创新内在机制的“六个一体化”，再到以农村产权制度改革为核心的农村工作“四大基础工程”，进而实现全面提升，确立城市新定位，建设“世界现代田园城市”，统筹考虑城市和农村，促进三次产业联动发展、经济发展和公共服务配套推进，形成了一个“城市是现代城市，农村是现代农村，现代城市和现代农村和谐相容，现代文明和历史文化交相辉映”的新型城乡形态。

作为统筹城乡发展苏南模式的典型代表和国家级统筹城乡改革联系点的苏州市，在统筹城乡发展过程中努力实现城乡一体化，从发展“三大合作组织”、推进“三形态”、推动“三集中”、实行“三置换”，到“推进五大改革”“实现五个一体化”，初步形成了城乡一体化发展的政策体系与导向，城乡联动发展机制特色鲜明，城乡居民收入缩小至2：1的全国领先水平。

天津市东丽区华明街是天津市统筹城乡改革试验的基层镇街，在统筹城乡发展过程中通过“宅基地换房”“三区联动”“三改一化”三个步骤的改革，实现了进城农民“安居、乐业、有保障”的目标，取得了“华丽转身”的显著效果。探索出了一条大城市近郊区统筹城乡发展、推进城镇化和城乡一体化的新路子。

浙江义乌、山东潍坊、河南新乡、安徽芜湖、江西赣州等地市在统筹城乡发展过程中，从各自不同的区域特点出发，创新性地推进城乡一体化发展，形成了不同的特色和模式，它们从更广阔的区域反映了我国实施统筹城乡发展战略取得的阶段性成果，在全国引起了强烈的反响。

**学习指导：**

从纵向和横向两个维度分析我国统筹城乡发展不同模式的架构特点，了解本章介绍的我国在统筹城乡发展过程中形成的不同模式的特色内涵，把握我国实施统筹城乡发展战略出现的整体推进态势。

**实践建议：**

在教师的指导下，学生可从本章或我国其他有代表性的统筹城乡发展模式中选择一个进行进一步的解剖分析，以深化理解我国实施统筹城乡发展战略的本质。

进入21世纪后，我国人民以中国特色社会主义理论为指导，坚持从实际出发，创造性地开展了统筹城乡发展的伟大实践，形成了不同类型的典型经验和发展模式，不仅有效地破除了城乡二元结构，促进了当地经济社会的一体化发展与融合发展，还对全国各地的城乡一体化发展产生了重大影响。成都模式、苏州模式、华明街模式从纵向维度上反映了国家和区域试验取得的成果，具有不同层级的典型意义。义乌模式、新乡模式、潍坊模式、芜湖模式、赣州模式等，从横向维度上反映了我国统筹城乡发展战略在更大范围内的实施状况，一定程度上反映了我国实施统筹城乡发展战略的深度和广度。

## 第一节　统筹城乡发展的成都模式

2003年，成都市启动了统筹城乡发展改革。2007年6月，国家设立全国统筹城乡综合配套改革试验区，推动成都市统筹城乡改革试验实现了从局部探索到全面制度创新的飞跃。成都市统筹城乡发展改革实践有其内在的逻辑和清晰的思路，就是从改变外在形态的"三个集中"，到创新内在机制的"六个一体化"，再到以农村产权制度改革为核心的农村工作"四大基础工程"，2009年全面提升定位，建设"世界现代田园城市"。2015年统筹谋划城市空间布局、基础设施和公共服务配套，推动城市空间结构由单中心向"多中心、组团式、网络化、集约型"转变，努力构建大都市区域发展新格局，取得了明显的成效。

### 一、整体规划：城乡一体化推进

在统筹城乡改革试验中，成都市以科学规划为先导，推进工业向集中发展区集中、引导农民向城镇和新型社区集中、推动土地向适度规模经营集中，促进新型工业化、新型城镇化和农业现代化联动发展。将原有散乱的116个开发区按规划整合为21个工业集中区和产业集群，建成1 334个新型农村社区，改善了106.3万农民的生产生活条件，在依法自愿有偿的前提下流转耕地209万亩，占总耕地面积的32.3%，带动了67%的农户实现农业产业化。通过统筹推进"三个集中"，推动了新型城乡形态的构建。

在"三个集中"成功推进的同时，为解决城乡二元结构所造成的深层次矛盾，成都市全面开展了"六个一体化"。即通过推进城乡规划、产业发展、市场体制、基础设施、公共服务、管理体制一体化，建立"全域成都"规划体系，优化城乡空间发展格局，促进三次产业协调发展，理顺城乡生产要素交换关系，加快发展城乡各项社会事业，推进规范化、服务型政府建设，着力构建城乡统筹、科学发展的内在机制。

在改革实践中，特别是经国务院批准成为全国统筹城乡综合配套改革试验区之后，成都市进一步认识到统筹城乡发展的关键在于制度建设和体制创新，由此实施农村工作"四大基础工程"，不断夯实统筹城乡发展的制度基础。

（1）开展农村产权制度改革。以"还权赋能、农民自主"为核心，完成了确权登记颁证工作，推动农村产权规范有序流转，落实了农民财产权。为了从制度建设的角度探索耕地保护的办法，建立了耕地保护基金制度。

（2）推进农村土地综合整治。优化农村土地利用结构和布局，改善农村面貌和农民生产生活条件，促进现代农业发展。

(3) 推进村级公共服务和社会管理改革。建立分类供给、经费保障、民主管理、设施统筹建设、人才队伍建设的公共服务和社会管理机制。

(4) 推进农村新型基层治理机制建设。构建以村党支部为领导核心，以村民（代表）大会为决策机构、村民议事会为常设机构、村委会为执行机构的新型村级治理机制。

“四大基础工程”实质上是制度建设的“工程”：产权制度改革是市场化的基础，市场化发展势必增加耕地保护的压力，“耕保基金”制度是落实耕地保护责任的一道“城墙”。加强基层民主政治建设是实现公共服务公平效率和产权改革顺利推进的保障。这些方面的制度建设，充分体现了新时期综合配套推进改革的时代特点和内在要求。多年来的改革试验和制度创新，促进了成都市生产力的解放和发展。

(1) 地方经济快速发展。2003—2009 年，成都市地区生产总值从 1 870 亿元跃升至 4 503 亿元，年均增速达 13.8%；人均 GDP 从 18 051 元增加到 35 215 元，增长近 1 倍；财政收入从 213 亿元增加到 1 279 亿元，是原来的 6 倍多。尤其是统筹城乡发展的制度建设进一步体现和保证了科学发展的内在要求。

(2) 促进了耕地保护和节能减排。2003—2009 年，成都市通过节约集约用地，新增耕地 35 万亩。产业结构不断优化升级，单位 GDP 能耗指标值下降 16%（2009 年为 0.84 吨标准煤/万元，比全国平均水平低 22%），主要污染物排放总量下降 37%，可持续发展能力得到明显增强。

(3) 初步形成了公共服务共建共享机制。通过改革试验，成都市初步建立起了城乡一体的就业、户籍、社会保障制度和覆盖城乡的教育、医疗卫生、文化等公共服务体系，推动了交通、供水供电供气、信息网络、市政服务等资源的城乡均衡配置，城乡居民初步形成了共建共享机制，农村居民享受到了越来越多的实惠。

(4) 密切了党群干群关系。改革试验体现和维护了人民群众的切身利益，得到了城乡广大群众的普遍支持和充分肯定。在基层党组织民主测评、议事办结满意度等多方面，党员、群众的满意率都在 90%以上。几年来，成都市信访、群体性事件和刑事案件呈逐年明显下降趋势，连续保持进京“零上访”。

## 二、科学体制：六个一体化

统筹城乡发展，从根本上说要建立起同发展共繁荣的新型城乡关系，构建城乡经济社会发展一体化的体制机制。成都市通过推进城乡规划一体化、城乡产业发展一体化、城乡市场体制一体化、城乡基础设施一体化、城乡公共服务一体化、城乡管理体制一体化“六个一体化”，大刀阔斧地破除城乡二元体制，全方位构建城乡统筹、科学发展的体制机制。

科学编制城乡规划、刚性执行城乡规划，被成都市确立为推进城乡一体化的龙头和基础、科学发展的引领。长期以来重城市轻农村的规划管理体制随之发生根本性改变，城市规划局改为城乡规划局，按照“城乡一盘棋”的理念，对城乡发展进行统一规划，形成了城乡一体、配套衔接的规划体系和执行监督体系，实现了规划编制、实施和监管的城乡全覆盖，直到村组。

在“5·12”汶川地震灾后重建中，成都市的这一规划理念和体制得到了充分实践，按照中央“用统筹城乡发展的思路和办法推进灾后重建”的指示要求，成都市还创造性提出了“四性”的规划建设原则：发展性，突出产业支撑和持续增收；多样性，确定多样形态避免千村一面；相融性，注重与环境和生产生活相融；共享性，让公共服务向农村辐射。避免了灾后重建简单等同于建房修路或复制城市小区，是推进城乡全面现代化的一个重大突破。在“四性”规划建设原则的指引下，不仅在灾后重建中产生了一大批新农村现实样板，还形成了一套全面推广的技术准则，确立了成都新农村建设的基本依据。

成都市还对只管城不管乡、重城轻乡或城乡分治的市政公用、交通、财政、农业、水利等 30 多个部门进行归并调整，实行城乡统筹的“大部制”。对城乡二元体制的标志性制度——户籍制度“动刀”，实行一元化管理，取消农业户籍和非农业户籍，市民、农民统一登记为居民户籍。

公共财政的阳光普照城乡，建立起财政支农稳定增长机制。2009 年，成都市市县两级财政对“三农”投入 192.3 亿元，相比 2002 年增长了 26 倍，6 年来累计投入 594.8 亿元。创新城市支持农村机制，每年土地出让的较大部分收益用于支持农村。发挥政府投入撬动社会投资的杠杆作用，吸引大量社会资金参与农村发展。

通过城乡公共服务一体化，成都市有效推进了城乡基本公共服务均等化。就业政策和就业工作覆盖城乡所有劳动者，城乡劳动者实现平等就业。农村 410 所中小学、223 个乡镇卫生院、2 396 个村卫生站全部进行了标准化建设，推动城乡教师、医生互动交流，优质教育、卫生资源向农村倾斜。教师实行“县管校用”，从“同县同酬”逐步向“同城同酬”过渡。都江堰市还按“工作半径”向教师发放补贴，“半径”大的农村教师补贴超过城市教师。从 2009 年开始，成都市组织实施了“名校下乡”活动，市民心目中最好的三所学校——成都七中、石室中学、树德中学，分别领办远郊农村的都江堰聚源高级中学、彭州白马中学、崇州怀远中学，让农村孩子“少花钱，上好学”。

2009 年 1 月，成都市出台了实施《城乡居民基本医疗保险办法》，实现了城乡完全打通和市级统筹，基本实现社会保险制度城乡全覆盖和相互衔接。把原来的新型农村合作医疗，与城市的医疗保险进行了统一。凡是签订了劳动合同已就业的，无论城乡，无论单位性质，都统一参加城镇职工医疗保险；未就业的，包括未成年人等非劳动人口和尚未就业的劳动人口，无论城乡，都统一参加居民医疗保险，实现了城乡居民完全平等参保、平等享受报销待遇。此外，成都市还大力推进市政公用设施向乡村覆盖，率先在西部实现了县县通高速、村村通水泥路，农村客运通村率达到 98%，实施城乡水电气供应以及污水、生活垃圾处理一体化。

成都市的城乡一体化实践，正在成为中国公民权利从城乡二元分离走向城乡一体化的一个现实样本，通过“六个一体化”，成都市形成了城乡群众共创共享改革发展成果的机制，超越了社会公平的范畴。

### 三、坚实根底：“四大基础工程”

统筹城乡改革发展，重点在农村，难点在农村，基础也在农村。成都市近年来实施的农村产权制度改革、农村新型基层治理机制建设、村级公共服务和社会管理改革、农村土地综合整治“四大基础工程”，就是在解决“三农”问题上打基础、管长远的重大举措，抓住了根本。扎扎实实抓基层、夯基础，是成都市统筹城乡改革发展的一个重要特征。

由于历史和客观的原因，成都市农村的市场化改革还很滞后，农民并不是真正的市场主体。2008 年 1 月 1 日，成都市下发市委、市政府一号文件，启动以农村产权制度改革为核心的农村市场化改革，为农民承包地、宅基地、房屋开展确权、登记和颁证，并建立市县两级农村产权交易机构，引入农业担保、投资和保险机制，使农民成为市场主体，可以平等地参与生产要素的自由流动，用市场这只手，充分发挥市场配置资源的基础性作用，建立归属清晰、权责明确、保护严格、流转顺畅的现代农村产权制度。

成都市在全国创造性地设立了耕地保护基金，市县两级财政每年投入 26 亿元，为有效保护耕地的农户每年分别按基本农田 400 元/亩、一般耕地 300 元/亩的标准发放耕保金，用于补贴农民购买养老保险，确保耕地总量不减少、粮食生产能力不下降。2010 年，产权颁证基本完成，市级“耕保基金”筹集全部到位，254 个乡镇发放 11.4 亿元，惠及 109 万农户，涉及耕地 384 万亩。已实现农村产权流转 2.7 万宗共 21.2 亿元，各级投融资平台筹资 236.9 亿元。

成都市农村产权制度改革的成果在“5·12”汶川地震灾后的重建中得到了充分运用，起到了“雪中送炭”的作用。在产权改革的基础上，都江堰市、彭州市等灾区为受灾农户提供重建融资担保，解决贷款无抵押担保物问题，及时有效地解决了灾后重建巨额资金的筹集难题。生产关系的一点点突破，就带来了翻天覆地的变化。一些原来估计很难革除的体制性障碍逐步被革除，城市发展“地从哪里来”和农村发展“钱从哪里来”是两个必须回答的问题，成都市用城乡一体化的市场机制，让城市资本和农村土地资源互惠共享，提高了农村和农民在土地城市化增值中的分配份额，使两大难题迎刃而解，促进了城乡同发展、共繁荣。

2008 年 3 月，在成都市率先开展农村产权制度改革土地、房屋确权试点的都江堰市柳街镇鹤鸣村遇到了一个难题：七组的刘某在 2001 年外出打工时，把 1.8 亩承包地交给同组的王某耕种。现听说要确权颁证了，刘某想要回土地，可王某死活不给。在成都各地农村产权确权过程中，像这样的“历史遗留问题”和矛盾相当普遍。村支书就想了一个办法，让村民投票选出大家公认的代表，组成“村民议事会”，民主解决这些棘手问题。村民议事会采取相对公平、各让三分的原则，成功解决了刘某和王某的纠纷，最终两人确权各得到一半的承包地。当月 30 日，七组的 34 户村民就拿到了农村产权制度改革的首批“四证两卡”：“农村土地承包经营权证”“集体土地使用权证”“房屋所有权证”“集体林地使用权证”和“耕地保护卡”“社保卡”。村民议事会成为成都市农村产权制度改革的一个“意外”收获，直接催生了一个“新事物”——农村新型基层治理机制。

2003 年以来，成都市全面推行以基层党组织书记公推直选、开放“三会”、社会评价干部为主要内容的基层民主政治建设，作为统筹城乡改革的政治和组织保障。从 2008 年开始，推广探索村民议事会、监事会制度。截至 2009 年，成都市已在所有村和涉农社区成立了村民议事会，构建起了党组织领导、村民（代表）会议或议事会决策、村委会执行、其他经济社会组织广泛参与的新型村级治理机制。

在农村产权改革确权中，无论个别纠纷还是涉及整村、整组的大事，都实行民主议决。邛崃市油榨乡静室村与雅安市芦山县相邻林权的勘界、确权多年来相争不下，双方政府及村两委多次协调无果。静室村村民议事会成立后，通过村民议事会成员的工作，问题得以妥善解决。双流县兴隆镇瓦窑村的土地承包权只剩下19年，村民们提出要在土地承包经营权上落实党的十七届三中全会决定的“长久不变”。村民们召开了60多次村民议事会，最后以捺手印的方式表决，成功地将土地承包经营权从30年改为了“长久不变”，并确权颁证，这在全国还是首例。

在灾后重建中，群众通过村（社区）议事会、监事会等自治组织，自主解决了各种疑难问题。重建方式、重建选址、户型设计、工程监理、土地流转等涉及群众利益的问题，都可在议事会上讨论，政府不代民作主和强迫命令，让受灾群众参与政策、规划的制定和选择的全过程，充分发挥群众主体作用，保证了重建工作健康有序推进。在汶川地震受损严重的城市中，都江堰市城区的规模最大、居民结构类型最多、经济最繁荣、自然条件最好、区位优势最明显，因此也是利益关系最复杂的地方。经过调查摸底、听取群众意见，都江堰市在幸福社区等地通过议事会这种民主机制，选择原址重建、模拟拆迁等办法，受灾群众积极自主参与重建家园。

新型基层治理机制已在成都市农村普遍建立，这一治理机制明晰了基层党组织和基层政权的权力来源，使“对上负责”与“对下负责”有机结合，避免了干部大包大揽、代民作主，保障了党员群众主体地位，密切了党群干群关系，夯实了党的执政基础。

充分相信群众、依靠群众，群众的事情让群众自己当家作主，群众的创造又不断丰富和完善改革实践，是成都市统筹城乡改革发展的又一个重要特征。2008年11月，成都市进一步加长农村公共服务的“短板”，实施村级公共服务和社会管理改革，在全国率先将村级公共服务和社会管理资金纳入财政预算，为每个村每年安排20万元资金，2009年已专项投入7.1亿元。村级公共服务和社会管理内容设定为文体、教育、医疗卫生、就业和社会保障、农村基础设施和环境建设、农业生产服务、社会管理七个方面。按照新型基层机制，20万元专项资金的使用完全由村民民主议定，村民可进行民主评议并实施民主监督，做到“财政下乡，民主决策”。

日新月异的成都农村面貌，随着另一项基础工程——农村土地综合整治又发生了新的改变。在国土资源部[1]和四川省人民政府指导下，成都市推广运用农村灾后重建“四性”规划建设原则，在广大农村整体规划推进田、水、路、林、村综合整治，仅2009年就实施72个项目，新增耕地8万亩。

## 四、全面提升：定位“世界现代田园城市”

2009年12月，成都市委按照科学发展观的要求和“自然之美、社会公正、城乡一体”的核心理念，确立了建设“世界现代田园城市”的历史定位和长远目标：力争用5到8年时间，把成都建成中西部地区创业环境最优、人居环境最佳、综合竞争力最强的现代特大中心城市；用20年左右的时间初步建成“世界现代田园城市”，进入世界三级城市行列；用30年到50年时间最终建成“世界现代田园城市”，建成世界二级城市。按照这样的历史定位和长远目标，未来的成都将是一座城乡一体化、全面现代化、充分国际化的区

[1] 2018年3月，根据第十三届全国人民代表大会第一次会议批准的《国务院机构改革方案》，组建中华人民共和国自然资源部，作为国务院组成部门；不再保留国土资源部。

域枢纽和中心城市，城乡繁荣、产业发达、居民幸福、环境优美、文化多样、特色鲜明、独具魅力。一幅“青山绿水抱林盘、大城小镇嵌田园”的画卷，正在成都市这方自然环境优美、历史文化悠久的天府大地上徐徐展开。2015 年，成都市西部经济核心增长极建设取得重大突破，提前实现了 GDP 过万亿和人均 GDP 过万美元的目标，全市 GDP 从 2010 年的 5 551.3 亿元提升到 2015 年的 10 801.2 亿元，连续跨过 5 个千亿台阶，人均 GDP 达到 12 079 美元，成为全国 9 个超万亿元的城市之一。地方公共财政收入 1 139 亿元，社会消费品零售总额 4 946.2 亿元，同比增速均超过同期 GDP 增速，经济效益明显提升，实现了经济发展高位求进的历史跨越，推动了现代产业综合实力的量质齐升，提升了西部特大中心城市的功能品质，形成了全面深化改革的良好开局，开创了内陆城市走向国际化的崭新时代，取得了民生福祉持续改善的巨大进步，站上了“新常态、万亿级，再出发”的新起点，开创了成都城乡一体化发展的新局面。

## 五、打造城乡融合发展新格局[1]

从 2016 年开始，成都市在城乡一体化发展取得显著成效基础上，针对发展不充分、不平衡、不协调等突出问题，统筹谋划城市空间布局、基础设施和公共服务配套，推动城市空间结构由单中心向“多中心、组团式、网络化、集约型”转变，加快形成以“双核共兴、一城多市”的网络城市群为特征的大都市区，卫星城和区域中心城加快成为独立成市的新城区，基础设施现代化水平大幅提升，轨道交通加密成网，宜居宜业水平大幅提升，生产方式和生活方式加快向绿色、低碳转变，生态制度体系、生态发展体系和绿色经济体系初步形成，生态环境质量明显改善，城乡融合发展，美丽成都建设、大都市区发展取得明显成效。到 2019 年时，全市统筹推进稳增长、促改革、调结构、惠民生、防风险各项工作成效突出，经济运行总体平稳、稳中提质，质量效益稳步提升，民生福祉持续增强，社会事业繁荣发展，生态环境明显改善，全面体现新发展理念的城市建设取得积极进展。

### （一）综合实力持续增强

2019 年全年实现地区生产总值（GDP）17 012.65 亿元，按可比价格计算，比上年增长 7.8%。其中，第一产业增加值 612.18 亿元，增长 2.5%；第二产业增加值 5 244.62 亿元，增长 7.0%；第三产业增加值 11 155.86 亿元，增长 8.6%。三次产业结构为 3.6∶30.8∶65.6。三次产业对经济增长的贡献率分别为 1.1%、34.5%、64.4%。按常住人口计算，人均地区生产总值 103 386 元，增长 6.0%。财政收支运行良好。全年地方一般公共预算收入 1 483.0 亿元，比 2018 年增长 7.9%。其中，税收收入 1 090.8 亿元，增长 4.8%；占一般公共预算收入的比重达 73.6%。地方一般公共预算支出 2 006.8 亿元，增长 9.2%。税务部门组织税费收入 3 331.0 亿元，其中组织税收收入（不含海关代征收入）2 902.5 亿元，增长 2.9%。

### （二）动能转换提质加速

深入实施新经济企业梯度培育计划和“双百工程”。2019 年末共有高新技术企业 4 149 家，比上年新增 1 036 家，增长 33.3%；实现高新技术产业营业收入 9 471.8 亿元，增长 10.8%。新兴服务业蓬勃发展，规模以上互联网和相关服务、研究与实验发展、科技推广和应用服务业营业收入分别增长 32.7%、24.8%、22.0%。新兴工业产品增产增量，太阳能电池、城市轨道车辆产量分别增长103.0%、70.4%。网络零售新业态加快发展，限额以上企业（单位）通过互联网实现商品零售额777.8亿元，增长15.0%。区域协调发展积极推进，成德眉资同城化、成都平原经济区一体化和五区协同化发展。“成都企业市（州）行”活动持续推进，签约项目238个，计划总投资1 596亿元。双流国际机场建成4个市（州）集货点，中欧班列省内货源占比达65%。

**(三)“三城三都”建设成效初显**

加快建设世界文创名城，实现文化创意产业增加值1 459.8亿元，占地区生产总值的比重为8.6%。加快建设世界旅游名城，接待入境游客380.2万人次，增长11.6%；实现旅游外汇收入16.2亿美元，增长12.3%。加快建设世界赛事名城，成功举办第十八届世界警察和消防员运动会等重大国际赛事32场次。加快建设国际音乐之都，引进音乐企业163家，开展音乐演出1 640场。加快建设国际会展之都，举办国际性展会206个，会展业实现总收入1 332.6亿元，增长22.0%。加快建设国际美食之都，限额以上餐饮收入215.1亿元，增长31.0%。

**(四) 社会治理效能提升**

全面实施社区服务提升、特色街区创建等“五大行动”，加快构建15分钟社区生活服务圈。完成棚户区改造7 863户、城中村改造16 820户，实施老旧院落改造项目300个、“两拆一增”项目1 023个，整治背街小巷142条。建成国际化社区13个，完成“社区微更新”项目220个，打造“百佳示范社区”“百佳示范小区”。

**(五) 社会保障更加完善**

2019年末全市参加城镇职工基本养老保险人数887.4万人，其中参保职工676.4万人。参加城镇职工基本医疗保险人数923.6万人，其中参保职工719.6万人。全年2.3万城镇居民、8.1万农村居民得到政府最低生活保障，保障资金投入6.9亿元，其中投入农村5.1亿元。年末有各类社会福利机构239个，拥有床位3.9万张。有社区养老设施2 248个，拥有床位3.5万张。有各种社区服务设施7 199处，社区服务中心261个。

**(六) 社会就业形势稳定**

全年城镇新增就业26.4万人，其中持“再就业优惠证”人员实现再就业8.8万人，“4050”等就业困难人员[1]实现再就业2.0万人。农村劳动力转移到非农产业就业新增8.4万人。农村劳动力劳务输出人数247.1万人。城镇登记失业率3.31%，比上年末下降0.09个百分点。全年吸纳高校毕业生来蓉就业创业7.76万人。

**(七) 居民收入平稳增长**

2019年城镇居民人均可支配收入45 878元，比上年增长8.9%；其中，工资性收入27 011元，增长9.0%；经营净收入4 743元，增长10.8%；财产净收入4 681元，增长7.2%；转移净收入9 443元，增长8.5%。人均消费性支出29 720元，增长8.8%。城镇居民恩格尔系数32.6%。农村居民人均可支配收入24 357元，增长10.0%。其中，工资性收入12 192元，增长9.3%；经营净收入5 940元，增长13.4%；财产净收入2 330

[1] “4050”人员：指处于劳动年龄段中女40岁以上、男50岁以上的，本人就业愿望迫切、但因自身就业条件较差、技能单一等原因，难以在劳动力市场竞争就业的劳动者。

元，增长 9.3%；转移净收入 3 894 元，增长 7.9%。人均消费性支出 17 572 元，增长 10.0%。农村居民恩格尔系数 36.0%。城乡居民人均收入倍差 1.88，比上年缩小 0.02。

### 六、成都启示：新型城市化的“路和桥”

美国经济学家 W. A. 刘易斯认为，发展中国家经济发展的本质就是二元经济消失并融合为一元经济的过程。这是“城市与农村相互依存共生共荣、城乡发展必须统筹推进”的现代化规律。

成都市的城乡一体化实践，正是基于中国城乡关系的现实，并集中体现了这条现代化的重要规律。成都市统筹考虑城市和农村，促进三次产业联动发展，经济发展和公共服务配套推进，因时因势全力推进形成了一个“城市是现代城市，农村是现代农村，现代城市和现代农村和谐相容，现代文明和历史文化交相辉映”的新型城乡融合发展新形态。

## 第二节　统筹城乡发展的苏州模式

苏州市是统筹城乡发展苏南模式的典型代表。作为国家级统筹城乡改革联系点，苏州市在统筹城乡发展中努力实现城乡一体化，形成了鲜明的特色。经过多年的探索实践，2012 年，苏州市已形成了城乡一体化发展的政策导向，建立了城乡联动发展的机制，城乡一体化的政策体系逐渐形成，城乡居民收入缩小至 2∶1 的全国领先水平。

苏州市城乡一体化的改革思路和实践，可以概括为以下几个方面：发展“三大合作组织”（社区股份合作制、土地股份合作制、农民专业合作经济组织）；推进“三形态”（地处工业和城镇规划区的行政村，以现代服务业为主要发展方向，加快融入城镇化进程；工业基础较强、人口较多的行政村，以新型工业化为主要发展方向，加快就地城镇化步伐；地处农业规划区、保护区的行政村，以现代农业为主要发展方向，推动一次产业与二、三次产业融合发展，加快农业现代化步伐）；推动“三集中”（工业向集中发展区集中、农民向城镇和新型社区集中、土地向适度规模经营集中）；实行“三置换”（集体资产所有权、分配权置换社区股份合作社股权，土地承包权、经营权通过征地置换基本社会保障或入股换股权，宅基地使用权参照拆迁或预拆迁办法置换城镇住房或者直接进行货币化置换）。从 2013 年开始，苏州市又致力于推进“五大改革”，实现“五个一体化”。

### 一、推进“五大改革”

#### （一）户籍制度改革

2005 年，苏州市实施以居住地登记户口为主要形式的户籍管理制度，2010 颁布了鼓励农民进城进镇落户的政策实施意见，鼓励、引导农民“三置换”，使农民真正在城镇落户，真正享受与城镇居民同等的权益和公共服务，平等地享受改革发展成果。到 2010 年 10 月，全市累计有 30 多万农户、近 100 万农民，通过“三置换”实现了居住地转移和身份转变[2]。

#### （二）改革农村土地使用制度

加大农民住宅和宅基地置换城镇商品房的力度，盘活城乡存量建设用地，提高土地利用效率；建成56个镇级土地流转管理服务中心，以土地股份合作等新型合作经济组织为载体，加快推进土地流转，发展适度规模经营，全市土地流转的面积占承包土地总面积的64.6%。

**(三) 进行农村股份合作制改革**

苏州市按照“资源资产化、资产资本化、资本股份化”的思路，着力发展农村社区股份合作制、土地股份合作制、农民专业合作制等合作经济组织。这不仅促进了农民财产性收入的增长，而且促进了农村集体经济的发展和土地适度规模经营，在实践上也丰富和发展了“苏南模式”的内涵。到2010年10月，苏州市农村“三大合作”组织累计达3 043家，持股农户占92%；农村集体总资产达900亿元；农民人均纯收入达14 300元，其中财产性收入比重提高到35%以上，城乡居民收入比降低到2∶1，农民走上了“户户有资本、家家成股东”的共同富裕之路。

**(四) 加快建立城乡一体化的社会保障制度**

将被征地农民纳入城镇社会保障体系，并推进“三个并轨”：农村基本养老保险向城镇社会养老保险并轨，新型农村合作医疗保险向城镇基本医疗保险并轨，农村最低生活保障向城市最低生活保障并轨。

**(五) 着力健全农业支持保护制度**

以改革公共财政制度为重点，健全农业支持保护制度，苏州市在江苏省率先实施对粮食规模经营户的收购价外补贴，率先建立基本农田保护和生态补偿机制，从而不断提高农业发展支撑力、农业生产抵御自然灾害能力、农民创业致富能力，推进城乡一体化背景下的农业现代化。同时，苏州市还不断扩大政策性农业保险的领域和规模，已形成国家、省、市、县四级保险体系。苏州市不断完善农业担保体系，设立多个具有独创性的支农品牌，累计实现担保65亿元，领先于全国其他地区。已设立农村小额贷款公司40家，注册规模和数量位列全江苏省第一[3]。

## 二、实现“五个一体化”[4]

**(一) 各项规划逐步实现城乡对接**

苏州市城乡规划分隔的局面已被打破，按照一体化、全覆盖的要求，苏州市优化城镇空间规划，完善村镇布局规划，推动实现了农业、工业、生态、居住、水系等专项规划城乡对接。按照“发展新城市、繁荣新市镇、建设新社区”的路径，以规划为统领，苏州市形成了1个中心城市、5个副中心城市、若干个中心镇或新市镇的城镇化格局，2018年全市城镇化率达到76.5%，全市2.1万个自然村落按照“古村保护型”“生态环保型”“整治改造型”“集中居住型”“现代社区型”五种模式，规划建设成为一批新型社区。2019年，全市实现地区生产总值19 235.8亿元，按可比价计算比上年增长5.6%。按常住人口计算，人均地区生产总值17.92万元（折合汇率2.6万美元），比上年增长5.2%。全年实现一般公共预算收入2 221.8亿元，比上年增长4.8%。其中税收收入1 991亿元，增长3.2%，占一般公共预算收入的比重达89.6%。全年一般公共预算支出2 141.3亿元，比上年增长9.7%。其中城乡公共服务支出1 686.2亿元，占一般公共预算支出的比重达78.7%。

**（二）城乡产业一体化的布局基本形成**

按照“集聚集约、合理布局”的思路，分三类布局产业：对城镇规划区，明确其主要以现代服务业为发展方向，不断提升城镇化质量；对工业基础较强且人口较多地区，明确其主要以新型工业化为发展方向，加快就地城镇化步伐；对农业规划区、生态保护区，明确其主要以现代农业为发展方向，推动第一产业与第二、三产业融合发展，加快农业现代化步伐。2019 年，全市规模以上工业实现总产值 33 592.1 亿元，比上年增长 1.4%。规上工业 35 个行业大类中有 21 个行业生产保持增长，行业增长面达 60%。全年实现农林牧渔业总产值 356.6 亿元，夏粮总产量 21.61 万吨，秋粮总产量 65.57 万吨，全年新增高标准农田 6 000 公顷、现代农业园区 2 800 公顷、标准化池塘改造面积 1 573 公顷。农业生产机械化水平达 90.1%。培育新型职业农民 3 073 名，新增市级以上农业产业化龙头企业 18 家、组建农业产业化联合体 28 家、新增共享农庄 14 个。年末各类农民专业合作社 2 243 家、家庭农场 432 家，农村集体总资产（清产核资后）3 180 亿元，村均年可支配收入 936 万元。

**（三）不断提升城乡基本公共服务均等化水平**

教育、文化、卫生、体育等各项社会事业和公共服务设施加快向农村全覆盖，城乡基本公共服务均等化水平大幅提升。2019 年，全市建成投用中小学、幼儿园 80 所，新增学位 7.3 万个。年末拥有各级各类学校达 1 682 所，被列入国家智慧教育示范区培育建设名单。实施名城名校融合发展战略，南京大学、西北工业大学在苏新建校区，苏州大学未来校区、西交利物浦大学太仓校区、昆山杜克大学二期开工建设。全年文化产业实现主营业务收入 6 060 亿元，比上年增长 5.9%。“文化苏州云”平台正式上线，新建图书分馆 36 家、24 小时自助图书馆 33 家、网上借阅社区投递服务点 13 处，市、区级公共图书馆 13 个，文化馆 11 个。拥有各类医疗卫生机构 3 720 家，其中医院 221 家、卫生院 94 家、社区卫生服务中心（站）540 家。新建、改扩建基层医疗卫生机构 20 家。拥有卫生机构床位数 7.17 万张，体育事业蓬勃发展。全年新增健身步道 270 公里，新建多功能运动场、笼式足球场、笼式篮球场共 25 片。全市已建成各类体育公园 65 个。

**（四）加快就业社保体系的城乡并轨**

苏州市形成了一体化的就业社保机制，88%的农村劳动力实现充分稳定的非农就业，85%的村实现了充分就业。在 2005 年全面实现农村社会保障全覆盖基础上，城乡社会保障并轨步伐加快推进，农村劳动力参加基本养老保险覆盖率达到 98.5%，其中 133.5 万人参加城镇职工养老保险，覆盖率达 65.1%[5]。2019 年，全市常住居民人均可支配收入 60 109 元，比上年增长 8.4%，其中城镇常住居民人均可支配收入 68 629 元，增长 8.1%；农村常住居民人均可支配收入 35 152 元，增长 8.4%。城乡居民基础养老金标准分别提高至每人每月 520 元、380 元，城乡最低生活保障标准提高至每人每月 995 元，失业保险金最低标准提高至每人每月 1493 元。全市有 1.27 万户、共计 1.88 万人享受低保，全年发放低保金 1.95 亿元。年末全市基本养老保险缴费人数 554.87 万人，比上年增加 12 万人；城镇职工基本医疗保险参保人数 760.89 万人，比上年增加 23.81 万人；失业保险、工伤保险、生育保险参保人数分别为 518.2 万人、525.66 万人、543.57 万人。全年新增养老机构床位 1 072 张、日间照料中心 105 家，新建公共场所母乳哺育室 79 家。年末全市共有各类社会服务机构 2 209 家，其中养老服务机构 175 家、儿童服务机构 8 家。成立全球首个红十字国际学院。保障性住房供给增加。年内开工建设棚户区改造安置住房 30 053 套，基本建成 16 166 套。发放住房保障租赁补贴 3 625 户。全年新增缴存公积金职工 78.12 万人，年末住房公积金实缴职工人数达 382.91 万人，全年职工提取公积金 378.08 亿元。全年新增就业 17.32 万人，开发公益性岗位 8 953 个，城镇就业困难人员实现就业 3.52 万人。提供高校毕业生岗位 18.5 万个，苏州籍应届高校毕业生就业率达 98.71%。全年扶持成功创业 2.01 万人，其中引领大学生创业 2 257 人，扶持农村劳动力自主创业 2 906 人。城乡劳动者职业技能培训 4.44 万人。

苏州市的城乡一体化模式推动了城乡融合发展，主要特点是推进乡村工业化，以工业化带动市场化、城镇化，城乡面貌焕然一新。

## 第三节　统筹城乡发展的华明街模式

天津市东丽区华明街在统筹城乡发展的过程中，探索出了大城市近郊区统筹城乡发展、推进城镇化和城乡一体化的新路子，其做法包含了一系列体制机制创新，其经验可资大城市郊区推进相关改革时借鉴，其改革创新的精神具有典型和示范意义。

华明街于 2006 年撤镇建街，区域总面积为 156 平方千米，下辖 14 个行政村，农村人口 5 万多人。自 2005 年下半年开始，在天津市委市政府的领导下，华明街通过“宅基地换房”“三区联动”“三改一化”三个步骤的改革，实现了进城农民“安居、乐业、有保障”的目标。2011 年，全街 98% 的农民进入华明街集中居住，适龄劳动力就业率达 92%。同年，全街地区生产总值达到 48 亿元，三级财政税收达到 5.2 亿元，农民人均纯收入达到 1.63 万元，分别比 2005 年增长 133%、496%、85%。全街实现了医疗、养老保险全覆盖，全街 14 个村共有 22 435 人参加了天津市城镇职工养老保险，共缴纳保费近 5.5 亿元；7 426 人参加了失地农民养老保险，46 740 人参加了城镇居民医疗保险，凡男 60 岁、女 55 岁以上农民养老金人均每月 575 元。农民财产性收入大幅增加，原居住的村庄一套老宅 4 万～5 万元，置换小城镇至少一套完全产权的 80 平方米住房，价值 50 万～60 万元。华明街的农民已经成为拥有“薪金”“股金”“租金”“保障金”的“四金”农民，并正在转为城镇居民，逐步融入城市，正像农民自己所说，他们在“一样的土地”上，却过上了“不一样的生活”。

### 一、宅基地换房

华明街是天津市政府确定的第一批“宅基地换房”的试点和示范单位之一。所谓“宅基地换房”，只是形象的、便于农民理解的说法。“宅基地换房”的思路和原则概括为 26 个字：“承包责任制不变，可耕种土地不减，尊重农民自愿，以宅基地换房。”其内涵是，在国家现行政策框架内，在总体规划范围内，在不增加农民负担、不减少耕地面积的前提下划出一块土地，规划建设有利于生态宜居和产业积聚的新城镇；农民自愿以其宅基地按标准换取城镇中的住宅（一套或多套）；政府组织相关方面对农民退出的宅基地进行复垦整理，从而实现耕地占补平衡。在新建城镇中，既划出新型农民住宅区，也划出一定面积拟让开发的土地，然后将土地出让收入平衡城镇建设所需资金。以“宅基地换房”这一办法推进城镇化，有利于将布局比较分散、数量比较庞大、使用效率比较低的农民宅基地集中起来，统一整理并复耕还田，实现土地集约利用，促进“三个集中”。同时，有利于依托新城镇，加速工业和服务业的产业集聚，使农业富余人口更多地向二、三产业转移，解决其就业问题，从而促进三次产业联动发展，推动城乡产业发展一体化进程。

为支持这项改革，天津市有关部门确定华明街为城镇建设用地增加与农村建设用地减少挂钩试点单位。在具体运作中，东丽区人民政府组建了“天津市东丽区滨丽小城镇建设开发投资有限公司”（以下简称“滨丽公司”）这一投融资主体进行市场化运作。整个环节包括农民申请、签订协议、制定置换办法、确定住宅面积、住宅建设、住宅分配、土地复垦和验收、抵还建设用地指标、剩余建设用地出让、资金平衡。华明街将原有宅基地复垦为一般耕地后，达到了有关部门下达的 6 400 亩土地周转指标，实现了耕地总量不减、质量不降、动态平衡。按照以上程序，华明街规划建设农民安置住宅和配套公建 182 万平方米，2006 年 4 月动工兴建，2007 年 9 月建成，12 个村的 1.2 万户、4.2 万农民迁入新居。

“宅基地换房”涉及的 12 个村原有村庄面积 12 071 亩，建设新城镇只需要新占用土地 8 427 亩，可以节约出建设用地指标 3 644 亩，节约率达 30.19%。新占土地 8427 亩中，占用耕地 6 400 亩，水域、沟渠、农道等 2 027 亩。通过对农民宅基地复耕后，完全可以实现耕地总量的占补平衡。节约出的建设用地指标，全部用于华明街工业园区的拓展建设。小城镇建设规划中，农民住宅占地 3 476 亩，需要建设资金 40 亿元。另外的 4 951 亩土地规划为经营开发用地，通过招、拍、挂等方式出让后，收益达到 42 亿元，实现了小城镇建设资金的平衡。

华明街“宅基地换房”的做法有以下特点：

**（一）坚持以人为本，尊重农民意愿**

华明街在“宅基地换房”过程中始终贯穿了“两个自愿”的原则：农民自己申请、自愿换房，规定各村必须达到 95% 的人拥护，5% 的人不反对，才能进入宅基地换房试点；整理宅基地也必须自愿，且须有完整的法律手续。

**（二）注重科学规划，建设新型社区**

无论是选址、布局，还是楼层、户型、建筑风格、人居环境等，华明街“宅基地换房”都把科学规划放在首位，突出体现布局特色、建筑特色、生态特色、文化特色和产业特色。

**（三）创新融资模式，确保资金平衡**

作为投融资主体的滨丽公司，具有融资、建设、贷款偿还职能，公司以小城镇的经营性出让土地及其未来收益作抵押，向银行融资，最后以土地收益归还银行贷款，保证了小城镇建设的资金需求。2006 年，滨丽公司向国家开发银行贷款 25 亿元，2011 年年初全部归还了贷款。

**（四）完善公共服务，提升生活品质**

按照城市公共服务设施标准，华明街建设了九年制学校、幼儿园、中心医院、老年公寓、社区文化室、商业网点等。按照“下楼不出 300 米”的原则，规划建设了社区服务中心和休闲广场。

**(五) 重视节能环保，打造宜居环境**

华明街采取集中供热等手段，节能率高达 65%。大规模使用太阳能，为居民安装了 9 000 多套太阳能热水器；推广清洁能源，农民做饭全部使用天然气。实施雨污分流，建设污水处理设施，实现污水零排放，建立雨水回收和中水回用系统，中水全部入户；推行垃圾不落地，集中进行无害化处理；选种适宜的树种和花草，种植各类树木 5 万多株，绿荫草坪 100 多万平方米，绿化率达到 42%。初步计算，与相同规模的常规村镇相比，华明街每年可节约标准煤 1.9 万吨，减少二氧化碳排放 5 万吨，减少二氧化硫排放 478 吨，节水 50 万吨。

**(六) 实施管理创新，实现共建共享**

建立了华明街（道）办事处，对市政公用事业实行了管办分离，整合了行政执法队伍，从而建立了新型社区管理体制。在管理方式上，实行市容环卫、园林绿化管办分离，通过招投标方式，选定养管队伍。在行政执法上，实行一支管理队伍管全部。

**(七) 加大政策支持，惠及广大群众**

政策支持主要体现在安置农民的住宅建设上，让农民享受经济适用房政策，政府减免“大配套”费用，土地划拨不收出让金。农民入住小区的物业费采取补贴方式逐步过渡，资金源于市区财政税收返还和集体经济组织的收入和积累。住宅区内留一部分商业设施不出售，以出租收益回补农民。小城镇经营性土地政府收益部分全部返还，用于小城镇建设管理。小城镇建成后，新建企业交纳的各种税费在 5 年之内市、区分享部分全部返还，用于小城镇公共设施管理维护支出。市财政对小城镇基础设施、社会公益设施建设给予适当资助。

## 二、构建“三区”联动机制

随着华明街示范镇建设工作的推进，天津市不断丰富其发展的内涵，提出了农村“三区”联动的新战略。“三区”联动发展战略解决了农民集中居住后如何就业的难题，实现了农民增收、农业增效、农村增实力。从 2010 年 2 月起，华明街大力推进社区、工业园区、农业产业园区“三区”联动，通过开展“宅基地换房”，加快推进农村城镇化步伐。

**(一) 建设高新示范工业园区**

利用“宅基地换房”节约的建设用地指标，对原有的工业园区进行改造提升。华明工业园区经过 3 年的开发建设，从 2008 年的 1.1 平方千米扩展到 10 平方千米，园区投入 14.4 亿元，整理了 11 350 亩土地。投资 10 亿元，实施了基础设施建设，形成了“四横六纵”的路网体系，规划区域实现“七通一平”。投资 9 亿元，建设了 28.3 万平方米低碳产业基地，用于发展科技型中小企业和楼宇经济。2011 年，园区吸纳本地就近就地转移就业 3 000 多人，签约项目总投资超 300 亿元，全部建成后，产值将达 700 亿～800 亿元，税收 40 亿元。2012 年，该区获批为市高新技术园区。

**(二) 建设现代农业产业园区**

华明街将原有宅基地复垦后，不再种植一般大田作物，而是发展附加值高的设施农业，面积达到 8 026.7 亩，投入资金 27 亿元。如在胡张庄村、永和村复垦土地上，建设了二代日光节能温室416栋、联栋智能温室2栋，解决农民就业1 500人，每年可为城市提供有机蔬菜2 000吨。在赤土村复垦土地上建设的滨海花卉科技园区是业界规模最大的科技园，一期30万平方米智能温室基本建成。目前，华明设施农业已与都市农业、旅游观光农业、花卉园艺农业融为一体。

“三区”联动发展战略解决了农民集中居住后的就业难题，实现了农民增收、农业增效、农村增实力。

### 三、“三改一化”改革

“三区”联动发展战略的实施，使农民的生产生活方式和农村经济社会形态发生了根本性变化，原有的农村集体经济组织存在形态和管理模式难以适应发展的需要，原有的村委会管理体制难以适应新型社区管理的需要，原有的农民户籍身份难以适应农民新的生存形态的需要。从2011年7月起，天津市在华明街等地启动了“农改非”“村改居”、集体经济改股份制经济、促进城乡一体化发展的农村“三改一化”改革。2011年，华明街14个村基本完成产权制度改革和户籍制度改革，“村民改居民”工作正在进行之中。

#### （一）集体经济组织股份制改革

集体经济组织股份制改革以明晰产权主体、理顺分配关系、规范经营管理行为为核心，以清产核资、明晰产权、确定股权、量化股份、股权分配、股权管理、资产运营、收益分配、监督管理等为主要内容，建立起与市场经济相适应、成员共有、自我管理、共同富裕的集体资产管理体制和运行机制，不断提高集体资产的运行质量和经营效益，促进集体经济发展和农民持续增收。全街14个村共49 209人，2011年已完成改制认定48 268人，完成比例达98.09%。14个村的清产核资工作基本完成，共有净资产14.4亿元。股东代表和董事会监事会选举按照民主程序已完成，共选出561名股东代表、63名董事会成员及46名监事会成员。改制后公司注册手续已经通过工商部门审批。

#### （二）农业户口改为非农户口

农业户口改为非农户口，即放宽城镇居民落户条件，实行以居住地划分城镇户口和农村户口的户籍登记制度。凡是在小城镇有合法固定住所、有稳定职业或生活来源、所在村已完成集体经济组织股份制改革的农民，均可申请办理“农转非”手续。全街14个村共有49 209人，其中非农业户籍101 88人，农业户籍39 021人，2011年全街14个村的“农转非”比例达95%，基本完成户籍改变的任务。户籍制度改革后，城市居民拥有的福利待遇，转户农民都享受。同时，为平稳过渡，过去农民享有的计划生育、独生子女家庭奖励扶持政策将保持4年。

#### （三）撤销村委会组建居委会

在村集体经济组织实施股份制改革和所在村村民户籍“农转非”之后，依照法定程序撤销村民委员会，组建社区居民委员会，并相应建立社区党组织和群众社团组织。目前华明街已成立7个居委会，村委会职能逐渐向居委会过渡。

随着“宅基地换房”“三区”联动、“三改一化”改革的推进，进镇农民的就业增收和家庭财产持续增长机制日益健全，进镇农民已成为“四金”农民：

一是“薪金”农民。华明街适龄劳动力就业率达92%，基本实现充分就业，农民获得稳定的薪金来源。

二是“股金”农民。原有村集体经济组织的股份制改革，使每个农民获得了股份，领取了以固定分红为主、不固定分红为辅的股权证。同时，农民还可以资金入股新的企业，政府积极搭建可吸收改制后的村股份制企业资金和农民资金的平台。

三是“租金”农民。通过“宅基地换房”，农民换取的用于本家庭居住的房屋以外的住宅，可供出租。同时，农民原有的承包地通过流转，也可获得租金。需要特别指出的是，东丽区对城镇化过程中的被征地农民，除为其建设人均 30 平方米的居住型住宅外，还通过两种方式，保证农民的长期收益：一方面，在紧邻各产业功能区，无偿建设人均 15 平方米的小户型住宅对外出租；另一方面，结合各产业园区开发建设，兴建人均 7 平方米的商业设施或标准厂房对外出租。此外，东丽区还积极搭建平台，发展酒店、商场等高档物业经济，增加农民财产性收入。

四是“保障金”农民。即进镇农民都享有社会保障。华明街实施的“宅基地换房”“三区”联动、“三改一化”三个步骤的改革取得了显著成效，用“翻天覆地”“脱胎换骨”“立地成佛”“华丽转身”“凤凰涅槃”这样的词语，形容华明街农民生产生活发生的变化都不过分。华明街的经验已经在天津市全市推广，天津市人民政府先后批准了 4 批共 43 个镇、6 个村开展试点，规划建设农民安置住宅 5 400 万平方米，总投资 2 800 亿元。

#### 四、城乡融合新华明

2017 年，华明高新区列入国家自主创新示范区。华明高新区在当年天津市各区县工业园区考核评比中，连续五年排名第一。华明街道紧邻天津空港自由贸易区，在转变发展方式、提升社区服务功能、育民富民惠民、社会公共服务等方面走在了全市的前列，初步建成了城市管理智能、公共服务优质、人民生活富裕、人居环境协调、社会文明进步的美丽新华明，率先全面建成了高质量的小康社会。2019 年，街道常住居民人均可支配收入年均增长 10%。户籍人口城镇化率达到 100%，服务业增加值占地区生产总值的比重达到 57%，生产性服务业占服务业的比重达到 70%，城镇化发展质量内涵提升。街道深入实施市民素质提升行动计划，广泛开展群众性精神文明创建活动，完成了“三改一化”，有序安排村民选房，积极推动农民经营性设施建设，保障还迁村民长远生计，做好土地复垦、出让等工作，居民实现了安居乐业有保障、文明和谐有品位。强化保障救助精准化，确保困难群体和弱势群体基本生活。按照“土地换保障”的原则，实现了全街农民征地保险参保率 100%的目标。加快发展养老事业，提高居家养老服务补贴标准，受益群众达到 1.2 万人次。

## 第四节 各具特色的区域发展模式

在统筹城乡发展中，我国的一些地市从各自不同的区域特点出发，创造性地推进城乡一体化发展，形成了不同的特色和模式，在全国引起了强烈反响，如浙江省义乌模式、山东省潍坊模式、河南省新乡模式、安徽省芜湖模式和江西省赣州模式等，它们从更广阔的范围反映了我国实施统筹城乡发展战略取得的阶段性成果。学习和借鉴这些地区在统筹城乡发展过程中取得的经验，有助于我国其他区域结合自身特点，创造性地推进城乡一体化发展。

## 一、义乌模式

浙江省义乌市在推进城乡一体化进程中从实际出发，围绕“国际商贸名城”的发展定位，坚持以工哺农、以商强农、以城带乡、城乡融合，坚持“利民、富民、惠民、安民、新民”的发展理念，通过开展城乡规划建设、产业发展、基础设施、社会事业、社会保障、生态环境“六个一体化”工程，城市化加速推进，城市文明加速普及，城乡区域加速融合，城乡面貌发生了翻天覆地的变化。义乌市已被联合国等国际权威机构确定为世界第一大市场，被国务院批准为国家级综合改革试点区域。

### （一）“六个一体化”工程

(1) 城乡规划建设一体化。即统筹市域整体规划和功能定位，完善中心城区功能配套，因地制宜推进城乡新社区建设。

(2) 城乡产业发展一体化。即以市场繁荣带动农村经济发展，以都市农业推动农村经济发展，以工业提升助推农村经济发展。

(3) 城乡基础设施一体化。即合理配置城乡供水设施，完善城乡交通体系，实施新农村电气化工程，探索农村基础设施运营机制改革。

(4) 城乡社会事业一体化。即注重城乡教育优质均衡发展，健全城乡医疗卫生服务体系，促进城乡文化体育事业均衡发展。

(5) 城乡社会保障一体化。即优化城乡居民医疗保险制度，健全城乡居民养老保险体系，完善城乡就业服务保障。

(6) 城乡生态环境一体化。即大力推进生态村镇建设，着力改善城乡绿化环境，积极构建城乡污水和垃圾处理体系。

### （二）改革取得的主要成效

#### 1. 中心城区的辐射带动功能不断增强

义乌市从1998年开始，根据城市发展需要，坚持以“兴商建市”发展战略推动城市化进程，高标准、高起点规划城市，4次修编城市规划，城市发展空间不断拓展。

(1) 大气魄、大手笔建设城市。义乌市每年投入近百亿元资金用于城市建设，城区建成区面积以年均7平方千米的速度扩展。2016年，城市中心建成区面积达90平方千米，城市面貌日新月异，城市功能日臻完善，城市国际化综合承载能力日益增强。

(2) 新思路、新理念经营城市。义乌市在全省率先推行城镇国有土地使用制度改革，在水资源、户外空间广告经营权、出租车有偿有期使用等多个领域引进城市经营理念；纵深推进文明创建工作，先后荣获“浙江省文明示范城市”“国家卫生城市”“国家环保模范城市”“国家园林城市”“中国优秀旅游城市”等称号。

#### 2. 现代农业发展取得阶段性进展

以推进现代农业综合区、粮食生产功能区“两区”建设为龙头，都市农业、高效生态农业、旅游休闲观光农业蓬勃发展，形成瓜果蔬菜、花卉苗木、规模养殖等一批优势产业，到2010年末，全市有农业龙头企业227家，农民专业合作社191个，各级农业标准化示范区 68 个（其中省级 10 个），无公害农产品基地 289 个，总面积达 13.8 万余亩，规模农业产值已占全市农业总产值的 65%以上，农业机械化综合水平达到 72%。实现农业总产值 21.48 亿元，比 2005 年的 13.81 亿增长 55.5%，其中种植业和畜牧业分别增长 59.6%和 60.4%。

3. 经济总体平稳增长

2017 年，义乌市全年实现地区生产总值 1 158 亿元，同比增长 7.5%。实现财政总收入 142.1 亿元，同比增长 8.7%，其中地方一般公共预算收入 85 亿元，同口径增长 7.5%。有效投资持续加快增长，全年完成固定资产投资 633 亿元，同比增长 18.2%，投资结构不断优化，生态环保和环境治理业、高新技术产业、生产性服务业投资分别增长 111.8%、99.4%、24.3%。消费潜力持续释放，全市实现社会消费品零售总额 653.8 亿元，同比增长 11.5%；电子商务保持快速发展，全年实现网络零售额 1 277.1 亿元，同比增长 30.3%。出口实现平稳增长，全年出口总额 2 304.5 亿元，同比增长 4.7%，其中市场采购贸易方式出口 1 893.6 亿元，同比增长 2.3%；实现跨境电子商务交易额 747.6 亿元，同比增长 15%[6]。

4. 改革开放再上台阶

2017 年，义乌市启动国贸改革第三个实施计划和国贸改革试验区建设，关检税汇等部门出台相关政策支持义乌市改革，市场采购贸易方式进一步完善，货物通关和资金结算便利化进一步提高。深化“最多跑一次”改革，设立数据管理中心，实现数据关联共享，打破“信息孤岛”，率先推出电子证照库，身份证、营业执照、不动产登记证和结婚证四类证照信息已实现共享，探索网上办事，日均网上办件量稳居全省前列。统筹推进各大领域改革，农村土地制度改革 18 条修法建议被《中华人民共和国土地管理法（修正案）》吸收，颁发农房不动产权证两万多本，完成“集地券”验收 1 954 亩，社会信用体系示范城市创建评估位居全国前列，新获批 3 项国家级改革和 4 项省级改革。积极融入“一带一路”建设，新开通义乌至伦敦、布拉格货运班列，获批中欧班列运邮试点，与全球最大集装箱班轮公司马士基航运联手开通海铁周班专列。全力打造口岸高地，进口肉类指定口岸验收通过，进口水果、冰鲜水产品口岸获批筹建，义乌港获批国家级示范物流园区，民航机场改造提升至 4D 级，口岸平台日益完善。

5. 转型升级态势向好

2018 年，义乌农业再次提档升级，培育引进正大中央厨房、森山健康小镇、康地食品小镇等一批优质现代农业产业项目，新建认定粮食生产功能区 1.35 万亩。工业提质发展，新招引沃尔沃发动机、爱旭太阳能等 50 亿以上重大产业项目，义利动力总成顺利下线，华灿光电、瑞丰光电等项目建成投产，绿色动力小镇列入浙江省第三批特色小镇创建名单，“机器换人”成效明显，华鼎锦纶智能化工厂项目入选国家智能制造标准化和新模式项目。服务业继续发挥引领支撑作用，引进上海阜兴、安徽外经、深圳通拓、圆通浙江总部、深国际等一批重大项目，加快培育丝路金融小镇、国际电商小镇、云驿小镇等现代服务业平台，市场创新发展稳步推进，引进培育小样达客等创意设计新业态，出台五星级旗舰市场品牌管理和服务标准体系，建成“浙江制造”品牌建设功能中心。

6. 城乡品质稳步提升

深入推进城市有机更新，2018 年全市完成征迁 1.75 万户。深化城市设计大会战，与大师名家、大院名所合作编制了城中西路等 15 条精品街、湖大塘等 6 个有机更新回迁区块的城市设计方案。抓好重大基础设施建设，杭义温高铁、甬义金铁路和金义东城轨等工程加快推进，义武、义兰公路全线通车。加快构建“两环一纵两横”快速路网体系，义东高速全面竣工，环城路全立交改造基本完成，国贸大道建成通车，机场路立交化改造工程稳步推进。全域创建星级美丽乡村，成功培育以缸窑、马畈为代表的休闲观光农业典型，“至美大陈”“人文上溪”“德胜古韵”等 10 条精品线建设稳步实施，获评“两美浙江特色体验地”。

7. 城乡居民收入持续增长

2018 年，义乌城镇常住居民人均可支配收入 66 081 元，同比增长 8.7%；农村常住居民人均可支配收入 33 393 元，同比增长 9.2%。社会保障扩面提质，全年新增企业职工基本养老保险 3.99 万人、医疗保险 2.37 万人，实现户籍人口养老保险基本全覆盖，全省率先统一城乡居民、城镇职工大病保险待遇，实现“起付标准、报销比例、封顶限额”三统一，率先实施医保个人账户购买商业保险。社会事业全面进步，博物馆新馆、美术馆、大剧院等重大文化基础设施建设加快推进，乡贤图书馆和农村文化礼堂加快建设；教育加快发展，新世纪学校、义乌公学、群星二期、复旦二期等项目相继开工，持续推进阳光招生，扩建挖潜，新增 3 000 余个学位接纳外来建设者子女；深化医疗改革，与浙江大学合作共建高水平区域医疗联合体，中心医院二期、三溪堂中医保健院建成投用。就业、物价形势平稳，全年城镇新增就业 17 473 人，城镇登记失业率 2.58%；居民消费价格总水平比去年同期上涨 1%。公共服务能力继续提高，财政民生支出 75.8 亿元，占总支出比重达到 80%。住房保障体系进一步完善，保障类住房竣工 16 828 套，危旧房治理改造 21 153 户。

8. 生态环境持续改善

“五水共治”全面推进，全市地表水“水十条”国控断面、出境断面、县控及以上断面、乡镇交接断面、饮用水源地实现 5 个 100%达标。“三改一拆”强力推进，2018 年，全市拆迁 886 万平方米，拆改总量均列全省第一。治气降霾扎实推进，全面淘汰 10 蒸吨/小时以下燃煤小锅炉，空气质量优良率提升至 86%，同比提高 5.7 个百分点，PM2.5 浓度同比下降 11.6%。预计单位生产总值能耗下降率及化学需氧量、氨氮、二氧化硫和氮氧化物排放量削减率均能完成上级下达任务目标。

义乌市在统筹城乡发展过程中，大力发展特色专业市场，调动市场主体积极性，以市场带动产业和城镇发展，实现了城乡一体化发展，其基本经验有以下五点：

一是始终坚持兴商建市、以商强农，大力建设专业市场等最适宜农民致富的创业平台，帮助农民勤劳致富，切实增加农民收入。

二是始终坚持统筹规划、城乡一盘棋建设，完善城乡基础设施，切实改善农村生产生活环境。

三是始终坚持以人为本、幸福优先，全力以赴推动城乡公共服务均等化，切实改善民生。

四是始终坚持深化改革、创新机制，扎实推进统筹城乡综合配套改革，破除城乡二元体制，为农村发展注入活力和动力。

五是始终坚持党政主导、农民主体、社会参与，切实把“重中之中”的战略要求落实到组织领导、财力投放、政策制定等各个层面，调动和激发了农民群众的主观能动性，为城乡一体化发展打下了坚实的基础。

### 二、潍坊模式

山东省潍坊市辖4区6市2县和3个开发区、面积1.61万平方千米，人口862万。2019年全市实现生产总值（GDP）5 688.5亿元，按可比价格计算，增长3.7%。按常住人口计人均GDP达到60 760元，增长3.8%。在统筹城乡发展过程中，潍坊市以推动农村产权制度改革为突破口，加强村镇建设，促进了农业产业化发展，形成了具有自身特点的统筹城乡发展模式。

#### （一）推进农村产权制度改革

潍坊市把农村产权制度改革作为突破口，使农民物权资本化，让农民成为真正的“有产阶级”。

（1）推进农村集体资产经营管理体制改革。潍坊市在村集体资产经营管理体制改革中以城中村、城郊村、园区村为重点，先清产核资，确定一个时间点，按照“两个不增、两个不减”（进不增，出不减；生不增，死不减）确认农民的农村集体经济组织成员资格，将集体资产股权的80%折股量化到村民手中，改制成立股份公司或合作社（农民股份多的达10万，少的也有几千），20%仍留归集体，作为公益事业基金。实行这项改革后，农民变成了集体经济组织的股民，户籍转为城市户籍。在户籍转化过程中，计划生育问题采取留3年过渡期的办法进行处理。

（2）扩大农民有效担保抵押范围。把农村土地承包经营权、大棚、住房等均纳入担保抵押范围。

（3）推进农村土地承包经营权股权化改革。搭建土地流转平台，成立土地流转大厅，进行土地股份合作社试点，创新土地流转模式。

#### （二）统筹镇村建设发展

潍坊市把探索适合自身实际的镇村建设发展机制作为统筹城乡发展的主要支撑。

1. 全面启动城乡规划管理一体化改革

从理顺城乡规划管理体制、健全规划管理机构，明确管理职责、划分管理权限，建立规划监察、跟踪管理制度三个方面进行改革和探索，打破传统的城乡二元管理模式，逐步建立了全市城乡一体化管理的新体制。

2. 推进扩权强镇改革工作

潍坊市将县级26个部门的6大类管理权限共84项审批事项下放到镇级，赋予县级管理权限，党政领导按副县级职级配置，各县市单位在镇设分局，定位副科级。结合镇级扩权和城镇化发展的实际情况，潍坊市人民政府出台了《关于深化扩权强镇改革试点加快推进强镇向城市转型升级的意见》，确定了三个较大的镇为市级深化扩权改革、加快向城市转型升级的第一批试点镇。

3. 推进农村社区提升工作

加强合村并点，推行集中居住。在每五六个村的中心位置建设一个社区服务中心。全市形成了 1 044 个社区服务中心，逐步撤销村居组织，社区成为最基层的农村社会管理组织。坚持把土地整理、城乡建设土地增减挂钩、农村住房建设与危房改造、农村新社区建设紧密结合起来。农民集中居住后节省出来的土地指标，用于城镇建设用地指标置换，置换资金用作农民建房和基础设施使用，基本做到了农民建新家不用自己掏钱。在寿光和诸城，农村建设用地每节余 1 亩还给予 20 万元补助。

4. 推进城乡户籍配套改革

启动实施以“三化一机制”为主要内容的城乡户籍管理一元化配套改革。推进户籍管理一元化，引导农村居民向城镇和农村新型社区有序转移。推进农村产权资本化，资本要素市场化配置。推进城乡基本公共服务均等化。以农村集体经济组织成员为核心依据，构建社会管理服务新机制。

**（三）推进农业产业化经营**

潍坊市注重发挥自身优势，把深化农业产业化经营作为统筹城乡发展的重要内容，收到了较好的成效。

1. 强化农产品质量安全区域化建设

按照农产品质量安全区域化建设的发展规划和推进思路，潍坊市狠抓源头控制和管理服务体系建设。构建起覆盖全市的农产品质量检测体系，除市里建有农产品、渔业产品、畜产品质量检测中心外，诸城、寿光、昌乐、临陶、青州等地均建立了农产品质量检测中心。其中，寿光、诸城的农产品质量检测中心还通过了省级质量认证。潍坊市主要种养区的农产品质量安全区域化建设覆盖率已达 70%以上。

2. 加大农民专业合作社建设力度

围绕提高农民组织化程度，潍坊市一方面抓发展，另一方面抓规范，促进了农民专业合作社的快速发展。全市有农民专业合作社 4 178 个，入社成员 30.2 万户，带动农户 90.6 万户。

3. 完善农产品流通体系

抓好商务部农产品现代流通综合试点项目建设，实施“万村千乡市场工程”，开展农超对接、试点，全面提升农村电子交易市场建设水平，重点完善寿光农产品物流园综合功能，打造在全国有较大影响力的蔬菜集散中心、价格形成中心、信息交易中心、物流配送中心和蔬菜标准形成中心。

**（四）统筹城乡发展成效突出**[7]

1. 乡村振兴全面推进

2019 年，全市新增国家级产业强镇 2 个、龙头企业 2 家，省级田园综合体 3 家、现代农业产业园 3 个、“新六产”示范县 2 个。新增省级美丽乡村示范村 43 个，完成建制镇改厕 4.8 万户、涉农街道改厕 17.3 万户。整合涉农资金 68.6 亿元、新增涉农贷款 243.6 亿元，工商资本下乡新增 52 亿元。全市创建为“国家农产品质量安全市”。全国蔬菜质量标准中心 2 项标准填补国内空白。北京大学现代农业研究院引进 4 个高层次人才团队。脱贫攻坚成果持续巩固，2019 年全潍坊市财政专项扶贫资金投入 17 694.2 万元，增长

14.4%，实施年度产业扶贫项目266个。全市累计投入3亿元，为7.6万建档立卡贫困人口落实“两不愁三保障”和饮水安全政策措施。污染防治持续加力，市区联动全力推进中心城区6家重污染企业搬迁或关停，市控以上重点河流全面消除劣Ⅴ类水质。积极化解金融风险，截至年末，辖区银行业不良率1.69%，较年初下降0.42个百分点；处置不良贷款216.9亿元，其中核销116.7亿元。

2. 保险业健康发展

2019年，驻潍保险机构75家，其中，财产险机构34家，人身险机构41家。保险业提供风险保障6.3万亿元，增长35.4%。保费收入250.7亿元，增长3.8%，赔给付67.8亿元，下降3.6%，其中，财产险保费收入66.5亿元，增长4.8%，赔付40.5亿元，增长1.1%；人身险保费收入184.2亿元，增长3.5%，赔给付27.3亿元，下降9.8%。

3. 教育事业健康发展

2019年，全市高等教育学校15所，在校学生23.8万人。中等职业学校33所，在校学生7.1万人。普通高中59所，在校学生16.4万人。初中303所，在校学生32.6万人。小学731所，在校学生56.8万人。幼儿园1 871所，在园幼儿28.7万人。新改扩建中小学81所、幼儿园162处，新增学位7万个。7个县（市、区）率先接受省级义务教育优质均衡县评估。

4. 卫生服务水平不断提高

2019年，全市各级各类医疗机构共7 974家，床位6.3万张，卫生技术人员7.2万人，其中执业（助理）医师3万人，注册护士3.2万人。建成覆盖全市镇街的各类“医联体”78处，其中县域医共体20个、医疗集团8个、专科专病联盟35个、远程医疗协作网15个。开展“万名村医能力提升计划”，培训乡村医生3 735名。建成14个省级、80个市级、376个县级“示范标准村卫生室”。完成66处甲等卫生院、64处乙等卫生院等级评价。在全国率先实施“基层首席公共卫生医师”制度。

5. 城乡居民收入不断提高

2019年，城镇居民人均可支配收入41 664元，增长6.7%；城镇居民人均消费性支出26 103元，增长6.9%。城镇居民人均住房建筑面积40.4平方米。农村居民人均可支配收入20 369元，增长8.8%；农村居民人均消费支出13 231元，增长9.1%。农村居民人均住房建筑面积39.9平方米。

### 三、新乡模式

新乡市地处河南省北部，北依太行，南邻黄河，与省会郑州隔河相望。全市辖12个县（市、区），1个城乡一体化示范区，2个国家级开发区，总面积8 249平方千米，人口617万，是全国文明城市、国家卫生城市、国家园林城市、中国优秀旅游城市、全国农村改革试验区、郑洛新国家自主创新示范区、“中国制造2025”试点示范城市。2006年以来，新乡市按照“做强主城、膨胀县城、发展集（聚区）镇、建设新村”的思路，坚持以中心城市为主体、以产业集聚区和新型农村社区为载体的“一个主体、两个载体”的统筹城乡发展理念，突出城镇化，协调推进工业化、农业现代化，着力构建主城区现代化、县域镇村一体化发展的新格局。

**（一）统筹城乡发展规划**

新乡市坚持规划为先，通过科学规划引导城乡建设。编制完成了《新乡都市区及拓展区总体发展规划》《产业集聚区发展规划》《土地利用总体规划》和36个重点镇“三化”协调发展规划，以及教育、卫生等专项规划，按照“政府引导、规划先行、就业为本、量力而行、群众自愿、循序进行”的原则，将农民建房纳入城镇体系加以规划引导[8]，将全市3 571个行政村规划整合为1 050个新型农村社区，着力形成合理的城镇体系、人口分布、产业布局和就业结构。在社区建设中，高品位设计农民建房户型，配套完善基础设施和公共服务设施。按照“产城融合、镇村一体”的原则，编制了30个产业集聚区发展规划，将产业集聚区和新型农村社区建设紧密结合，实现了农民就近就业、就地转移。

**（二）建设新型农村社区**

新乡市在新农村建设过程中，按照分类指导、先易后难、分批推进的原则，先行启动了县城规划区、重点镇、干线公路两侧、产业集聚区周边条件较好的369个新型农村社区的建设。2012年已累计投资106亿元，启动了303个社区的建设，入住农户5.36万户。

（1）按照城市社区标准建设新型农村社区，做到规划一步到位，建设分步实施[9]。新型农村社区建设质量高、品位高，配备有完善的水电路气、污水处理等基础设施和学校、医院、社区活动中心等公共服务设施。

（2）出台优惠政策引导农民入住新型社区。社区内所有公共基础设施建设的投入，全部由政府承担。政府给予农民建房资金补贴或补助建筑材料，提供给农民1万～10万元的建房贷款。对于拆除旧房的，政府根据旧房的评估价值，给予农民一定比例的拆迁补助。入住社区的农民，享受与城镇居民同等的教育、医疗、低保、社保、就业待遇，同时保留原有的土地承包权、计划生育等国家惠农补贴政策。政府加大对社区教育、医疗、文化设施的政策倾斜，吸引农民进入社区居住。

（3）在实施建设中，严格执行“五项标准、一票否决”工作制度。“五项标准”指建设规划群众认可、上级批准，被整合村庄无新批宅基地，新占用土地手续合法，基础设施和公共服务设施开始建设，农民开始在社区建房；“一票否决”指必须尊重群众意愿，不强迫命令，否则一票否决。通过“群众自建、集体统建、招商建设和社会援建”四条路径，新乡市初步形成了“城中村改造型、旧村完善型、村庄合并型、产业带动型、服务共享型、整体搬迁型”六种农村新型社区建设模式。

（4）新乡市首批启动的369个新型农村社区，全部建成后可节约土地24万亩，节地率近48%。在节约的土地中拿出10%进行复耕，用于增加耕地面积，做到占补平衡。剩余的土地一部分作为集体建设用地，整合到产业集聚区，用于发展农村二、三产业，一部分通过置换调整为国有建设用地，土地收益全部用于新农村建设和公共服务设施建设，切实保护农民权益。

**（三）积极培植支撑产业**

新乡市依托城市、县城、集镇和原有产业基础，在全市规划建设了30个产业集聚区，引导城市工商业向集聚区集中、城市资本向农村流动、农民就近转移就业[10]。30个产业集聚区辐射了新乡市半数以上乡镇、三分之一的行政村和100多万农村人口，2012年集聚区规模达 124.6 平方千米，工业产值占全市的 64.2%，吸纳劳动力就近就业 46.9 万人，成为承载农民创业就业的主要载体。

**（四）着力破解城乡统筹难题**

新乡市先后出台了 66 项政策措施，探索破解城乡二元体制的路子。

（1）破解土地难题。对于在村庄原址重建的社区，严格按照社区建设规划实施，不占或少占耕地。对于异地新建的社区，政府每年拿出土地总量指标的 10%（约 5 000 亩）作为新型农村社区建设的周转指标（周转期为 3 年），用于先期启动的新型农村社区建新区。同时严格按照和村民签订的协议，及时收回已经启动社区住房的旧宅基地，由县人民政府组织拆除复垦，用于归还周转指标。2012 年通过新型社区建设，确定整体拆迁村 41 个，已拆除旧宅基地 2.166 万亩，复耕 6 492 亩。

（2）破解资金难题。新乡市本级财政每年安排专项资金 1 亿元，各县财政每年安排不少于 3 000 万元统一上缴市财政，整合中央下拨各县（市、区）转移支付的各项涉农资金 1.5 亿元，每年可整合资金约 6.4 亿元，用于新型农村社区建设。组建新乡投资集团，融资能力达 40 亿元，13 家省定产业集聚区融资平台注册资本近 10 亿元。组建惠农发展投资担保公司，为镇区和新社区基本建设搭建融资平台。组建农村公益事业基金会，接受企业捐赠支持新社区建设。通过多方整合，集聚资金用于农村社区建设。

## 四、芜湖模式

芜湖市是国家长江三角洲城市群发展规划的大城市、全国文明城市、数字经济百强城市，2019 年实现地区生产总值 318 亿元，全年实现财政收入 621 亿元。全年城镇常驻居民可支配收入 42 064 元，农村居民可支配收入 22 745 元。在统筹城乡发展过程中，芜湖市以土地整治为抓手，最初以土地整理复垦开发为主，主要目的是补充耕地、实现占补平衡。

2006 年以后，芜湖市开展建设用地置换，主要是解决城镇建设用地供需矛盾。2008 年以来，芜湖市逐步形成土地整治整村推进新模式。所谓土地整治整村推进，就是把土地整理复垦开发、城乡建设用地置换和新农村建设结合起来，以村为单位，通过实施村庄合并、新村建设和土地流转，促进农民居住向中心村镇集中、农业向适度规模经营集中、工业向园区集中，一揽子解决工业化、城镇化“缺地”，新农村建设“缺钱”，耕地保护“缺动力”，城乡统筹“缺抓手”等发展难题，通过土地整治整村推进，较好地统筹了城乡资源，做到了工业化、城镇化、农业现代化发展相互促进、相互提高[11]。

**（一）科学编制土地利用总体规划，保障城乡依法依规统筹用地**

芜湖市根据城镇建设规划和相关专项规划，组织编制和完善了农村村庄布点规划、村庄建设规划和土地整治整村推进规划，明确土地整治的目标任务、区域布局、实施计划和保障措施[12]；统筹土地利用、村庄建设、基础设施建设、产业发展、生态环境、社会事业等。在项目选择过程中，政府充分考虑土地整治项目实施是否具有新增耕地和建设用地置换的潜力，是否有利于土地流转和发展主导产业，村集体经济组织是否具有积极性，项目区群众是否愿意等因素，对不能保障项目顺利开展的村庄，原则上不纳入选址范畴，并与土地利用总体规划相衔接。

**（二）大力实施土地整治，用足用好土地指标及收益**

芜湖市将经省国土资源厅验收确认的建设用地整治指标，按不低于30%的比例留给先行复垦置换建设用地所在农村集体经济组织和镇人民政府，用于安置小区和镇村的公共配套服务设施建设等。留用置换指标在2年内没有使用完毕的，剩余指标可有偿转让，所得纯收益全额返还所在集体经济组织，用于农村土地整治、新农村（含安置区）基础设施建设，提高置换复垦土地的质量等。市人民政府收储全市三县境内节余新增耕地和建设用地置换指标，由市财政安排专项资金按市场平均价格予以及时支付[13]。

**（三）着力推进新型农村社区建设，加快农村城镇化步伐**

芜湖市土地整治安置小区由各县（区）人民政府、开发区或项目所在地镇人民政府负责统一规划建设，原则上建设多层以上住宅楼。对土地整治整村推进项目区（先行复垦区）内自愿放弃宅基地使用权的农户，到市区、县城购买商品房的，由实施主体发放每人不低于4万元的购房奖励补贴，自愿放弃宅基地使用权的农户，今后不得再申请宅基地建房。对土地整治整村推进项目区（先行复垦区）内自愿放弃宅基地使用权，不愿购买商品房的，按农村集体土地拆迁安置补偿政策安排安置房。自愿放弃宅基地使用权安排安置房的农户，今后不得再申请宅基地建房。同时，推进廉租房、经济适用房、公共租赁住房向中心镇的集中安置区延伸。改进户籍管理，按照实际居住地登记户籍的原则，进城进镇居住的农民，凭房产证或镇（办事处）审核的农民集中居住区安置审批手续，以及镇国土资源管理所原住房拆除验收手续登记户籍。

**（四）积极推进土地流转，实行土地规模经营**

芜湖市在推进土地流转过程中，一是积极建立土地承包经营权预流转制度。镇（村）土地流转服务中心（站）接受农民自愿“存”入的土地（经营权），通过招商引资，将土地（经营权）转让给经营主体，以确权不确界的形式，促进土地流转和规模经营。二是积极探索、有序推进“两置换一转化”。探索土地承包权和宅基地流转新机制，鼓励引导农民以土地承包经营权置换失地农民基本生活保障，以农村住房（宅基地）置换城镇住房，加快农民进城进镇步伐，促进农民向城镇居民的转化。三是坚持多主体、多形式推进农村土地流转。积极鼓励农户采取转包、转让、出租、互换、股份合作等形式流转土地承包经营权，允许并提倡农户委托村集体或镇土地流转服务中心流转其承包土地，大力支持农村集体经济组织参与土地流转开发，引导企业资金、村集体资金、农户个人资金“三资”投入流转项目，积极引导农户将土地承包经营权折价入股，建立土地股份合作社，实行统一经营，按股保底分红。

## 五、赣州模式

江西省赣州市是一个欠发达的农业大市，有8个国家扶贫开发重点县。为系统解决农村改革发展的规划、机制、途径、组织保障，以及农村税费改革后乡村职能转变等问题，赣州市经过不断探索和实践，找到了一条统筹城乡发展的新路子。从2004年9月开始，赣州市以发展新产业、建设新村镇、培育新农民、组建新经济组织、塑造新风貌、创建好班子（简称“五新一好”）为主要内容，开展了以社会主义新农村建设为抓手的统筹城乡实践，创造了“五新一好”整体推进的赣州模式，农村面貌得到较大改观。

**(一)农村经济取得长足发展,农民增收步伐加快**

赣州市农村经济稳定增长,农民人均纯收入稳步增长。赣州市农村人均收入从2004年的2 553元增长到2010年的4 182元,增幅达64%[14],农村基础设施建设迈出较大步伐。乡镇通水泥路率为100%,行政村通公路和通水泥路的比率分别为95.75%和74.75%。新建成农村客运区乡站75个,便民候车亭860个,全市已开通农村客运班线50条,乡镇班车通达率达100%,行政村班车通达率达86.75%。赣州市实施了农村安全饮水供水工程,解决了农村110.5万人饮水不安全问题;对417座大中型病险水库实施了除险加固;完成水源工程1 263座,改造渠道6 554千米,新增有效灌溉面积28.76万亩,新增旱涝保收面积35.2万亩,提高了农村的防洪抗旱能力。

赣州市林业生态建设成效显著,造林绿化429.12万亩,森林覆盖率由74%提高到76.2%,大大超过全国平均水平,为江西省之最。水土流失得到有效控制和治理,完成小流域治理112条,治理水土流失465万亩。农村能源建设取得新进展,全市建设小水电站1 083座,装机容量73.3万千瓦。农业机械化水平明显提高,累计发放农业机械购置补贴超过3 000万元,全市农业机械总动力达到480万千瓦,增长20%;耕种收获综合机械化水平达到40%。

**(二)现代农业建设稳步推进,农业产业水平明显提高**

到2010年年底,赣州市全市农业优势主导产业初具规模。全市果业总面积达到263万亩,其中脐橙面积160万亩,年产量达120万吨,赣州市已成为种植面积世界最大、年产量世界第三和全国第一的脐橙主产区。生猪生产稳定在500万头左右的水平,油茶面积达164.6万亩,面积居全省第二位,成为江西省油茶主要产区。纸业原料林面积达162.09万亩,蔬菜面积达163.15万亩。花卉苗木、烟叶、草食畜禽、特种水产、竹业、黄鸡等区域特色产业的规模也有较大发展。

赣州市优势产业规模化、集约化水平不断提高,全市千亩以上脐橙基地260个,万亩以上脐橙基地26个,脐橙出口基地12万亩,有机脐橙基地2.6万亩;万头以上规模养猪基地53个,生态畜牧小区246个。有33个乡镇、415个村达到农业部❶颁布的"一村一品"专业乡镇、村标准。农业龙头企业和农产品加工企业大发展,产业层次得到明显提升,一大批知名企业落户赣州市,亚洲最大的橙汁生产线、国内最大的甜叶菊生产线、全省最大的油茶深加工生产线相继投产。

2010年,赣州市销售收入500万元以上的农业龙头企业381个,其中超亿元的40个,分别比2006年增加147个和21个,全市农产品商品率达到67.7%,比2006年提高了32%。2010年实现农业总产值337.7亿元、农业增加值211.89亿元,分别比2006年增长61.57%、56.28%。全市农业标准化生产发展迅速。已建立国家级农业标

❶ 2018年3月,根据第十三届全国人民代表大会第一次会议批准的《国务院机构改革方案》,将农业部的草原资源调查和确权登记管理职责整合,组建中华人民共和国自然资源部;将农业部的监督指导农业面源污染治理职责整合,组建中华人民共和国生态环境部;将农业部的职责整合,组建中华人民共和国农业农村部;将农业部的渔船检验和监督管理职责划入中华人民共和国交通运输部;将农业部的草原防火整合,组建中华人民共和国应急管理部;将农业部的草原监督管理职责、自然保护区、风景名胜区、自然遗产、地质公园等管理职责整合,组建中华人民共和国国家林业和草原局,由自然资源部管理;不再保留农业部。

准化示范区 24 个，创建省级以上无公害农产品基地 102 个，建成省级无公害果品基地 110 万亩、全国绿色食品原料（脐橙）生产基地 4 个、脐橙出口基地 59 个。发展无公害农产品 65 个、绿色食品 53 个、有机食品 24 个，省著名商标（江西名牌产品）32 个，国家驰名商标（中国名牌产品）1 个。赣南脐橙产业列入国家 11 大优势农产品区域规划，获得国家“地理标志”产品保护、“中华名果”荣誉称号，赣南脐橙生产基地被批准为“全国农产品加工业示范基地”，“赣南脐橙”品牌荣获全国“十佳区域农产品公用品牌”之首。

**（三）村镇规划建设水平不断提高，农村人居环境明显改善**

赣州市在江西省率先全面完成了所有乡镇、行政村和 20 户农户以上自然村的规划编制，实现了村镇规划全覆盖，全面启动了村庄布局规划，合理布局县域范围内的小城镇、中心村（新社区）和可保留的自然村。在全市所有乡镇建立了村镇规划建设管理所，行政村有规划协管员，村庄有规划监督员，基本建立了城乡一体的规划建设管理体系。

农民的规划意识得到较大提高，农村乱建房的现象有了明显改变。赣州市按照规划要求，整治建设了 16 500 多个村庄，累计拆除“空心房”1 719 万平方米，拆除废弃栏厕 783.5 万平方米；完成改水 60.3 万户，改厕 55.7 万座，改造通村组道路 1.2 万千米；硬化入户便道 2.9 万千米；新建人畜分离区 198.9 万平方米；新种绿化树 600 多万株。积极开展了“农村清洁工程”，按照“减量化、资源化、无害化”要求，对农村垃圾实行分类处理，建立农村卫生保洁长效管理机制，建成大、中型环保焚烧炉 1 个，小型环保焚烧炉 141 个，成立乡镇环卫站 276 个，聘请村保洁员 1.2 万人。农业资源污染治理全面展开，新建户用沼气池 11 万座，年处理生活污水、有机垃圾及养殖粪污 1 200 万吨，应用测土配方 700 多万亩，推广生物防治 80 多万亩，使用生物有机肥 35 万亩。全市建成了一批规划科学、功能齐全、环境优美、品位较高、富于特色的新村庄，农村人居环境得到极大改善。

**（四）农民教育培训体系更加健全，农民综合素质有了新的提高**

初步建立以赣州市农校为龙头，以县乡农民学院（培训中心）为骨干，集农业技术培训推广、教材编写、师资培训，以及农业信息交流为一体的新型农民教育培训体系和农民教育培训工作机制。全市还建立了以赣州市农业信息中心、赣州农网、农业科教频道、《农民》周刊、农民手机报、“12316”三农服务热线、农村远程教育网、移动短信群发平台、镇农民服务中心为载体的农民教育培训服务平台，在培训载体上实现了由单一的课堂培训向网络、电视、报纸等多方位、立体式的系统培训转变。

实施农民知识化工程，每年培训农民近 40 万人次，有 71.3 万农民获得了初级以上职业技能资格证书。按照“一村一名大学生计划”和贫困村“一村一名中专生计划”，培养了 3 475 名大专毕业、1 405 名中专毕业的“有知识、懂技术、留得住、用得上”的新型农民。农民群众的农村实用技术和职业技能明显提高，致富能力不断增强，农民的科技素质、文化素质、经营素质、健康素质和道德素质进一步提升，在新农村建设中的主体作用得到发挥，农民自我发展的能力明显增强。

**(五)农村新经济组织发展步伐加快,农民组织化程度不断提高**

农民合作经济组织数量和规模大幅提高,农民组织化程度大幅提升。全市发展新经济组织3 500多个,成员7.8万个,带动农户36.3万户,占总农户的22%。其中登记注册农民专业合作社1 413个。农民专业合作经济组织的合作内容由主要集中在技术培训、提供信息、代购代销方面,拓展到统一生产技术标准、统一品牌、统一销售等方面,与社员间利益联结更加紧密,社员的能力有了明显提高。50%以上的合作社实现了从产前生产资料、种子(种畜)供给到产中技术和生产经营服务,再到产后产品营销的全程经营服务,大幅提升了服务能力和服务水平,有力地推动了农业产业结构调整,农业产业化、农产品市场化和农民组织化程度不断提高。

**(六)农村社会事业全面发展,文明健康的农村新风貌初步形成**

赣州市开展城乡学校结对帮扶活动,城乡学校帮扶工作制度更加健全;组织农村学校开展"教育质量管理年"活动,全面提高教育教学质量;开展农村中小学校舍改造工程,农村学校D级危房全面消除。农村文化事业有新的发展,赣州市实施了"百乡千村万户"文化工程和"万村书库"工程,建成乡镇综合文化站84个、村文化活动室986个、文化中心户2 350户;广播和电视综合覆盖率分别达到97.2%和98.5%。新建农村卫生业务用房15.4万平方米,改造业务用房10.5万平方米,农村卫生基础设施建设步伐明显加快。新型农村合作医疗覆盖农业人口695万人,参合率达93.5%。农村文明信用体系初步形成,全市共创评"文明信用农户"21.8万多户,创评率达12%,利率优惠放贷89.3亿元。农民的生产方式、思维方式、生活方式和价值观念逐步转变。

# 参 考 文 献

[1] 成都市统计局,国家统计局成都调查队. 2019年成都市国民经济和社会发展统计公报[N]. 成都日报,2020-03-28(4).

[2][3][5] 江苏省苏州市委农村工作办公室. 积极推进城乡一体化改革发展[J]. 江苏农村经济,2014(2):21-22.

[4] 苏州市统计局. 2019年苏州市国民经济和社会发展统计公报[EB/OL]. (2020-06-03)[2020-06-08]. http://www.suzhou.gov.cn/szsrmzf/tjxx3/202006/e941efbd2a484546b828075691d04449.shtml.

[6] 义乌市统计局. 2017年义乌市国民经济和社会发展统计公报[EB/OL]. (2018-10-04)[2019-07-10]. http://www.yw.gov.cn/col/col1229146127/index.html.

[7] 潍坊市统计局. 潍坊市2019年国民经济和社会发展统计公报[N]. 潍坊日报,2020-03-24(2).

[8] 陈涛. 河南省新乡市城乡一体化研究[D]. 郑州:郑州大学,2009.

[9] 黄延信,闫辉,李伟毅. 建设农村新社区:河南省新乡市统筹城乡发展的调研报告[J]. 农村工作通讯,2010(15):50-52.

[10] 孙占和. 河南新乡统筹城乡发展情况考察报告[N]. 盘锦日报,2010(4).

[11] 韩心灵. 统筹城乡发展,促进安徽城乡一体化研究[J]. 安徽商贸职业技术学院学报:社会科学版,2010(3):18-22.

[12][13] 隗玮. 安徽省统筹城乡发展的理性思考[J]. 经济问题探索,2005(12):116.

[14]　任继众．“赣州模式”是这样创造的［N］．赣南日报，2009（12）．

## 思考与测试

**一、思考题**

1．通过成都模式的学习，你认为在推进统筹城乡发展中如何让农民“当家作主”？

2．苏州市城乡一体化的改革思路和实践可概括为哪几个方面？

3．推进乡村工业化，以工业化带动市场化、城镇化的苏州模式，对我国新农村建设有什么借鉴意义？

4．天津市华明街是通过哪几个步骤实现“华丽转身”的？

**二、测试题**

（一）填空题

1．成都市统筹城乡发展改革实践有其内在的逻辑和清晰的思路，就是从改变外在形态的（　　），到创新内在机制的“六个一体化”，再到以农村产权制度改革为核心的农村工作四大（　　），现又全面提升，将城市定位为“世界现代田园城市”。

2．成都市以科学规划为先导，推进工业向（　　）区集中、引导农民向城镇和（　　）集中、推动土地向适度（　　）集中，促进新型工业化、新型城镇化和农业现代化联动发展。

3．成都市通过推进（　　）一体化、城乡产业发展一体化、城乡市场体制一体化、城乡基础设施一体化、城乡公共服务一体化、城乡管理体制一体化等“六个一体化”，大刀阔斧破除（　　）体制，全方位构建城乡统筹、科学发展的体制机制。

4．成都市近年来实施的农村产权制度改革、农村新型基层（　　）建设、村级公共服务和社会管理改革、农村土地（　　）“四大基础工程”，就是在解决“三农”问题上打基础、管长远的重大举措，抓住了根本。

5．2009 年 12 月，成都市委按照科学发展观要求和“（　　）、社会公正、城乡一体”的核心理念，确立了建设世界（　　）城市的历史定位和长远目标。

6．成都市的城乡一体化实践，形成一个城市是现代城市，农村是现代农村，现代城市和现代农村（　　），现代文明和历史文化（　　）的新型城乡形态。

7．苏州已形成城乡一体化发展的政策导向，建立了（　　）发展的机制，城乡一体化的（　　）逐渐形成，城乡居民收入缩小至 2∶1 的全国领先水平。

8．2010 年，苏州市颁布了鼓励农民进城进镇落户的政策实施意见，鼓励、引导农民（　　），使农民真正在城镇落户，真正享受与城镇居民同等的权益和（　　），平等地享受改革发展成果。

9．苏州市按照“资源资产化、资产资本化、资本（　　）”的思路，着力发展农村社区股份合作制、土地股份合作制、农民（　　）制等合作经济组织。

10．苏州的城乡一体化模式，主要特点是推进乡村（　　），以工业化带动市场化、（　　），促进城乡协调发展。

11．华明街通过（　　）、“三区”联动、“三改一化”三个步骤的改革，实现了进城农民“安居、乐业、（　　）”的目标。

12. 华明街“宅基地换房”的思路和原则概括为26个字：（　　）不变，可耕种土地不减，尊重（　　），以宅基地换房。

13. 华明街实施的“宅基地换房”“三区”联动、（　　）三个步骤的改革取得了显著成效，用“翻天覆地”“脱胎换骨”“立地成佛”（　　）“凤凰涅槃”这样的词汇，形容华明街农民生产生活发生的变化都不过分。

14. 浙江义乌模式的主要特点是大力发展（　　）市场，调动市场主体积极性，以市场带动（　　）发展，实现了城乡统筹发展。

15. 河南新乡市依托城市、县城、集镇和原有产业基础，在全市规划建设了30个产业集聚区，引导城市（　　）向集聚区集中、城市资本向（　　）流动、农民就近转移就业。

16. 安徽省芜湖市通过实施村庄合并、新村建设和土地流转，促进农民居住向（　　）集中、农业向适度规模经营集中、工业向（　　）集中，一揽子解决工业化、城镇化“缺地”、新农村建设“缺钱”，耕地保护（　　）、城乡统筹“缺抓手”等发展难题。

17. 江西省赣州市是一个欠发达的农业大市，开展了以（　　）建设为抓手的统筹城乡实践，创造了（　　）整体推进的赣州模式，农村面貌得到较大改观。

（二）单项选择题

1. 成都市实行的（　　）制度是落实耕地保护责任的一道“城墙”。

A. 议事会　　B. 耕保基金　　C. 耕地保护卡　　D. 民主议决

2. 天津市东丽区华明街在统筹城乡发展中，探索出了大城市（　　）统筹城乡发展、推进城镇化和城乡一体化的新路子。

A. 主城区　　B. 远郊区　　C. 城中村　　D. 近郊区

3. 在统筹城乡发展中，过上了“一样的土地，不一样的生活”的是（　　）的农民。

A. 重庆市　　B. 苏州市　　C. 天津市华明街　　D. 成都市

4. 华明街的农民已经成为拥有“薪金”“股金”“租金”“保障金”的（　　）农民，并正在转为城镇居民，逐步融入城市。

A. 四金　　B. 新型　　C. 传统　　D. 有钱

答案见第208页“附录　测试题参考答案”。

# 第八章 新型工业化

**内容提要：**

2002年，党的十六大提出了以信息化建设带动工业化发展，以工业化发展促进信息化建设，走中国特色的新型工业化道路的要求，我国的工业化开始了从传统的以重工业为主的工业化向新型工业化的转变。

工业化表示国民经济及各个产业领域的进步与发展变化的过程。我国的工业化始于中华人民共和国成立之时，经历了一个从优先发展重工业，到推动消费导向型工业化的发展，再到转向新型工业化发展道路的曲折过程。进入21世纪后，国家在对我国已进入工业化中期阶段作出科学判断后，迅速调整了工业化的发展战略，大力推动工业化从主要依靠资本投入，向主要依靠技术进步的增长方式转变。

我国的新型工业化，有科技含量高、经济效益好、资源消耗低、环境污染少、人力资源优势得到充分发挥五个方面的内涵要求，具有工业化与信息化融合发展、工业化与城镇化互动发展、三次产业协调互动发展、全球性开放合作发展四个方面的特征。

我国的新型工业化，有新的发展要求和目标，有新的物质技术基础，有新的工业化发展战略。与传统工业化相比，新型工业化强调信息技术的应用和对传统产业的渗入与改造，强调与资源和环境的可持续发展与和谐发展，强调在全球产业分工中，实现产业结构优化和资源全球配置，强调"以人为本"的人力资源开发理念等。

我国发展新型工业化，还必须克服二元经济结构的制约，资源和环境的双重约束等不利因素，确立全面、协调、可持续发展的理念，实施以自主创新为核心的战略，变人口多的劣势为人力资源优势，切实转变工业的发展方式。新型工业化的实现途径，主要包括工业化与信息化协调互动、工业化与城市化协调互动、三次产业协调互动三个方面，以实现工业大国向工业强国的转变。在推进新型工业化发展过程中，我国需要处理好调整存量和做优增量、改造提升传统产业和培育发展新兴产业、产业发展与城镇建设、现实需求与潜在需求、实体经济与虚拟经济、中央调控与地方发展六个方面的关系。

我国现在总体上已到了"以工促农、以城带乡"的发展阶段，要通过构建工业化带动农业、农村发展的市场机制，促进工业化与统筹城乡发展的互动，加强政府在工业化促进统筹城乡发展过程中的引导作用等，发挥工业反哺农业的作用，促进城乡一体化发展。

**学习指导：**

了解我国工业化发展的历史进程，了解制约我国新型工业化发展的不利因素，了解新型工业化与传统工业化的主要区别；掌握工业化的概念，掌握新型工业化的内涵要求、主要特征和实现途径，掌握我国工业反哺农业，促进城乡一体化发展的主要措施。

**实践建议：**

在教师的指导下，学生就近开展工业企业走访活动，了解国家实施新型工业化战略对企业发展的影响，形成500字的调研报告。

党的十六大，中央从国家发展的战略全局出发，提出了以信息化建设带动工业化发展，以工业化发展促进信息化建设的要求。在十六大报告中，中央明确提出我国的工业化要走出一条“科技含量高、经济效益好、资源消耗低、环境污染少、人力资源优势得到充分发挥”的具有中国特色的新型工业化道路。党的十六大后，我国的工业化开始了从传统的以重工业为主的工业化向新型工业化的转变。

## 第一节　我国工业化发展的历史进程

工业化表示国民经济及各个产业领域的进步与发展变化的过程。我国的工业化始于中华人民共和国成立之时，并经历了一个从优先发展重工业，到推动消费导向型工业化的发展，再到转向新型工业化发展道路的曲折过程。进入 21 世纪后，国家在对我国已进入工业化中期阶段作出科学判断后，迅速调整了工业化的发展战略，并大力推动工业化从主要依靠资本投入，向主要依靠技术进步的增长方式转变。

### 一、工业化的内涵

西方发展经济学所定义的工业化，是工业在国民收入和劳动人口中的份额连续上升的过程。这个过程有两个基本的特征，一是来自制造业的活动和第二产业国民收入的份额一般会上升，二是从事制造业和第二产业的劳动人口，一般也表现为上升的趋势。

西方发展经济学将工业化定义为“工业相对于农业，其比重不断上升的过程”，这种定义强调了产业结构的变化，无疑反映出工业化的核心内容。但是，这一定义也有明显的不足，一方面，它容易导致人们忽视农业而过度追求工业；另一方面，它仅以经济结构的变化来定义工业化，不仅忽视了各产业内部的专业化，更忽视了工业化的非产业内容。因此，仅将工业化界定为一个产业结构长期不断变化的概念是远远不够的，必须将伴随着产业结构的变化所发生的一系列相应变化也要反映在内。也就是说，工业化应该是广义的工业化。

1945 年，我国学者张培刚在其博士学位论文《农业和工业化》一书中，把工业化定义为：“工业化是一系列基要的‘生产函数’连续发生变化的过程，这种变化可能最先发生于某一个生产单位的生产函数，然后再以一种支配的形态形成一种社会的生产函数，而遍及整个社会。……从已经工业化的各国的经验来看，这种基要生产函数的变化，最好是用交通运输、动力工业、机械工业、钢铁工业诸部门来说明。”接下来，他又说：“我们的定义可以表明已往两个世纪中经济社会的主要变化，而且可以将工业发展及农业改革都包括在内。”因此，工业化不仅包括制造业的机械化和现代化，而且也包括农业的机械化和现代化。

1991 年，张培刚在其《发展经济学通论》一书中，对工业化的概念作了进一步的补充，对工业化的基本特征作了具体的描述，重新将工业化定义为，国民经济中一系列基本生产函数（或生产要素的组合方式）连续地、由低级到高级演进所发生革命性变化的过程。

德国经济史学家鲁道夫·吕贝尔特从偏向于历史进程的角度，对工业化的概念进行了界定。他指出，仅仅是在大机器时代到来之后，随着纺织产业的机械化发展和蒸汽机作为一种新能源，由单件生产发展到系列生产并扩展到规模化生产，巨变才开始在整个人类社会诞生，而这种变化即是工业化的变化。

在《新帕尔格雷夫经济学大辞典》中，关于“工业化”的解释是这样说的，“工业化的提出应从一国经济结构的变化入手，强调工业化是自机器大工业开始以后经济结构的变化过程。这种变化的基本特征主要包括以下三个方面：一是制造业和第二产业在国民收入（或地区收入）中的比例提高（因经济周期导致的中断除外）；二是制造业和第二产业劳动就业人口的比重，也呈现出递增趋势；三是在以上两种比重提高的同时，除临时性中断外，总体的人均收入获得了相应的增加”。

对于“工业化”，尽管目前学术界还没有形成一个能够被普遍认同的定义，但综合上述观点，我们仍然可以把工业化定义为国民经济及各个产业领域的进步与发展变化的过程。

## 二、我国工业化发展的不同阶段

从中华人民共和国成立以来，我国工业化已走过了七十多年的发展历程，经历了初步工业化（1952—1978 年）、动态调整的工业化（1979—1993 年）和高度重工化（1994 年至今）三个阶段，突出表现为工业内部结构的变化，经历了中华人民共和国成立初期至改革开放前的重工业优先发展，改革开放后的轻工业发展，以及从 20 世纪末开始的新的高度重工业化的演进过程。

### （一）工业化初步形成阶段

在中华人民共和国成立初期，由于受苏联工业化模式的影响，我国并没有走西方发达国家一般采用的轻纺工业起步的工业化道路，而是从 1953 年至 1957 年的第一个五年计划开始，就选择了以重工业起步的超常规道路，实行“优先发展重工业”的战略。在这一战略推动下，我国重工业获得快速发展。这一时期，我国用了近 30 年的时间，初步构造起完全独立、相对完整的工业体系和国民经济体系，工业化进程也由起步阶段逐步进入工业化的初级阶段。由于我国传统的工业化道路是国家强制性地将经济资源从农业部门集中到工业部门，过分强调军事工业和重工业，忽视了农业和轻工业，因而缺乏重工业与其他产业的协同发展机制，进而导致了“重工业重，轻工业轻”的结构性缺陷。这种工业化发展模式，使我们付出了资源极度浪费、城市化严重滞后于工业化、城乡二元经济结构矛盾加剧等巨大的代价。

### （二）工业化调整与均衡发展阶段

改革开放后，我国对工业化战略进行了重大调整，放弃了单纯发展重工业的思路，采取了消费导向型的工业化发展战略。在这一时期，我国工业化进程呈现出两个显著特点：一是重工业与轻工业比例趋于协调，产业结构在一定程度上得到优化。20 世纪 80 年代中期，曾先后作为支柱产业的有建筑业、服装工业、食品工业、耐用消费品工业、微电子工业、汽车工业、石油化学工业等。这些产业的发展，使轻重工业逐步趋于协调，同时也大大加快了我国的工业化进程。二是农业工业化进程加快。从 20 世纪 90 年代初期起，随着工业化的不断发展，农村剩余劳动力以每年 2 000 万人到 3 000 万人的规模向非农产业转移和向城市涌入。乡镇工业的迅猛发展，对改变农村产业结构、降低农村劳动力比重、推进城市化进程发挥了积极的作用，大大加快了我国的工业化进程。

在这一阶段，伴随着轻重产业结构在不断纠正的过程中趋于均衡及国内市场的逐步开放，我国逐步融入了国际分工体系，工业化的总体进程也由工业化初级阶段向工业化中期过渡。但由于这一时期轻纺、家电等工业的超高速发展，在20世纪80年代末90年代初，能源和原材料紧缺，基础工业和基础设施又成为制约国民经济发展的瓶颈，资源、环境问题也日益突出，进而制约了工业化的健康发展。

**(三) 工业化水平迅速提升阶段**

伴随着我国社会主义市场经济体制的建立，在以市场为导向的经济发展推动和国际市场需求拉动下，我国工业迅速成长，尤其是制造业和第三产业得到了长足的发展，电子、钢铁、机械、石化、化工、汽车、纺织服装等行业产值，占工业总产值的比重不断提高，成为国民经济的主导产业。同时，轻重工业的结构变化基本保持了同步。由于房地产、汽车等行业具有产业链条长的特点，对相关产业的带动作用很大，尤其是对钢铁、机械、化工等重化工业有较大的需求，包括能源工业、钢铁工业、机械制造工业、汽车工业、化工工业、电子工业等在内的重化工业，已成为我国相当长一段时间内蓬勃发展的产业领域，并成为拉动我国工业化的主要动力和主导产业群。

从总体上看，进入21世纪后，我国已完全进入以原材料工业为重心的重工业化阶段，正在努力向以资本密集和技术密集型工业为主的高加工度化阶段靠近。我国的工业化长期徘徊不前，其中一个非常重要的因素，就是我国的工业化进程是在人口众多、资源短缺、环境约束、技术落后的背景下展开的，工业化超常规的增长，使我们付出了资源与环境的巨大代价，同时也制约了新时期我国工业化发展的进程。

## 三、对我国对工业化发展阶段的判断

国内一些政府机构和学术单位，在对我国工业化所处阶段进行分析后，提出了不同的观点，主要是对我国工业化是处在工业化“中期阶段”还是处在工业化“中后期阶段”有不同的看法。

主张我国处于工业化中期阶段的，主要是政府的一些部门。如工业和信息化部认为，中国在2010年前后仍处于工业化中期阶段，工业化进程远远没有结束；国家统计局则认为，中国在2010年的工业化指数还不到60（完成工业化时工业化指数为100），工业化仍可持续较长的时期。

主张我国处于工业化由中期向后期过渡阶段的，主要是学术研究机构和部分学者。如中国社科院课题组在2007年的分析认为，2005年中国处于工业化中期的后半阶段，并预计在2020年前后中国将完成工业化。国家信息中心部分专家认为，中国是在1995年进入工业化中期阶段的，并在2014年结束工业化中期阶段，2015年进入工业化后期阶段。还有的学者认为，中国在1994—2002年进入了工业化中期阶段，2003年以后就进入了工业化中后期阶段。

造成上述观点分歧的原因，主要是不同的机构和学者对我国工业化发展的特点，以及偏离“标准结构”程度的把握存在差异。我国工业化发展阶段的特点，除了世界工业化后起国家共同具有的全球化、产业分工细化、后发优势三个时代特征并有所放大之外，还有地区工业化发展水平差异大的特点，如北京、上海已处于后工业化阶段，而西藏还处于前工业化阶段。

为了对我国工业化所处阶段进行准确的判断，我们可以从以下四个方面来进行分析，并从中得出正确的结论：

（1）基于人均 GDP 指标衡量，我国已处于工业化后期阶段。2010 年，我国的人均 GDP 达 29 940 元，按当年平均汇率计算为 4 423 美元，再按 2005 年不变价计算为 3 962 美元，按 2005 年美元购买力平均价计算为 8 506 美元。我国人均 GDP 已经处于钱纳里模型中的工业化后期阶段。

（2）基于三次产业产值结构判断，我国处于工业化后期的起步阶段。按照三次产业产值结构判断，2010 年我国第一产业产值占比为 10.1%，基本接近 10%；第二产业产值占比为 46.8%，比重高于第三产业的 43.1%，相差 3.7 个百分点。从产业产值结构可以判断出，我国处于工业化后期的起步阶段。

（3）基于第一产业就业比重较大判断，我国处于工业化中期阶段。改革开放以来，我国第一产业的就业比重持续下降，但受城市化水平低、农村人口多、三次产业发展滞后等因素的影响，我国第一产业就业比重仍处于较高水平。2010 年，我国第一产业就业比重为 36.7%，高于第三产业 2.1 个百分点，高于第二产业 8 个百分点，处于工业化中期阶段的标准值 30%～45%的范围内。

（4）基于城市化水平低判断，我国刚迈入工业化中期阶段门槛。由于我国社会经济城乡二元结构产生的不平衡性，我国城市化率一直处于较低水平。2011 年，我国城市化率首次超过 50%，迈入工业化中期阶段的 50%～60%范围内，但低于工业化后期至少 10 个百分点。因而，如果基于城市化水平的判断，我国刚进入工业化中期的初始阶段。可见，我国城市化水平严重滞后于工业化的整体进程。

综上，基于人均 GDP 指标衡量，我国已处于工业化后期阶段，但采用购买力平价的人均 GDP 指标将高估工业化发展水平。基于三次产业产值结构判断，我国处于工业化后期的起步阶段。基于第一产业就业比重较大判断，我国处于工业化中期阶段。基于城市化水平低判断，我国则是刚迈入工业化中期阶段门槛，但这种标准存在着因城市化滞后于工业化、城市化率统计数据而低估工业化发展水平的问题。2019 年上半年，我国信息传输、软件和信息技术服务业，租赁和商务服务业，交通运输、仓储和邮政业，金融业增加值同比分别增长 20.6%、7.8%、7.3%和 7.3%；1—5 月，战略性新兴服务业、高技术服务业和科技服务业营业收入分别增长 12.5%、12.3%和 12.0%，均高于全部规模以上服务业的增速；高技术服务业投资增长 13.5%，增速比全部投资快 7.7 个百分点。诸如此类的现象充分体现了工业发展对现代服务业发展的支撑作用，也表明我国工业发展由量变到质变的特征越来越显著。有学者认为，我国现阶段（2020 年）工业以机械化为主，自动化还未全面铺开，工业水平整体处于工业 2.0 到 3.0 阶段，离工业 4.0 还有差距，这一判断与《中国制造 2025》提出的 2020 年基本实现工业化，到 2035 年全面实现工业化的目标基本吻合，可见，我国目前正处于工业化后期阶段。

工业化发展阶段的变化，意味着经济发展的驱动因素也将发生改变。在工业化中期阶段，经济增长主要依靠资本投入，而在工业化后期阶段，经济增长主要依靠技术进步。因此，转变工业化的发展方式，就显得十分必要了。

## 第二节　新型工业化与传统工业化

### 一、新型工业化

#### （一）新型工业化的基本内涵

关于新型工业化的基本内涵，在党的十六大上对此已有明确的表述，即以信息化建设带动工业化发展，以工业化发展促进信息化建设，走出一条“科技含量高、经济效益好、资源消耗低、环境污染少、人力资源优势得到充分发挥”的具有中国特色的新型工业化道路。从这一表述可以看出，新型工业化的内涵不但包含五个方面的内容，而且还与信息化紧密联系。

1. 科技含量高

新型工业化要求必须把经济发展建立在科技进步、创新驱动的基础上，通过加快推动科技进步和先进科技成果的推广应用，使科技对经济增长的贡献率不断提升。同时，还要大力推进国民经济和生产生活的信息化建设，将先进、适用的信息技术应用于工业生产和经济发展，从而推动我国的工业化在更高起点、更高层次上实现又好又快发展。

2. 经济效益好

这是要求工业的发展必须围绕提升资源要素的投入和产出，优化配置各种要素资源，不断降低生产成本，提高资金使用效率和效益。同时，还要求工业主动适应国内外市场的需求变化，不断开发新产品，提供新服务，注重产品和服务的质量改善。

3. 资源消耗低

这是中央针对我国传统工业消耗资源十分严重的情况提出的要求，目的是通过技术创新、工艺改进，进一步提高能源、原材料的使用和利用效率。同时，还要求大力推行循环经济发展模式，不断减少资源占用与消耗，提高资源的再利用率。

4. 环境污染少

在我国，传统工业对环境造成了严重的污染。推进新型工业化，必须彻底改变工业发展对环境的不良影响。新型工业化要求“环境污染少”，就是要求我国的工业化必须立足自然生态环境保护，通过淘汰污染环境的落后产能，全面推行清洁化生产、文明式生产；积极推广低碳生产方式，大力发展绿色、低碳产业和节能环保产业，使经济建设同生态环境建设协调发展。

5. 人力资源优势得到充分发挥

这主要是指通过新型工业化，我国劳动力成本相对低廉的比较优势得以充分发挥；通过教育和再教育、职业培训等多种方式，不断提升劳动生产者的职业素质和能力，进一步提高我国经济的市场竞争力。在推进工业化的过程中，还要注意妥善处理好提高劳动生产率与劳动就业的“稳、扩、促”之间的关系，确保社会的稳定。

### (二) 新的工业化发展战略

虽然在由农业经济向工业经济自然演进的历史过程中，工业化发展遵循着一定的客观规律性，但在不同的体制条件与发展环境下，在工业化的不同发展阶段，我们可以选择不同的工业化发展道路。新型工业化的“新”，主要体现在以下几个方面：

1. 新的发展要求和目标

我国的新型工业化道路所追求的工业化，绝不单单是指工业增加值的比重和工业对经济增长贡献率的提高，而是要按照“科技含量高、经济效益好、资源消耗低、环境污染少、人力资源优势得到充分发挥”的要求和目标来推进，并努力实现这五个方面的兼顾与统一。这是新型工业化最根本的标志和最终落脚点。

2. 新的物质技术基础

一方面，我国工业化的任务还未完成，而且任重道远；另一方面，我国的工业化又必须建立在更先进、更高端的物质技术基础之上。因此，坚持以信息化建设带动工业化发展、以工业化发展促进信息化建设，不但符合我国当前的现实国情，而且还是我国加快推进并最终顺利实现工业化和现代化的必然选择。

3. 新的工业化发展路径

走新型工业化道路，还要求我国必须大力实施可持续发展战略和科教兴国战略，通过充分发挥“科学技术是第一生产力”的功能，强化教育对产业发展的人才支撑，以增强工业经济发展的可持续性。这是新型工业化道路的基础和重要支撑。

4. 处理各种关系的新思路

要坚持从我国加快新型工业化建设所面临的现实国情出发，针对国内生产力及科技发展水平的不平衡性、城乡二元结构、资本市场发育滞后于工业经济发展且结构畸形等问题，正确处理好发展高新技术产业与改造提升传统优势产业、加快发展资金技术密集型产业与稳步发展劳动密集型产业、不断提升壮大实体经济与加快培育发展虚拟经济等之间的辩证关系。这是我国走新型工业化道路必须要妥善处理好的问题。

### (三) 新型工业化的内涵不断丰富

在全面总结党的十六大召开以来工业化发展实践的基础上，党的十七大又进一步提出了要积极培育和发展现代产业体系，大力振兴装备制造业，加快淘汰落后产能，推进工业化与信息化“两化融合”发展，促进我国工业由大变强的要求，这使党的十六大提出的新型工业化道路的内涵，又一次得到了丰富和完善。

进入“十二五”时期后，我国更加明确地提出了要将工业转型升级作为调整产业结构、加快转变经济发展方式的核心战略，这既是顺应后危机时代全球产业、金融、技术三大体系重构的总体发展趋势，也是立足我国已整体进入由工业化中期向后期迈进的阶段性特征，更是加快推动我国由工业大国向工业强国、由制造业大国向创新型强国转变的必然选择。

## 二、新型工业化与传统工业化的区别

中华人民共和国成立后一段时间，我国工业发展在“优先发展重工业”方针的指导下，走的是资源型重化工业道路，不仅工业结构失衡，而且对资源消耗过度，对环境造成了不良影响，工业生产效率不高，工业发展整体缓慢。走新型工业化的道路，首先要弄清楚新型工业化与传统工业化的区别，以避免走传统工业化的老路。新型工业化与传统工业化的区别，主要表现在以下四个方面。

**（一）新型工业化强调信息技术的应用和对传统产业的渗入、改造**

发达国家是在工业化之后推行信息化的，其工业化进程一般要经历轻工业化、重化工业化、高加工度化和知识技术集约化等阶段。中国是后发国家，在当今世界信息技术高速发展的大背景下可发挥后发优势。在工业化过程中，推进信息化并以信息化带动工业化，这是新型工业化与传统工业化的最根本区别。有信息技术参与的中国工业化过程，将不同于以往发达国家工业化的发展模式，可在工业化的过程中同时向工业化的各个高级阶段演进。

**（二）新型工业化强调与资源、环境的可持续与和谐发展**

我国传统的工业化发展基本上以消耗能源、牺牲环境为代价，尽管这种发展模式为我国经济增长作出了很大贡献，但同时也使我们付出了资源短缺、环境污染等巨大代价。资源的急剧减少及生态环境的破坏，要求我们必须用可持续发展的视角来审视工业化的过程，绝不能再走对自然资源进行破坏性开采，对环境实行“先污染、后治理”的老路，而要实现经济增长方式由外延型、粗放型向内涵型、集约型的根本转变，改变传统工业化模式下生产要素的分配和使用方式，在经济发展中合理地开发资源，高效地利用资源，发展资源节约型产业。

**（三）新型工业化强调在全球产业分工中，实现产业结构优化和资源全球配置**

我国传统的工业化基本上是自成体系发展的，而新型工业化则是在全球化背景下展开的。一方面，随着改革开放的深入和国际产业转移的加快，我国制造业正逐渐融入全球产业链条。另一方面，制造业的价值链呈现出加速分解的趋势：原本在一个企业内完成的研发、设计、制造、销售和服务的产品生产全进程，现正被分解到多个企业中。这意味着在以全球市场为舞台的资源配置格局下，我国的工业化进程将呈现出更加复杂的形态与格局，产业结构优化升级不再局限于国内资源和市场，制造业产业链的延伸将突破国界。在参与国际分工的过程中，分工的深化可以促使企业在全球范围内整合并利用资源。

**（四）新型工业化强调“以人为本”的人力资源开发理念**

中国的国情是人口多，人力资源丰富，农民占劳动力的绝大多数。传统的工业化没有相应带动就业结构的转变，劳动力大量剩余的状况仍然存在。在新型工业化进程中，我们主要的着眼点将不仅是提高工业产值、建立工业体系、发展高科技等，而是要体现“以人为本”的理念，重视提高人的专业素质，创造出更多的就业岗位。同时，传统的工业化对于农村的发展有很大忽视。新农村建设的提出，实际上丰富了新型工业化的内容。没有农业产业化的发展，没有新农村建设，没有农村剩余劳动力的转移，工业化与现代化的目标就不能实现。

## 第三节 新型工业化的特征与制约因素

我国的新型工业化，是在科学发展观、习近平新时代中国特色社会主义思想的指导下，依据中国经济发展水平、生产方式、技术水平而确定的新型工业化，它不但具有一般新型工业化的基本特征，同时也具有中国特色的工业化特征。

## 一、我国工业化的基本特征

近年来，我国工业化已融入世界工业发展的潮流，与世界工业化发展一样，具有工业化与信息化融合发展、工业化与城镇化互动发展、三次产业协调互动发展、全球性开放合作发展四个方面的特征。

### （一）工业化与信息化融合发展

以工业化加快发展促进信息化全面建设，以信息化全面建设带动工业化加快发展，是新型工业化的主要特征之一。世界各国工业化的经验证明，工业化的进程必然要受到同时代科学技术的影响。从 20 世纪 90 年代开始，信息化已成为影响全球经济、社会发展的重要因素，它为人类提供了一个新的信息系统，同时也创造出了一种新的交流方式和流通方式，从而提供了一种社会发展、经济发展的新途径。在信息化背景下推进工业化，必须将工业化发展与信息化建设有机结合，加快推动工业化和信息化深度融合，从而最终实现工业化与信息化的互动发展。这种融合体现在三个层面上：

（1）在产品层面，指运用互联网技术设计开发出新产品，将信息化综合到各种产品中去，形成以智能产品等为代表的各种新型产品，以最大限度实现产品的功能整合。

（2）在生产经营层面，指用互联网技术装备提升现有生产经营管理手段，改进和完善制造工艺与生产流程，通过实施信息化的企业客户关系管理（customer relationship management，CRM），供应链管理（supply chain management，SCM），价值管理（value based management，VBM）等，实现生产经营体系的融合，形成自动化生产、电子商务、虚拟组织等新的生产经营模式。

（3）在产业层面，指互联网技术成为产业领域的通用技术，并形成互联互通的信息流、产品流、资金流、服务流平台，进一步促进产业之间、产业内部要素的融合，形成新的媒体产业、“一条龙”的新型生产性服务业等。

### （二）工业化与城镇化互动发展

通过研究国外工业化发展的历程，我们可以清醒地看到，工业化与城镇化是共同推进的，迄今为止还没有哪一个工业国家，未曾迈过城镇化的门槛，也没有哪一个国家能够跳过城市化，直接走上工业化的道路。英国在工业化开始时，城市人口比重不到 20%，1851 年，英国成为世界首个城市人口超过农村人口的国家。美国在工业化初期，农业人口的比例高达 90%，到 1939 年工业化迅速发展的时期，农业劳动力平均每 10 年下降 5.3 个百分点。韩国在 1960 年的城市化率仅为 35.8%，1970 年为 49.8%，1980 年进一步上升至 66.7%，1985 年达到了 74.3%。城市化为工业化提供劳动力和土地，工业化促进经济高速增长，加快农村人口流向城市，从而加速城市化的进程。

### （三）三次产业协调互动发展

根据发展经济学理论，反映工业化阶段演进的内容主要包括以下三个方面：一是人均收入水平的变动；二是三次产业产值结构和就业结构的变动；三是工业内部结构的变动。新型工业化是以人为本、以提高经济效益为中心、重视自然生态环境保护和实现可持续发展的工业化。走新型工业化道路，必须遵循三次产业演变的客观规律，促进三大产业的协调发展。在新型工业化进程中，应全面地考虑三大产业的协调发展，根据各地区的不同发展实际，因地制宜，选择最具备条件、最有比较优势的产业，集中力量推动其快速发展。

**（四）全球性开放合作发展**

在经济全球化、区域经济一体化的背景下，世界经济和区域经济的联系将更加紧密，在此过程中，工业化的发展与演进必须坚持充分开放合作。一方面，我们可以充分利用先行工业化国家已有的技术、富裕的资金、经验丰富的人才；另一方面，我们可以在更广阔的国际市场上销售商品和服务，开放合作拓宽了市场空间。加快推进面向世界的开放合作，更加积极主动地融入世界经济发展的大潮流中，方能获得更多的发展资源，开辟更为广阔的发展空间，从而获得新的发展活力与动力。

## 二、制约我国工业化的主要因素

走新型工业化的道路，还必须深入分析新型工业化发展的制约因素，扬长避短，发挥优势，形成具有中国特色的工业化发展道路。

**（一）二元经济结构的制约**

在现阶段，我国城乡二元经济结构的矛盾还十分突出，主要表现在城市经济以现代化大工业生产为主，农村经济以传统手工业生产为主；城市居民年人均可支配收入和人均消费水平均远高于农村人口；城市的交通、通信、卫生、教育等基础设施和体育、娱乐等服务设施发达，而农村在这些方面的硬件设施建设还较为落后；相对于城市，农村人口众多；等等。这种二元结构的存在，导致了城市自我封闭、自我循环发展，失去了农村空间的依托与支撑，资源的系统配置受到严重局限，城市功能难以得到更大提升和扩散。

**（二）资源与环境的双重约束**

我国是一个人口众多的发展中国家，要在这样一个人口大国推进工业化，难度自然很大。1850 年，英、法、德、意等 12 个欧洲国家开始工业化进程时，其总人口仅 1.3 亿。在世界能源和原材料既定的供给与消费格局下，快速推进工业化，必将面临资源和环境的双重约束。目前，我国主要的矿产资源均已出现储量增长低于开采量增长，开采量增长又低于消费量增长的状况，导致国内资源保障快速下降且新增部分主要依赖进口的不利局面。经济发展方式的粗放，产业结构的不合理，工业技术水平的落后，造成了我国工业的资源利用效率普遍较低。一方面资源供给愈加紧张，另一方面生态环境又遭受到极大破坏，在资源与环境的双重约束下，我国新型工业化只能走一条低消耗、高产出、可持续的发展新路子。

## 三、转变我国工业发展的方式

转变发展方式，是我国工业化发展的客观要求，而转变发展方式的核心就是确立可持续发展的理念，坚持以自主创新为核心的发展战略，全面提高劳动者素质，把巨大的人口压力转化为人力资源优势。要把提高自主创新能力，作为我国调整产业结构、转变经济发展方式的中心环节，引领和支撑中国特色新型工业化道路的健康发展。

### （一）确立全面、协调、可持续发展理念

中国特色新型工业化道路是新的历史条件下中国经济发展战略的新选择，是在可持续发展基础上加速工业化、实现中国工业生产可持续发展的必然之路。作为世界最大的发展中国家，走中国特色新型工业化发展道路，必须坚持可持续发展的科学理念，注重生态环境的建设与保护，正确处理好工业化道路中的经济社会发展同资源能源节约、生态环境保护之间的关系。为此，必须尊重自然规律和经济社会发展规律，大力实施可持续发展的战略，走文明发展之路，实现人与自然的和谐。

### （二）实施以自主创新为核心的战略

发达国家和新兴工业化国家的发展实践已表明，只有通过不断引进、消化、吸收和再创新技术，才能实现技术的发展和超越，实现自主创新，从而推动工业化发展。我国在推进工业化时，可利用后发优势，在坚持自主创新的前提下，通过引进、消化、吸收和再创新，实现对国外的赶超。受经济体制以及科技体制转轨滞后等多种因素的影响，我国大部分企业对引进技术的消化、吸收和再创新的效果普遍较差，未能将技术引进与自主创新有机结合起来，导致关键核心技术自给率很低，对国外技术的依存度却在50%以上（发达国家普遍在30%以下，其中美国和日本在5%左右）。如果不能实现自主创新，长期依靠技术引进，中国特色新型工业化就不可能实现。

### （三）变人口多的劣势为人力资源优势

我国属于资源相对短缺但人口基数庞大的发展中国家，国内劳动就业压力非常大。走中国特色新型工业化道路，必须加快推动经济发展方式的转变，在这一过程中，如何充分发挥人力资源的优势，就显得举足轻重。尽管目前我国人力资源较为丰富，但总体水平仍待进一步提高。如果人力资源优势不能得以充分发挥，就会反过来形成巨大的劳动就业压力，影响我国工业化的进程。因此，政府和企业必须增加投入，全面提高劳动者素质，将巨大的人口压力转化为丰富的人力资源优势，为中国特色新型工业化的发展提供智力支撑和高素质的劳动力保障。

## 第四节　我国新型工业化的实现

我国工业发展存在着结构性矛盾突出、区域发展不平衡、自主创新能力弱、环境资源不容乐观等实际问题。要走具有中国特色的新型工业化道路，一个重要的前提就是要充分认识当前面临的问题。只有这样，才能有针对性地采取措施，选择合适的发展路径，处理好与新型工业化发展各种要素的关系，这些也是我国新型工业化发展的客观要求。

### 一、新型工业化面临的主要问题

### （一）三次产业的结构性矛盾进一步凸显

主要表现为一、二、三次产业间的比例，以及工业内部各行业部门之间的比例失衡。从总体上看，我国在改革开放后四十多年时间里经济的快速增长，主要是依靠工业在带动。而与工业的快速发展、日趋壮大形成鲜明对比的是农业基础仍然较为薄弱，农业基本上还是处于“靠天吃饭”的状态。有关资料显示，我国目前农业的科技贡献率仅为48%，

比发达国家低了约30个百分点。同时服务业的增加值占国内生产总值的比重也只有40%左右，远低于世界平均水平。金融、保险、咨询、信息和物流等现代服务业的发展大多还比较缓慢。工业内部结构的特征总体表现为“四低”，即低产业层次、产业链低端、低科技含量、低附加值。制造业比重过大，且大多是处于产业链中低端的加工制造业，处于产业链高端的高技术含量、高附加值产业的比重仍然较小，导致了工业整体结构的低端化、初级化。三次产业结构的特征，仍然是农业尚弱、工业较大、服务业待强。

**（二）区域发展的不平衡状态还未扭转**

一方面，在我国经济快速增长的四十多年时间里，沿海地区抓住国家扩大对外开放的机遇，充分发挥区位优势，积极引进国外技术、资本和人才，并依托海外市场，极大地提升了区域产业的竞争能力，同时也拉大了与内陆和中西部地区的发展差距。另一方面，由于过度依赖外部市场，自身产业结构升级与自主创新能力建设被忽视，致使东部地区的产业在全球产业分工中，大多还处于产业链的末端或低端，虽然东部地区经济发展对国际经济环境变化有一定影响，但抵御外部风险的能力还是较低。在西部地区，由于区位条件相对较差，即使拥有丰富的自然资源和相对低廉的劳动力，也仍然难以有效承接东部地区劳动密集型及资源加工型产业的转移，不但东中西部地区尚未形成良好的互动发展格局，而且东中西部区域经济发展的不平衡性也没有得到根本扭转。可见，加快构建新的区域经济版图，促进区域协调发展，对于缩短地区发展的差距，具有重大的现实意义。

**（三）自主创新能力滞后于工业经济发展水平**

据有关资料显示，2009年，中国制造业在全球制造业总值里的占比已达到了15.6%，成为仅次于美国的世界第二大工业制造国。但我们也必须清醒地看到，目前我国工业的自主创新能力与发达国家相比，仍然存在着相当大的差距。以装备制造业为例，首先，从研发投入看，2010年，我国装备制造业的研究与开发比重与世界装备制造业强国之间的差距很大。在美、日、德等装备制造业强国，装备制造业的研究与开发比重普遍在3%以上，日本更是超过了4%，远远高于我国1.4%的水平。其次，从发明专利授权看，1985—2008年，我国单位或个人在装备制造业九大领域（发电装备、冶金装备、石化装备、工程机械、机床、煤炭机械、仪器仪表、农用机械和节能环保装备）的发明专利授权比例为1∶3.5，与国外1∶2.4的比例存在着明显的差距。虽然经过多年的发展，我国工业企业的自主创新能力已显著增强，但总体看来，大部分的核心技术仍受制于国外，关键零部件的对外依赖度高。出现这些问题的根本原因就在于我国对研发的投入不足，导致企业自主创新能力较弱，具有自主知识产权的核心技术、优势产品较少。因此，大力推进科技创新、加快创新体系建设、提高自主创新能力，是推进新型工业化必须解决好的重大问题。

**（四）资源环境对工业经济发展的约束日益增大**

虽然在总量上我国是资源拥有量大国，能源蕴藏量居世界前列，在人均存量上却是资源“小国”，同时还是资源消费大国。2019年，全国规模以上工业发电量达7万亿千瓦时，同比增长3.5%。其中，火电、水电、核电、风电、太阳能发电同比分别增长1.9%、4.8%、18.3%、7.0%和13.3%。12月份，发电量同比增长3.5%，增速比上年回落0.5个百分点。从不同发电方式装机容量来看，2019年火电装机容量达119 055万千瓦，水电装机容量达35 640万千瓦，核电装机4 874万千瓦，风电装机21 005万千瓦，太阳能发电20 468万千瓦，我国发电方式仍然以火电为主。因此污染排放问题仍然严重，环境恶化的势头很难得到根本性扭转。资源和环境的约束，还将对我国工业化的方向、目标、路径、内容及衡量标准产生深远影响，并进一步导致工业化的成本上升。

## 二、新型工业化的实现途径

综合考虑各方面因素的制约和影响，结合我国工业化发展的实际情况，我国新型工业化的实现途径，主要表现在以下三个方面。

### （一）工业化与信息化协调互动

新型工业化的本质，就是工业化与信息化的互动发展，即以信息化带动工业化、以工业化促进信息化。推进信息化不仅可以催生一大批增长速度快、市场前景好、对整个国民经济有带动作用的高新技术产业，培育更多新的经济增长点，更为重要的是还可以带动和改造庞大的传统产业，这是我国传统产业结构优化升级和迈向新型工业化道路的关键力量和基础平台。

我们必须看到，我国目前尚处于工业化的中期阶段，传统产业依然是工业的主体，真正代表高新技术前沿产业的比重还很小，传统产业在国民经济中的比重还很大。因此，不能低估传统产业在国民经济发展中的重要作用。走新型工业化道路，不仅不能排斥传统产业的存在和发展，还必须在科学发展观的指导下，以传统工业的存在和发展为基础，充分发挥信息技术的作用，推进传统产业结构调整和优化升级，尽快形成以高新技术产业为先导、基础产业和制造业为支撑、服务业全面协调发展的产业格局。

### （二）工业化与城市化协调互动

工业化与城市化是支撑现代化进程的两个“轮子”，以城市化推进工业化，以工业化促进城市化，是新型工业化道路的重要内容。一方面，工业发展为城市化提供了产业支撑；另一方面，城市化为工业发展提供了空间支撑。工业对专业化分工要求很高，而提高专业化分工水平的一个主要途径就是产业聚集，而城市则是产业聚集的空间依托。

改革开放以来，我国城镇化速度明显加快。但由于长期形成的体制原因，工业化与城市化还存在着很大的偏差，城市化滞后于工业化。从国际经验来看，发达国家城市化与工业化基本是并行的，而在我国，城市化率长期以来一直低于工业化率。走新型工业化的道路，必须正确处理工业化和城市化的关系，合理进行工业布局，促进产业与城市的协调发展。

### （三）三次产业协调互动

从产业关联角度看，在现代国民经济的产业链中，三大产业间存在着互为条件、互为前提、互为“上游产业”的辩证关系。因此，三大产业必须协调发展。由于信息技术的广泛应用，三大产业之间已呈现出相互融合的趋势。从制造业发展看，产业的服务化趋势日益显现。从服务业发展看，生产性服务日益兴起，服务工业化已成为一种新的趋势，生产性服务业正在成为制造业企业提高劳动生产率和商品竞争力的关键手段。从价值形成看，随着工业化的发展，在工业产品的附加值构成中，纯粹的制造环节所占的比重已越来越低，而服务业特别是生产性服务业中维护保养、物流与营销、研发与人力资源开发、软件与信息服务、金融与保险服务、财务法律中介等专业化生产服务和中介服务所占比重越来越高。制造业发展到一定阶段后，利润的增长更多的是依靠生产性服务业的支撑，生产性服务业的各个中间环节将为企业创造更高的利润，在工业产品的附加值中占比更高。从农业发展看，农业发展本身就是一个通过现代农业技术发展和农业服务体系建立来推进农业的产业化进程，随着农业信息化的发展，农业与加工工业、服务行业互补融合的速度将进一步加快。可见，三次产业协调互动，已成为我国实现新型工业化的基本途径。

## 三、需要处理好的六大关系

要走中国特色新型工业化发展的道路，实现由工业大国向工业强国的转变，我国的工业在发展中还必须正确处理好以下六个方面的关系，为新型工业化发展创造必要的环境和条件。

### （一）调整存量与做优增量的关系

处理好调整存量与做优增量的关系，关键在于做大总量、提升质量，实现转型升级。在坚持规模扩充、结构升级的总体取向下，以市场需求为导向、布局调整优化为重点、产业培育发展为核心、优势企业为主体、产品（技术）升级为支撑，实现存量和增量的差异化同向发展。既要通过调整改造“近保生存”，实现升级换代，推动产品（产业）链不断完善，以进一步做大做优现有存量；又要通过规划引导“远促发展”，实现创新转型，牢牢把握新的市场机遇，加快扩展优质增量。

### （二）改造提升传统产业与培育发展新兴产业的关系

要处理好改造提升传统产业与培育发展新兴产业的关系，重点是抓好结构升级、增强持续发展能力。既要在坚持淘汰落后、巩固提升优势的前提下，用先进适用技术调整改造传统产业，如农产品深加工等劳动密集型产业（白酒、茶叶和肉制品）和天然气化工等资源依赖类产业等，延长产业（品）链条、优化生产工艺、提高产品质量；同时也要根据市场需求导向，用高新技术培育发展新兴产业，如新能源、节能环保、生物制药、新材料和电子信息等产业。通过二者的结合与并举，实现产业结构的优化升级，提升产业的竞争水平和工业的可持续发展能力。

### （三）产业发展与城镇建设的关系

处理好产业发展与城镇建设的关系，关键在于统筹布局、集约发展。对此，可借鉴我国东部沿海发达地区关于工业化城镇化发展的成功经验，在产业发展和城镇建设过程中，进一步突出布局，调整优化资源配置。努力做到“三统一、三同步”，即产业规划与城市规划统一制定、同步实施，产业布局与城市布局统一规划、同步推进，产业基础设施与城市基础设施统一投入、同步建设，以此推动产业集聚化发展和城镇高水平建设。通过处理产业发展与城镇建设的关系，一方面，能够降低产业发展的前期成本，加快促进人流、物流、信息流、资金流等要素向城镇的聚集；另一方面，在城镇聚集发展且其辐射带动功能不断增强的同时，也能大幅提升工业的综合竞争能力，形成工业化城镇化发展的良性互动。

### （四）现实需求与潜在需求的关系

要处理好现实需求与潜在需求的关系，可通过技术改造调整现有产能，通过技术创新培育新的需求。现实需求和潜在需求属于相对范畴，现实需求可以衍生出潜在需求，潜在需求也可以转化成为现实需求。在宏观层面，既要注重调整投资、消费与出口三者间的现实比例关系，同时也要积极引导三者的潜在需求。在中观层面，既要立足调整现有生产力的区域布局和三次产业及其内部的结构，使之满足现实需求，同时也要通过新的布局和新的产业引导，催生出新的需求。在微观层面，既要重点调整企业的产品和市场需求之间的对应关系，同时也要通过新技术应用、新产品开发引导潜在需求尽快转为现实需求。

**（五）实体经济与虚拟经济的关系**

要处理好实体经济与虚拟经济的关系，必须做到“强实扩虚，实虚结合”。我国的实体经济大而不强，虚拟经济发展不足，且二者之间的互动不足。必须把实体经济和虚拟经济的协调发展提上战略议程，既要充分发挥实体经济对虚拟经济的支撑作用，也要注重实现虚拟经济对实体经济的放大效应。要通过统筹规划、科学布局、务实推进，进一步做强做大实体经济，发展扩充虚拟经济，实现二者的有效结合与互动升级。

**（六）中央调控与地方发展的关系**

在处理中央调控与地方发展的关系时，必须坚持战略优先、全面统筹、规划先导、利益平衡。国家在制定产业政策时，首先要站在全局性的战略高度，通过差异化的政策手段对产业进行新的布局与调控，同时也要在利益平衡上做好政策引导与制度保障。地方政府在制定各自发展战略和产业规划时，要充分考虑国家产业的战略布局，并结合本地的产业基础、资源禀赋、区位条件、人才结构、发展环境等因素，尤其是要注意保持区域经济的良性竞争合作关系，在整体上合力构筑沿海辐射、中部中枢、西部承接、东北振兴的我国新的区域经济版图。

## 第五节　发挥工业对农业的反哺作用

在改革开放进入新的历史时期，必须坚持农业农村的优先发展，城市要反哺农村，工业要反哺农业，发展政策要向农村倾斜，各种生产要素要优先农业农村发展。2019 年月 24 日，中央农村工作会议在北京召开，习近平总书记在会上强调，坚持农业农村优先发展，在干部配备上要优先考虑，在要素配置上要优先满足，在公共财政投入上要优先保障，在公共服务上要优先安排，为我国进一步推动工业反哺农业指明了方向。

### 一、工业反哺农业的内涵和目标

工业反哺农业，是对工业化发展到一定阶段后工农关系、城乡关系变化特征的一种概括，是经济发展过程中必须遵循的一般规律，也是实现农业现代化的一条国际经验。工业反哺农业有狭义和广义之分。狭义的工业反哺农业仅指工业对农业本身的反哺，是在产业结构调整过程中，实现产业之间的相互协调与共同发展。广义的工业反哺农业是指非农产业和城市对农业、农村和农民的支持。就我国农村、农业经济的现状和城乡、工农差距而言，现阶段工业反哺农业，应该是广义的工业反哺农业。

从农民的角度来看，工业反哺农业的根本目标就是增加农民的收入。无论是取消农业税、实施种粮补贴，还是在农村建立社会保障体系以降低农民务农种粮的风险，抑或是通过提高存量农民的文化、技术素质和农民子弟的文化水平，以促进农民向城镇转移，其目标都是一致的，那就是要增加农民的收入，实现共同富裕。从农业的角度来看，工业反哺农业的根本目标在于实现传统农业向现代农业的转变。通过工业反哺农业，提高农业生产力，使农民将生产要素（劳动力、资金、土地等）投入到农业的各个领域时，能够获取与工贸集团所拥有要素等同的收入，实现“等量要素获取等量收益”和要素向农业的正常流入，保障农产品的正常有效供给，实现粮食安全。

## 二、工业化反哺农业的深刻背景

在我国，工业反哺农业具有特殊的历史背景。中华人民共和国成立后，为了快速发展经济，在一穷二白的基础上，国家主要依靠农业提供的积累，建立起了比较完整的工业体系。我国农业为工业发展作出的巨大贡献，主要有三次：第一次在1952—1990年，国家实行工农产品价格“剪刀差”政策，在1952—1990年，农业资金净流出量为10 000亿元，平均每年约为250亿，约为同期国内积累量的22.4%。第二次是改革开放以来至1994年，国家通过对农地的征用，从农民那里集中的资金大约数万亿元。第三次是1995年以来，农村为工业的发展投入了大量的人力资本，主要表现为农村人力资本的净流出态势。

一是农村人力资本显性流失。大量农村人口（年龄相对较轻、知识文化水平较高）从西部、中部地区流向东南沿海，从农村流入城市，从事非农工作。

二是农村人力资本隐性流失。农民和当地政府通过人力资本投资所培养出来的大学生，绝大部分没有回流到农村，这其中也包括中华人民共和国成立以来农业院校培养的大中专毕业生。

农村人力资本外流的态势，又因城乡隔离的就业政策和不合理的户籍制度而加剧。在经济发展依赖科学知识与技术进步的年代，农村人力资本的流出，在很大程度上限制了农村经济的发展，进一步扩大了城乡收入的差距。

实行工业反哺农业的方针，不仅是由我国工业化所处的发展阶段所决定的，而且也与我国农业和农村发展所具有的特殊性和复杂性有关。对于我们这个人口大国来说，解决吃饭问题始终是头等大事。扶持和保护农业，是确保国家粮食安全的迫切需要。2019年底，我国人口还约40%住在农村，农民安居乐业对于政权的稳定具有决定性的作用。只有加快农业和农村经济的发展，增加农民收入，农村社会稳定才有坚实的基础，工业才有广阔的市场，城乡关系才能协调，国家的长治久安才有可靠的保障。

## 三、工业反哺农业的主要途径

2019年，我国已进入了工业化后期阶段，人均国内生产总值已超过10 000美元，工业已成为我国国民经济的主导产业。在我国工业发展壮大的情况下，实施工业反哺农业的方针和政策，具有客观必然性。工业反哺农业，最根本的要求就是要把农业、服务业纳入工业化范畴，在农业发展的基础上，实现城乡经济协调发展的可持续工业化。

### （一）构建工业化带动农业农村发展的市场机制

无论是从思想上还是行动上，我们要彻底改变偏向工业的发展战略，深化市场经济体制改革，建立价格引导的资源配置机制，引导更多的企业和客商到农村投资，促进与农业相关的加工业在小城镇发展。

**（二）促进工业化与统筹城乡发展的互动**

将工业化对统筹城乡产生的负向作用转变为正向带动，以产业链、价值链为纽带实现村企共建，通过土地入股，把企业价值链、产业链延伸到农村。用工业化理念谋划农业发展，让农产品直接成为工业原料，把农业生产领域视为企业加工车间，将农业生产纳入工业生产过程。同时，也要将增强统筹城乡对工业化发展的推动作用。

**（三）加强政府在工业化促进统筹城乡发展中的引导作用**

政府要担负起引进涉农工业项目、培育新型农民的职责，在增加农民收入的同时，还为工业供给合格的劳动力。政府要加大农村财政转移力度，使农民在基础设施建设方面享受与城市居民同等的待遇。政府还要加强农村社会保障建设，为农村工业化、农民变居民打下牢固的基础。

## 思考与测试

**一、思考题**

1. 我国工业化的发展经历了哪几个阶段，每一个阶段的主要特点是什么？

2. 我国新型工业化的基本内涵是什么？要推进新型工业化，需要克服哪些制约性因素？

3. 走具有中国特色的新型工业化发展道路的基本途径有哪些？

4. 你怎样认识“工业反哺农业，促进城乡一体化”？

**二、测试题**

（一）填空题

1. 工业化表示国民经济及各个（　　）的进步与发展变化的过程。

2. 我国的工业化经历了一个从优先发展（　　），到推动消费导向型工业化的发展，再到转向（　　）发展道路的曲折过程。

3. 我国进入工业化中期阶段后，迅速调整了工业化的（　　），大力推动工业化从主要依靠资本投入，向主要依靠（　　）的增长方式转变。

4. 我国的新型工业化具有工业化与（　　）融合发展，工业化与城镇化互动发展，三次产业协调互动发展，全球性（　　）发展四个方面的特征。

5. 与传统工业化相比，新型工业化强调信息技术的应用和对传统产业的（　　），强调与资源和环境的可持续发展与和谐发展，强调在全球产业分工中，实现产业结构优化和资源（　　），强调“以人为本”的人力资源开发理念等。

6. 我国新型工业化的发展，还必须克服二元经济结构的制约，资源和环境的（　　）等不利因素，确立全面、协调、可持续发展的理念，实施以（　　）为核心的战略。

7. 在推进新型工业化发展中，需要处理好（　　）和做优增量、改造提升传统产业和培育发展新兴产业、产业发展与城镇建设、现实需求与潜在需求、实体经济与（　　）、中央调控与地方发展六个方面的关系。

8. 我国现在总体上已到了“以工促农、（　　）”的发展阶段，要通过构建工业化带动（　　）发展的市场机制，促进工业化与统筹城乡发展的互动。

9. 胡锦涛在党的十六大报告中，明确提出我国的工业化，要走出一条“（　　）高、经济效益好、资源消耗低、（　　）少、人力资源优势得到充分发挥”的，具有中国特色的新型工业化道路。

10. 我国的工业化突出表现为工业内部结构的变化，经历了中华人民共和国成立初期至改革开放前的（　　）优先发展，改革开放后的轻工业发展，以及从（　　）开始的新的高度重工业化的演进过程。

11. 乡镇工业的迅猛发展，对改变农村（　　）、降低农村劳动力比重、推进（　　）进程发挥了积极的作用，大大加快了我国的工业化进程。

12. 新型工业化要求“环境污染少”，就是要积极推广（　　）方式，大力发展绿色、低碳产业和（　　）产业，使经济建设同生态环境建设协调发展。

13. 坚持以信息化建设带动工业化发展、以工业化发展促进（　　）建设，不但符合我国当前的现实国情，而且还是我国加快推进并最终顺利实现（　　）和现代化的必然选择。

14. 我国在新型工业化进程中，主要着眼点将不再仅仅是提高工业产值、建立工业体系、发展（　　）等，而是更要体现“以人为本”的理念，重视提高人的（　　），创造出更多的就业岗位。

15. 在新型工业化进程中，应全面地考虑三大产业的（　　），根据各地区的不同发展实际，因地制宜，选择最具备条件、最有（　　）的产业，集中力量推动其加快发展。

16. 转变发展方式，是我国工业化发展的客观要求，而转变发展方式的核心就是确立（　　）发展的理念，坚持以自主创新为核心的发展战略，全面提高（　　）素质，把巨大的人口压力转化为人力资源优势。

17. 全面提高劳动者素质，将巨大的（　　）转化为丰富的人力资源优势，为中国特色新型工业化的发展，提供（　　）和高素质劳动力保障。

18. 大力推进科技创新，加快（　　）建设、提高（　　）能力，是推进新型工业化必须解决好的重大问题。

19. 在工业化达到相当程度后，工业反哺（　　）、城市支持农村，实现工业与农业、（　　）与农村协调发展，也是带有普遍性的趋向。

（二）单项选择题

1. 在工业化中期阶段，经济增长主要依靠资本投入，而在工业化的后期阶段，经济增长主要依靠（　　）。

A. 资本投入　　B. 技术进步　　C. 对外开放　　D. 消费拉动

2. 我国新型工业化的基本内涵，包含“（　　）、经济效益好、资源消耗低、环境污染少、人力资源优势得到充分发挥”五个方面的要求。

A. 科技含量高　　B. 投入产出高　　C. 资源消费高　　D. 出口比例高

3. 走新型工业化道路，还要求我国必须大力实施可持续发展战略和（　　）战略，强化教育对产业发展的人才支撑，以增强工业经济发展的可持续性。

A. 可持续发展　　B. 科教兴国　　C. 改革开放　　D. 统筹城乡发展

4. 进入“十二五”时期后，我国明确地提出了要将工业（　　）作为调整产业结构、加快转变经济发展方式的核心战略。

A. 加快发展　　B. 技术引进　　C. 内涵发展　　D. 转型升级

5. 工业化与城市化是支撑现代化进程的两个“轮子”，以城市化推进工业化，以工业化促进城市化，是（　　）道路的重要内容。

A. 新型工业化　　B. 新型城镇化　　C. 信息化　　D. 农业现代化

6. 工业反哺农业，是对工业化发展到一定阶段后（　　）、城乡关系变化特征的一种概括。

A. 工农关系　　B. 产业结构　　C. 党群关系　　D. 创新体系

答案见第 208 页“附录　测试题参考答案”。

# 第九章 新型城镇化

**内容提要：**

城市是人类文明的标志，是人们经济、政治和社会生活的中心。城镇化又称城市化，是指由农业为主的农村社会向以工业和服务业为主的现代城市社会逐渐变化的历史过程。城镇化的程度是衡量一个国家和地区经济、社会、文化、科技水平的重要标志，也是衡量一个国家和地区社会组织程度和管理水平的重要标志。由于自然条件、地理环境、人口数量的差异和社会经济发展的不平衡，世界各国城镇化的水平和速度都存在很大的差异。经济发达的工业化国家的城镇化程度，要远远高于经济欠发达的农业国家。城镇化是人类进步必然要经历的过程，是人类社会结构变革的一个重要线索，只有经过了城镇化的洗礼，现代化目标才能实现，人类才能迈向更为辉煌的未来。

多年我国城镇化发展的历史进程，大致可以分为缓慢起步、加速发展、快速发展三个阶段，每个阶段都呈现出不断加快发展的基本态势。城镇化发展取得了进程明显加快、经济比重不断提高、城镇体系日益完善、城镇布局日趋合理、现代化水平不断提升等重大成就，城镇化率从 1949 年的 10.64%提高到 2011 年的 51.27%，为中华民族的伟大复兴奠定了坚实基础。但我们也必须看到，我国的城镇化也存在着城镇规模结构不合理，对外辐射能力弱，城镇宏观区域布局和内部空间布局不合理，城镇化水平总体不高、质量还比较差，城镇化发展对城乡差距调控不力，城乡生态环境不乐观等问题，必须在推进新型城镇化的过程中解决以上问题。

从 2010 年到 2030 年，我国城镇化仍处于快速发展时期，城镇的数量、城镇人口、城镇建设将有较大的发展。城镇化发展的趋势主要表现在构建大中小城市和小城镇协调发展的城镇体系，重点建设 100 万～200 万人口规模的城市，以城市群建设为主要方式推进城镇化，城镇化的主战场将转向中西部等方面。

推进新型城镇化，要坚持城镇规划有全局和长远的眼光，引进先进的城镇管理理念和方法，积极探索"经营城镇"的新路子，消除影响城镇化进程的体制性障碍，坚持可持续的新型城镇化等策略。采取工业进园、集约开发，规划先行、农民上楼，经营城镇、市场运作，民营经济、放手发展，注重商贸、优化结构等措施，解决好城市财富积累与民生幸福要求不同步，城市规模扩张与要素集约水平不匹配，城市规模控制与流动人口集聚不协调，城市物质文明与生态文明建设不同步，城镇高速发展与城市管理水平不适应等问题。通过建立推进城镇化新的体制机制，优化完善城镇规划体制，改革城乡人口迁移和户籍管理体制，建立城乡一体化的土地行政管理机制，改革城乡财税金融体制，完善干部管理考核制度等改革，转变城镇化发展方式，促进我国新型城镇化持续健康发展。

**学习指导：**

了解城市和城镇化对人类发展产生的重大影响，了解我国城镇化进程不同阶段的特点，了解我国城镇化进程中产生的主要问题；把握我国城镇化发展的基本趋势；掌握城镇化的概念，掌握我国城镇化取得的主要成就，掌握我国推进新型城镇化的主要措施，以及改革体制机制、转变城镇化发展方式、促进新型城镇化持续健康发展的措施和办法。

**实践建议：**

在教师的指导下，学生可梳理自身所在地城镇的发展变化情况，剖析此地在城镇化进程中是否存在“城市病”问题，并提出改善的措施和办法。形成 1 000 字的调研报告，报告得分按适当比例记入考核成绩。

城镇化是指由农业为主的农村社会向以工业和服务业为主的现代城市社会逐渐变化的历史过程。城镇化也被称为城市化，一直是社会各界所关注的焦点。因城镇化更能反映城市化发展的现状和特点，进入 21 世纪后，在我国“城市化”就逐步被“城镇化”所替代。城镇化不仅可以反映出一个城镇文明进步的程度，还可以反映出一个国家的经济发展程度甚至国家实力，它是一个历史的范畴，同时也是一个发展中的概念。

## 第一节　城镇化发展的历史进程

城镇化又称城市化，是指伴随着工业化进程的推进和社会经济的发展，人类社会活动中农业活动的比重下降，非农业活动的比重上升的过程。与这种经济结构变动相适应，乡村人口与城镇人口此消彼长，同时居民点的建设等物质表象和居民的生活方式向城镇型转化并稳定，这样的一个系统性过程被称为城镇化过程。

一般而言，城镇化的水平状况都是以都市人口占全国人口的比例来评定的，数值越高，城镇化水平就越高。城镇化是一个综合的、系统的社会变迁过程，是经济社会发展进步的重要标志。城镇化通过产业和人口的不断发展带来经济、社会、文化、教育和公共服务等的有效配置，继而持续推动经济社会的发展。因此，城镇化又是一个国家或地区经济发展和社会进步的综合体现。

### 一、世界各国的城镇化现象

早在原始社会向奴隶社会转变的时期，世界上就出现了城市。但在相当长的人类社会发展历史进程中，城市的发展和城市人口的增加都极其缓慢，到了 1800 年，全世界的城市人口还只占总人口的 3%。随着工业革命的掀起，机器大工业和社会化大生产出现，资本主义生产方式得以产生和发展，由此世界上才涌现出许多新兴的工业城市和商业城市，城市的发展使得城市人口迅速增长，城市人口比例不断上升。从 1800 年到 1950 年的 150 年时间里，地球上的总人口增加了 1.6 倍，而城市人口迅速增加了 23 倍。在美国，从 1780 年到 1840 年的 60 年时间里，城市人口占总人口的比例仅从 2.7%上升到 8.5%。1870 年，美国开始工业革命时，城市人口所占的比例不过 20%，而到了 1920 年，这一比例急剧上升到 51.4%。从整个世界来看，1900 年时城市人口所占比例为 13.6%，1950 年为 28.2%，1960 年为 33%，1970 年为 38.6%，1980 年为 41.3%。可见，城镇化进程是随着现代工业的出现和资本主义的产生而开始的。

城镇化程度是一个国家经济发展，特别是工业生产发展的重要标志。由于自然条件、地理环境、总人口数量的差异和社会经济发展的不平衡，世界各国城市化的水平和速度也相差很大。经济发达的工业化国家的城市化程度要远远高于经济比较落后的农业国家。1980年，世界发达国家城市人口的比例平均为70.9%，其中，美国为77%，日本为78.3%，联邦德国为84.7%，英国为90.8%，加拿大为75.5%。而发展中国家的城市人口比例平均只有30.1%，其中还有不少国家低于20%。

进一步观察发达国家城镇化的演进过程，我们可以发现，发达国家的城镇化进程大体上可以分为前后相继的两个阶段。第一阶段以“集中化”为特征。这个阶段从工业革命开始，到20世纪50年代前后，表现为工业和人口持续的、大规模的集中，城市数目在不断增加，城市的规模在不断扩大，大城市也在不断地增多。第二阶段则以“分散化”为特征。在20世纪60年代以后，西方发达国家在城市化中出现了所谓的市郊化（suburbanization）及后来的超市郊化（exurbanization）现象，即大批居民从城市的中心地区迁往城市的郊区地带。一方面是因为城市中心地带的环境污染严重，另一方面是发达的现代交通工具也为人们从城市移居到郊区提供了可能。在这一阶段，区域的发展表现为城市中心区域人口增长停滞，城市周边区域的人口却在不断地增加，卫星城式的居民区发展十分迅速。城市的发展出现了以大城市为中心的“都市圈”或“城市群”，“城市带”发展比较快，小城镇的发展引起了人们的关注，城市化的概念也在向城镇化演变。

城市是人类文明的标志，是人们经济、政治和社会生活的中心。城市化的程度是衡量一个国家和地区经济、社会、文化、科技水平的重要标志，也是衡量一个国家和地区社会组织程度和管理水平的重要标志。城市化是人类进步必然要经历的过程，是人类社会结构变革中的一个重要线索，只有经过了城市化的洗礼之后，人类才能迈向更为辉煌的未来。然而，我们还必须看到，城市化所带来的并不一定完全是一曲美妙的乐章，它和人类取得的其他文明和进步一样，也将产生一些对人类生存和发展不利的影响。正确认识城市化所带来的影响，并采取必要的措施认真地予以克服，对推进我国新型城镇化发展有着十分重要的意义。

## 二、我国城镇化发展的历史阶段

我国的城市发展，在100多年的时间里，走过了一条十分曲折、反复的道路。从19世纪下半叶到20世纪中叶，由于受到世界列强的侵略及国内军阀割据的影响，我国城镇化的发展十分不均衡。在一些地区，如上海，城市扩张迅速，而在另一些地区，城市发展则完全处于停滞的状态。我国城镇化发展的进程，大体可以分为三个阶段，每个阶段都呈现出不断加快发展的基本态势。我国的城镇化发展，虽然在发展的速度上滞后于工业化，也存在着不少的问题，但在总体上仍然取得了令人瞩目的成就。20世纪80年代后，我国的城镇化进程迅速加快，党的十八大提出了走新型城镇化的发展道路，我国的城镇化发展逐步进入良性发展的轨道，成为推动国民经济和社会发展的重要引擎。

### （一）缓慢起步阶段

1949—1978年是我国城镇化发展的缓慢起步阶段。在中华人民共和国成立之初，我国的城镇化水平只有10.64%，经历了中华人民共和国成立后的三年恢复、“一五”时期的平稳发展、大起大落的“大跃进”与调整，以及“三线建设”等阶段后，到1978年，在近30年的时间里，我国的城镇化水平只提高到17.92%，设市的城市由中华人民共和国成立初的132个增加到193个，仅增加了61个。这一时期，我国城市化发展十分缓慢，与我国选择的重化工业化道路、急于求成的政策及城镇化水平起点低等因素有关。在这一时期，我国工业建设的重点城市，除北京外，仅有太原、包头、西安、武汉、大同、成都和洛阳7座，重点扩建的城市也只有鞍山、沈阳、吉林、长春、哈尔滨等20多座，局部扩建的城市有南京、济南、杭州、昆明、唐山等15座。其中在“三线建设”时期，扩建的城市仅有十堰、成都、兰州、宝鸡、西宁、汉中等。

**（二）加速发展阶段**

从1978年改革开放到2000年，是我国城镇化加速发展阶段。在这一时期，我国城镇化水平由17.92%上升到36.22%，年均增加0.83个百分点，设市的城市由193个增至663个，建制镇由2 173个增加至20 312个，发展的速度比较快。这一时期我国城镇化进程明显加快的首要原因是，国家确立了以经济建设为中心的发展战略，经济建设的加快促进了城镇化发展的进程。其次是国家工业化发展战略的调整。在这一时期，我国的工业化发展战略由重化工业化转变为符合我国经济发展阶段，以轻纺工业为重点的工业化发展战略，在扩大工业发展规模的同时，吸纳了大量的农村剩余劳动力，进而促进了大城市和中小城镇的发展。最后是国家大力实施以中心城市带动区域发展的战略和向沿海倾斜的区域发展政策，极大地促进了如深圳等东部沿海城市的发展。在经济的拉动下，我国东部沿海地区还涌现出了众多的中小城市和小城镇，典型代表有石狮、东莞、昆山等。

**（三）快速发展阶段**

进入21世纪后，我国城镇化发展进入快速发展的新阶段。在这个阶段，国家制定了加快城镇化发展的战略，城镇化又经历了小城镇的规模扩张、城镇群发展等新的阶段。从2002年到2011年，我国城镇化率以平均每年1.35个百分点的速度快速发展，城镇人口平均每年增长2 096万人。2011年，我国城镇人口的比重达到了总人口的51.27%，比2002年上升了12.18个百分点，城镇人口达到了69 079万人，比2002年增加了18 867万人；乡村人口65 656万人，比2002年减少了12 585万人。2019年，我国总人口140005万人，其中城镇常住人口84843万人，乡村常住人口55162万人，比上年减少1239万人，城镇化率60.6%。

2014年颁布的《国家新型城镇化规划（2014—2020年）》指出，我国新型城镇化发展的重点包括以下几个方面：一是突出人的城镇化，全面提高城镇化质量，加快转变城镇化发展方式，以人的城镇化为核心，有序推进农业转移人口市民化。二是突出城市群发展，要以城市群为主体形态，推动大中小城市和小城镇协调发展。三是突出生态文明理念，要以综合承载能力为支撑，提升城市可持续发展水平。四是突出创新驱动理念，以体制机制创新为保障，改革释放城镇化发展潜力，走以人为本、四化同步、优化布局、生态文明、文化传承的中国特色新型城镇化道路。2016年，国家实施“十三五”规划，期间重点推进京津冀、长三角、珠三角、哈长、辽中南、山西中部、山东半岛、中原、长江中游、海峡西岸、北部湾、呼包鄂榆、宁夏沿黄、兰西、关中平原、成渝、黔中、滇中、天山北坡城市群19个城市群建设，形成更多支撑区域发展的增长极。2019年，中国人口城镇化率超过60%这一关键节点。按国际标准，一个国家的人口城镇化率达到60%，就意味着已经基本实现了城镇化，进入了城市社会时代。

## 三、中国城镇化发展取得的成就

我国的城镇化率从 1949 年中华人民共和国成立时的 10.64%提高到 2011 年的 51.27%，年均提高 0.66 个百分点左右，基本适应了国家经济建设和社会发展的需要，为中华民族的伟大复兴奠定了坚实基础。我国城镇化发展取得的成就，概括起来，主要表现在以下四个方面。

### （一）城镇化发展进程明显加快，城镇经济比重不断提高

进入 21 世纪以来，我国城镇化进程基本保持在年均提高 1 个百分点的水平上，高于同期世界城镇化发展年均 0.2 个百分点的水平，也快于许多新兴工业化国家城镇化发展的速度。在这一时期，我国城镇化水平与经济发展阶段基本适应，对于这一点，可以从 2011 年时我国人均国内生产总值达 5 414 美元左右和城镇化水平达到 51.27%这两大指标看出。

### （二）城镇体系日益完善

我国大中小城市和小城镇体系已经基本形成，2019 年年底，全国有县城及以上的大中小城市 3 229 个，建制镇 19 522 个，已形成京津冀、长三角、珠三角、成渝、武汉、长株潭、辽中南、哈长、关中、中原、海西及山东半岛 12 个城市群。这 12 个城市群占全国 GDP 的比重从 70.56%上升至 82.03%。在辽中南、珠三角和中原城市群，连接性贡献超过了 50%，这是最重要的一体化推动因素。其中，辽中南城市群该因素的贡献超过了 65%。在山东半岛、长株潭、成渝、关中、哈长、武汉城市群，经济集聚的贡献超过了 60%，其中山东半岛城市群经济集聚的贡献更是超过了 70%。

### （三）城镇布局日趋合理

从宏观上看，我国城镇“大分散、小集中”的合理空间布局正在形成，表现为与我国地理环境资源基本相协调的东密、中散、西疏的总体态势。从微观上看，在城市内部，中心城区、近郊区及远郊县的城镇空间结构层次日益显现。

### （四）城镇的现代化水平不断提升

城镇的快速发展，有效扩大了城镇人口容量，促进了城镇现代化水平。城镇建设成效明显，城市建成区面积扩大，住房条件改善，城市交通、供水、热电、绿化、环境卫生、电信等基础设施体系不断完善。

## 四、城镇化发展面临的主要问题

进入 21 世纪以来，我国城镇化发展取得了令世界瞩目的成就。但不可否认的是，我国的城镇化在发展中也出现了许多问题，“城市病”不同程度地在一些城市出现，引起了政府和社会的关注。城镇化发展面临的问题是多方面的，概括起来，主要体现在以下五个方面。

### （一）城镇规模结构不合理，对外辐射能力弱

与国际上其他国家相比，我国大中小城市和城镇的结构明显不合理。我国大、中城市，特别是大型城市集中的人口比例明显偏低。城镇群发展还刚刚起步，城镇之间的联系

交往程度还不高，城镇聚集程度还比较低，人口总规模也比较小，吸纳人口的能力还不强。目前，我国许多城镇还都处于人口和产业的集聚阶段，对外辐射能力不强，虽然在一些地方也存在郊区化和分散化的趋势，如产业和人口转移等，但总体还不十分明显。

**（二）城镇的宏观区域布局和内部空间布局不合理**

在城镇宏观区域布局上，还存在着城市数量太少、乡村太多、建制镇规模太小等问题。此外，城市内部功能分区混乱，城市核心区、中间区、边缘区、郊区和郊县的关系不清晰，致使一些城市盲目外扩，这也是“城中村”现象出现的重要原因之一。

**（三）城镇化水平总体不高、质量还比较差**

城镇化水平不高突出表现在“城中村”、工矿棚户区和小城镇破败等方面。一些城市中大量存在的“城中村”现象，反映了我国城市发展模式的粗放，发展的可持续性较差；在城市规划的刚性和执行力度上，以及城市建设管理上都存在着很多问题。工矿棚户区是计划经济时期“先生产、后生活”的产物，在改革开放的年代，由于种种原因，这些地区的发展晚了一拍或半拍，致使问题遗留了下来，难以得到及时有效的解决。至于小城镇破败的问题，主要与城镇发展的阶段性有关。在城镇化的早期，政府一般都注重大中城市的发展，对小城镇发展重视不够。我国虽然很早就提出了“小城镇、大战略”的思路，并且也重点突出了小城镇的设置，但毕竟小城镇经济实力不足，早期的城镇化过程中政府也无暇顾及小城镇的建设，对小城镇的建设投入资金明显不足，导致许多小城镇基础设施差，产业布局跟不上，城镇功能弱，城镇建设质量不高。

**（四）城镇化进程中对城乡差距调控不力**

在城镇化进程中，虽然我国农村也有一定发展，但城镇并没有发挥好带动农村的作用，城乡之间的差距，特别是在2000年前后，不但没有缩小反而还在扩大，城乡关系不顺，城乡二元结构依然突出。政府的基本公共服务和社会保障没有普遍地、均等地惠及城乡人口，城乡还没有形成良性互动的格局。城镇化的快速推进也未能有效地、稳定地减少依赖土地生存的农业人口。在推进城镇化的过程中，一些地方在征地、拆迁、旧城改造等方面，还存在着有法不依、执法不严、工作方法简单粗暴等问题，造成了一些社会矛盾，影响了城乡社会的稳定。

**（五）城乡生态环境问题严重**

在城镇化发展过程中，一些城市向农村转嫁环境污染或农村向城市提供有害食品的问题时有发生。“城中村”往往成为城市环境卫生的死角和隐患，不仅严重地影响了市容，而且对整个城市的环境和卫生带来了很大的威胁，甚至还可能引发城市流行病，危及人民群众的健康与生活。

## 第二节　城镇化发展的基本趋势

2020—2030年，我国城镇化将仍然处于快速发展时期，城市的数量、城镇人口将有较大的提升，城镇建设将有较大的发展。基于我国人口众多、可耕地面积少、资源环境约束大的特殊国情，在城镇化过程中，我们必须走一条既能充分发挥我国后发优势，又符合我国国情的城镇化发展道路。因此，走具有中国特色的城镇化发展道路，不仅是我国城镇化发展的必然选择，也是我国城镇化发展的基本趋势，这种趋势表现在以下方面。

## 一、城镇化快速发展仍然是基本趋势

2019 年，我国城镇化率已达 60.6%，根据联合国的预测，中国城镇化率会在 2030 年达到 70%。2050 年达到 80%，城镇化快速发展，仍然是我国未来一段时间的基本走势。但我国的城镇化发展，将实施以促进人的城镇化为核心、提高质量为导向的新型城镇化战略，提高农业转移人口市民化质量，增强中心城市和城市群综合承载、资源优化配置能力，推进以县城为重要载体的新型城镇化建设，大中小城市和小城镇协调发展，提升城市治理水平，推进城乡融合发展。

### （一）加快发展重点城市群

加快实施京津冀协同发展、长三角区域一体化发展、粤港澳大湾区建设、长江经济带发展、黄河流域生态保护和高质量发展战略。全面实施城市群发展规划，推动哈长、长江中游、中原、北部湾城市群建设取得阶段性进展，支持关中平原城市群规划实施联席会议制度落地生效，推动兰州—西宁、呼包鄂榆等城市群健全一体化发展工作机制，促进天山北坡、滇中等边疆城市群及山东半岛、黔中等省内城市群发展。推动成渝地区双城经济圈建设，促进重庆市、四川省通力协作，加大成渝地区发展统筹力度，发挥中心城市带动作用。

### （二）推进都市圈同城化建设

深入实施《国家发展改革委关于培育发展现代化都市圈的指导意见》，建立中心城市牵头的协调推进机制，支持南京、西安、福州等都市圈编制实施发展规划。以轨道交通为重点健全都市圈交通基础设施，有序规划建设城际铁路和市域（郊）铁路，推进中心城市轨道交通向周边城镇合理延伸，实施“断头路”畅通工程和“瓶颈路”拓宽工程。支持重点都市圈编制多层次轨道交通规划。提升中心城市能级和核心竞争力。优化发展直辖市、省会城市、计划单列市、重要节点城市等中心城市，强化用地等要素保障，优化重大生产力布局。完善部分中心城市市辖区规模结构和管辖范围，解决发展空间严重不足问题。

### （三）推进以县城为重要载体的新型城镇化建设

明确发展目标和建设任务，加大要素保障力度和政策扶持力度，抓紧补上短板弱项，推进环境卫生设施提级扩能、市政公用设施提档升级、公共服务设施提标扩面、产业配套设施提质增效。规范发展特色小镇和特色小城镇。强化政策激励，加强用地和财政建设性资金保障，鼓励省级政府通过下达新增建设用地计划指标、设立省级专项资金等方式择优支持，在有条件的区域培育一批示范性的精品特色小镇和特色小城镇。

### （四）推进边境地区新型城镇化建设

在边境地区推进潜力型城镇以产聚人、战略支点型城镇以城聚产，打造以内陆邻近的大中城市为辐射源、边境县级市及地级市市辖区为枢纽、边境口岸和小城镇为节点、边境特色小镇为散点的边境一线城镇廊带。推进兴边富民行动，改善边境一线城镇基础设施和公共服务，建设沿边抵边公路。

### （五）推进大型搬迁安置区新型城镇化建设

顺应大型搬迁安置区转向新型城镇化建设新阶段的发展要求，加推进搬迁人口市民化进程，强化产业就业支撑，帮助搬迁人口尽快解决稳定发展问题，适应新环境、融入新社区。

### 二、建立大中小城市和小城镇协调发展的城镇体系

经过十多年的快速发展，我国城镇体系的空间框架基本拉开，初步形成了2019年末“3229＋19522（城市和建制镇）”的布局框架，大体上符合“大分散、小集中”的城镇布局原则，但距离建立完善的城镇体系还有较大差距，如城镇及整体城镇的集合还没有完全成为区域经济的中心、城市数量比较少、城市人口比重还比较低、农业的比重还比较大、城市功能还没有覆盖全国国土等。按顶层设计的思路和要求，未来我国城镇体系比较理想的方案如下：总体上城镇化率达70%以上，城镇人口达10.5亿人（按14亿人口计算），形成一个大体上的“3300＋20000（城市和建制镇）”的城镇体系。具体的城镇格局和城镇人口分布：

第一层级的城市，以现有的31个省、自治区、直辖市驻地城市和沿海5个计划单列市为基础，将这些城市建设成城市人口约500万的大城市，总体可容纳1.7亿城市人口。

第二层级的城市，以现有的300多个地级市和地区行署镇为基础，将这些城市和建制镇建设成城市人口约100万的城市，总体可容纳3.0亿城市人口。

第三层级的城镇，以现有的2 000多个县级市和县城为基础，将这些城市和建制镇建设成城市人口约20万的城市，总体可容纳4.0亿城市人口。

第四层级的城镇，以剩下的建制镇为基础，建成城市人口约1万的城市，总体可以容纳1.8亿左右的城市人口。

由此形成大体“3300＋20000（城市和建制镇）”的城镇体系，城镇数量呈“金字塔”形分布，城镇人口数量呈“纺锤”形分布，以适应我国高度城镇化和集约城镇化的发展要求。

### 三、重点建设100万～200万人口规模的城市

与发达国家相比，我国城镇体系的一个突出问题，就是位于中间层次的城市和人口都比较少，中间层次的城市功能不足，严重影响了整个城镇体系正常功能的发挥。我国未来的城市建设，将走中国特色集约化和紧凑型城镇化的道路，重点建设和发展人口在100万～200万的中间规模的城市。要坚持大中小城市和小城镇协调发展的方针，特别是要找到一个具体的抓手和突破口。根据众多的关于城市人口规模与经济社会效益关系的研究成果，考虑到城市人口规模过大和过小都有可能存在明显弊端，再结合我国的具体国情，今后我国的城镇化建设，应当主要建设人口在100万～200万规模的城市，对该范围以外的城市，应采取一定的限制发展的措施，既要防止城镇化发展中的“大城市病”，又要防止城镇建设对土地资源的过度占用。

### 四、以城市群建设为主要方式推进城镇化

大中小城市和小城镇协调发展战略落实在空间上，就是要大力发展各种各样的城市群。城市群是城市化的高级形式，也是城乡一体化、郊区化和中心城区改造有机结合，以及中心城区人口有机疏散的最佳地域组织形式，这种形式既有利于人口的集中，有助于

“三农”问题的解决，又有利于疏散大城市的人口压力，缓解“大城市病”。事实上，城市与其腹地之间、城市与城市之间有着密切的联系，这种紧密的关系可以用“城市圈”（城市与其相近腹地之间的关系）和“城市群”来描述。20世纪70年代以来，世界各国城市群发展十分迅速，城市群已经成为世界城市化的主要形式之一。在美国，城市群被称为“联合大都市区”，通常为几个大都市区的集群，城市群能够覆盖更多的国土面积，有利于国土的全面开发。目前，我国城市群发展速度也很快，如长三角、珠三角、环渤海、长株潭、成渝城市群等。在未来，我国城市群的发展速度将会越来越快，城市群将成为我国推进城镇化和集中人口的主要方式。

### 五、城镇化的主战场将转向我国的中西部

在2008年，我国东部地区的城镇化水平已达56.0％，度过了城镇化的最快发展时期，但当时中西部地区的城镇化率仅为39.6％。中西部总人口比东部总人口多接近1倍，中西部土地资源也比较丰富，东部劳动力密集型产业已开始大规模向中西部转移。因此，未来我国城镇化的主战场将出现在中西部地区。

## 第三节　推进新型城镇化的策略

加快推进新型城镇化，是我国全面建设小康社会的需要，也是统筹城乡发展，促进城乡一体化的重要措施。在推进新型城镇化建设过程中，必须坚持从各地的实际情况出发，规划先行，大胆创新，努力探索出一条既符合现代城市发展规律，又具有自身特色的新型城镇化发展的路子。

### 一、城镇规划要有全局和长远的眼光

规划是城镇建设与发展的蓝图和总纲。搞城镇建设，不怕老建筑破旧，就怕新建筑落后，规划不好会给当代人和后代人留下难以弥补的遗憾。所以，一定要高度重视城镇建设和发展规划的编制。规划和建设城市时要坚持高起点、谋长远，如大城市应更好地体现发展先进生产力的要求，注重发展高新技术产业和现代服务业，不能把发展的眼光还停留在传统产业的层次上。科学规划、合理布局，同步发展基础设施，充分考虑城镇科技、教育、文化等各项社会事业的发展需要。在规划中要注意借鉴运用国内外先进理念、方法和技巧，充分展现各类城镇的特色和风格，提高城镇艺术品位和文化内涵，体现超前性、科学性、新颖性，努力实现个体与群体、局部与整体的和谐与统一。要突破自我规划、低水平建设的局限，编制规划可以向全国甚至世界招标，请有关方面专家进行科学论证。要注重规划的系统性，维护规划的权威性和严肃性，加强对规划的监督和管理。要充分认识到城镇建设是一个持续的过程，针对城镇建设的规划一旦制定，就必须将其纳入法制化的轨道，“一张蓝图绘到底”。

### 二、城镇管理要引进先进理念和方法

有现代化的管理，才有现代化的城市。从某种意义上讲，城镇管理比城镇建设更重

要。长期以来，我国城镇的建设落后，管理更落后。各级政府要强化城镇意识，把更多的精力放到城镇的建设和管理上。要注重引进先进的管理理念和管理方法，广泛吸纳高素质的专业管理人才，加强对在职人员的培训，提高城镇管理的水平。要积极利用一切现代化的管理手段，尤其是要加速推进城镇管理的信息化进程，加快城镇规划管理信息网和市政公用事业服务信息网建设。有条件的城市，还要尽快启动数字城镇和数字社区信息基础设施的建设，推进数字技术、网络技术、信息技术在城镇工作中的广泛应用。城镇管理要突出一个“严”字，完善管理法规，加大执法力度，加强监督检查，规范执法行为，严格奖惩措施，使各类城镇的管理逐步走上制度化、科学化、法制化的轨道。

### 三、积极探索“经营城镇”的新路子

在市场经济条件下，城镇不仅本身具有价值，而且如果经营得好，城镇还可以增值。因此，应按照发展社会主义市场经济的要求，转变观念，深化改革，走“经营城镇”的新路子。这既是解决城镇建设资金不足的有效措施，也是不断推动城镇上规模、上水平、上档次的重要途径。

一是政府要对拟开发建设的土地一级市场实行垄断经营。垄断土地一级市场，一方面有利于城市规划的有效实施，另一方面也能够筹集一笔巨大的建设资金，为城镇发展备足后劲。对已经占用的建设用地要推行土地有偿使用制度，尽可能地发挥土地的使用效益。

二是政府要统一经营城镇地下公用设施，从根本上避免目前普遍存在的因多头建设、多头经营而出现的“开膛破肚”现象。统一建设地下公用设施要有长远眼光、创新思维，确保这些设施能够在未来较长的一段时间内不落后，并实行统一管理，有偿服务，不断满足各类城市建设管理者的有效需求。在这方面，国内外都有成功经验，我们应大胆借鉴，积极探索。

三是利用市场机制开展资本经营。比如运用好市场经营权、城镇公共广告空间使用权、城镇各种设施及地名冠名权。又如对繁华地段的工业企业实行“退二进三”的产业置换，对住房、医疗、学校、供水、燃气、电力、热力等基础性建设实行灵活的投融资政策，扩大直接融资，等等。

四是积极推行特许权经营，实行 BOT（build - operate - transfer，建设—经营—转让），TOT（transfer - operate - transfer，转让—经营—转让）等方式，引进机构投资者和战略投资者。

五是采取路房结合等方式，广泛动员民间零星资金投资市场建设和小区改造。还要制定优惠政策，引农进镇进城，使农民成为城镇建设的投资者。

六是根据市场需求，运用市场规律，合理调整价格和收费，逐步形成投资、经营、回收到再投资的良性循环机制。

### 四、消除影响城镇化进程的体制性障碍

现行的户籍管理制度，以及与之相关的就业、教育、医疗等制度，已不适应发展社会主义市场经济的需要，不利于人才和各种劳动力的合理流动，应按照国家的统一部署进行改革。要认真贯彻国务院 1997 年印发的《国务院批转公安部小城镇户籍管理制度改革试

点方案和关于完善农村户籍管理制度意见的通知》（国发〔1997〕20号），放开农民进入县级市、县人民政府驻地镇及县以下小城镇的户籍限制。大中城市应加快改革力度，允许在城市投资、办实业、购买商品房的公民直接落户，鼓励“投资移民”；着眼于人才引进、人才储备，造就高素质的劳动者队伍，全面取消对高校毕业生的准入限制，鼓励“技术移民”。建立和完善面向全社会的养老保险、失业保险和医疗保险制度，为进城人员提供社会保障。建立城乡一体的劳动力市场，逐步取消针对农民和外来人员的限制性就业政策。

### 五、坚持可持续新型城镇化发展战略

推进城镇化发展应坚持人口、资源、环境合理配置，走可持续发展的道路。既要关注城市的不断发展，同时也要重视解决出现的诸如资源浪费、交通堵塞、环境恶化等“城市病”。此外，要重视提高城镇居民的素质，引导城镇居民树立符合市场经济要求的、具有鲜明时代特征的竞争意识、时间观念，养成奉公守法、崇尚科学、诚实守信、勤劳致富、见义勇为、团结互助等健康向上的生活方式和行为习惯。

在城镇建设中要珍惜和合理利用每一寸土地，走扩大规模与内涵挖潜相结合的路子，盘活存量土地，提高土地使用效率。要注意从源头上控制污染项目在城镇的上马，对城镇新上项目要严把审批关，对已造成污染的企业该关停的要坚决关停。

加强城镇“三废”处理设施建设，建成一批城镇污水处理厂和无害化垃圾处理厂。针对我国大部分城市水资源相对不足，一部分城市还常年受风沙影响的情况，在城镇化建设中可以把绿化城镇空间和植树造林作为主要措施，这样既可以涵养水源，又能够降温除尘。在此基础上，还要注意对乔木、灌木、花草的合理配置。要广泛开展创建文明城市、园林城市、生态城市的活动，使城市的品位不断提升。

## 第四节　城镇化相关问题的解决

我国的城镇化建设，在促进国民经济和社会发展中发挥了十分重要的作用，但在这一过程中，也出现了一些引发社会强烈关注的问题。在城镇化过程中，我们必须正视问题，有针对性地采取措施，努力克服和消除城镇化发展中的不利因素和存在的问题，坚持走新型城镇化道路，以推进我国城镇化的健康发展。

### 一、不可忽视的城市化问题

对于我国在城镇化进程中出现的问题，《中国新型城市化报告2011》一书进行了全面的归纳，概括起来，这些问题主要表现在以下五个方面。

#### （一）城市财富积累与民生幸福要求不同步

中国前期的城镇发展，比较关注经济成长，不太重视社会建设和民生改善，表现出“一条腿长一条腿短”的特点。改革开放以来，我国经济发展一直在高位增长，但居民收入和消费水平的提升基本上低于GDP的增速，在城市财富迅速积累的前提下，居民富裕程度没有同步提升。

### （二）城市规模扩张与要素集约化水平不匹配

虽然我国已进入了城镇快速发展的时期，但城镇建设还较为低效和粗放。目前，资源环境恶化带来的瓶颈效应日益强烈，我国城镇的发展迫切需要迈向内涵式、集约化发展的轨道。

### （三）城市规模控制与流动人口集聚不协调

现阶段，我国还面临着由于大中小城市发展不均而导致大城市人口急剧膨胀、中小城市人口增长乏力的现象。促进大中小城市和小城镇的协调发展，为市民提供基本生存性福利的均等化，是政府的必然选择。

### （四）城市物质文明与生态文明建设不同步

很多城镇的硬件设施已达到较高档次，但生态环境在不断恶化，市民无法融入城市生活，与城镇文明的要求差距还很大。物质文明与生态文明建设不同步，已成为制约和谐城镇建设的重要因素。

### （五）城镇高速发展与现代城市管理水平不适应

城镇高速发展与现代城市管理水平不适应，主要表现在初级产业用工荒与高端人才求职难并存、公共交通工具的增长慢于城市建设的扩张、土地的城市化水平快于人口的城市化、基本公共服务在大小城市和小城镇分布不均衡等。

## 二、解决城镇化进程中相关问题的措施

由于城镇化进程中各地的情况千差万别，解决城镇化进程中出现的问题，应从各地的实际情况出发，有针对性地进行。对我国城镇化发展中出现的一些共通性问题，可采取以下办法来解决。

### （一）工业进园，集约开发

城镇化的巨大推动力之一是工业化，工业化推进了城镇化。目前的首要问题是，我国的很多城镇是在分散发展，遍地开花，缺乏统一的规范和约束。苏南地区在城镇化中确立的“工业园区”发展战略，对于其他地区的城镇化建设很有借鉴价值。园区的道路、供水、供电等基础设施建设得以大规模地统一规划、统一开发。这样做能够节约土地，形成规模，实现资源共享，避免浪费，形成良好的投资环境，有利于吸引大企业、大财团进入。要按照产业结构的分工，划分功能区，统一建设规模较大、设施完善、环境优美的工业园区。

### （二）规划先行，农民上楼

城镇化发展进程中的第二个突出问题是规划滞后且水平较低，城镇无序开发，“只见新房，不见新城”，道路狭窄，设施残缺。应当树立规划就是生产力的观念，充分认识到规划不科学是对生产力的严重破坏。对此，要解决好两个问题：一是加快城镇中心区的规划和建设；二是农民上楼的问题。我国的城镇化发展要用城市文明去改造传统的农民，首先要从改变农民千百年来形成的生活方式入手。借鉴深圳的做法，就是建设农民公寓和统一建楼，让农民上楼。这种做法好处很多，一是可以节约土地，二是能够改变农民传统的生活方式，三是有利于引导农民走向城市化，最终走出一条旧村改造和新城镇建设的新路子。

**（三）经营城镇，市场运作**

城镇化发展进程中的第三个突出问题，就是资金投入问题。特别是基础设施的建设，需要大笔的投入，这就要求拓宽城镇建设的投资渠道，树立经营城镇的观念，引入市场运行机制。主要可采取以下做法：用土地置换资金，如建广场，带动周围的土地升值，周边土地可以给投资者建商场；用使用权置换资金，文化体育设施规划设计归政府，建成以后的使用权归投资者，使用权可以是15～30年；用资源换资金，城镇的基础设施建成以后，要充分地运用市场机制进行有效管理。

**（四）民营经济，放手发展**

一个城镇的发展是否有活力和后劲，很重要的一个方面就是看其能否建立起与市场经济相适应的市场经济主体。目前，我国不少城镇大力发展中小民营企业，推进了城镇化的进程。企业的竞争力，取决于企业产权是否明晰，是否形成了一个全国乃至世界范围的市场网络；取决于企业经营者的素质。中小企业虽然从个体上看规模很小，但它分工细，互补性强，这就可能形成一个新的整体，形成一股合力。企业规模的大小，要顺应生产力的发展要求，只要是要素组合合理配套，就能形成新的生产力。因此，要把发展中小企业和民营企业作为经济发展和推进城镇化的一个新的增长点，努力给中小企业和民营企业营造一个良好的发展环境。

**（五）注重商贸，优化结构**

一是大力发展现代物流业。在商品经济中，商品流、资金流、信息流、人才资源流都是非常重要的环节，物流服务企业创造了价值，促进了利润的增长，其产生的作用也越来越受到人们的重视。

二是大力发展信息产业。必须把建设“数字城镇”摆上议事日程。建设“数字城镇”有多方面的好处，可以运用网络化、数字化、信息化提升我们的传统产业。通过发展电子商务，可以加速商品流通，降低生产、交易成本，甚至可以改变企业的结构。工业社会生产的最大特色是流水线、大集团、规模经营，而在数字社会，通过虚拟制造、“敏捷形态”，就可以避免大型企业的臃肿。在中小企业众多的地方，网络化可以促进它们优势互补，实现分工协作。建设“数字城镇”更为重要的是可以提高人的素质，丰富人们的精神文化生活。

三是大力发展旅游产业和休闲产业。中小城镇旅游资源丰富，既有历史人文资源，又有自然生态资源，发展各种各样的旅游和休闲产业，有助于城镇化的发展。

**（六）持续发展，人物和谐**

实施可持续发展战略，建设一个生态型、现代化、园林化的城市，是新型城市化的新要求。城镇建设要高起点规划、高标准建设，加大环境污染的治理力度，给人民群众营造一个适宜生活、适宜创业的环境。

**（七）转变职能，强化管理**

加快城市化的发展进程，必须大胆进行行政体制改革。第一，要转变政府职能，政府要退出生产经营领域。有条件的地方，可以组建镇、村股份公司，实行委托经营，政府则把主要精力集中到社会事务管理和为企业提供服务上来。第二，要建立责权利相统一的行政体制。将重心下移，上级行政部门要下放一部分权力给城镇，这样，更有利于城镇的发展。第三，要加大对城镇支持的力度，放水养鱼，增加城镇的财税返还，推动小城镇建设。

## 三、改革体制机制，促进城镇化健康发展

加快城镇化进程，是国家转变发展方式，促进经济社会转型的客观要求。城镇化发展是一个十分复杂的经济社会发展系统工程，涉及经济结构、产业布局和生活方式的巨大变化。为保障城镇化进程的顺利进行，作为后发国家，我国应调整对策措施，改革体制机制，积极应对和妥善处理城镇化进程中所面临的主要问题。

### （一）建立有效推进城镇化的体制与机制

要在恢复和加快设市进程的基础上，努力促进政府从“经营城镇”理念向“规划城镇并监督规划实施”理念转变，让市场去“经营城镇”，营造一个市场化的推进城镇化的机制。在监督规划实施中，强化对“城中村”及时和统一的改造，提高城镇基础设施规划标准和建设水平，加强城镇基础设施建设力度，有效扩大城镇对人口的吸纳能力。目前，我国对于城市基础设施的管理采取的基本上是政府直接经营管理的模式，城市基础设施的运行，也主要由市政工程管理机构与其他专业公司（或局）直接经营管理。在今后，应逐步加大城镇基础设施社会化和市场化改革的力度，在统一的城市公共资产管理机构下，按照城市基础设施性质的不同，分别采用相应的不同经营管理模式。

### （二）优化和完善城镇的规划体制

要进一步强调城镇规划的硬约束，严格执行城市规划法和有关法规与政策，搞好新一轮城镇规划并严格监督规划的实施。要加强城镇体系的规划工作，尽快制订我国重点城镇群的规划方案。大城市要防止“空洞化”，中小城市要防止盲目扩张，小城镇则应避免遍地开花。要统筹规划城镇的基础设施，全面兼顾地上地下基础设施，不搞形象工程。城镇规划要强调各主体的参与，制订具体的城镇规划方案，明确城镇规划中各阶段社会主体参与的形式、范围和作用。要继续深化政府职能转变，完善土地征用和使用制度。

### （三）改革城乡人口迁移和户籍管理体制

按照人口自由流动和合法迁徙要求，改革人口迁移体制。第一，逐步取消户籍城乡分置制度，建立新型的按居民居住地登记及变更登记的制度。第二，取消附加在户籍管理制度上的经济社会方面的规定，探索城乡社会保障、子女上学和升学、就业等方面一体化的具体途径，不断提高社会保障统筹的层次，可优先在“城中村”推进这方面的改革。第三，在推进土地集约经营的基础上，逐步放弃“土地换城市户口、换社保”的思路，探寻城乡居民身份自由转换的可行办法。第四，全面放开小城镇和小城市落户限制，有序放开中等城市落户限制，逐步放宽大城市落户条件，合理设定特大城市落户条件，逐步把符合条件的农业转移人口转为城镇居民。

### （四）建立城乡一体化的土地行政管理机制

我国国土资源管理部门是国家统一管理土地资源的行政机构，建设管理部门和农业管理部门分别是城乡土地开发利用和管理的具体执行部门，三者之间的协调程度关系着未来我国土地资源能否实现全面、高效和集约的开发利用。要强化国土资源部门对全国土地资源的统筹协调管理职能，建立城乡一体化的土地行政管理机制。淡化土地所有权管理，突

出土地利用权的确权、规范和管理，进一步明确国土资源管理部门对土地使用权的行政管理职能，建设管理部门和农业管理部门及其他部门只可行使使用权。强化和改进对土地用途的管制，如划分土地利用功能区，明确城镇边界，划分各类农业用地（主要是耕地）基本保护范围，建立严格的土地用途变更审批制度等。建立符合土地利用规划和城镇建设规划要求、城乡统一的土地使用权市场，增加土地资源的流动性，扩大空间配置的范围，促进土地开发利用效率的提高，等等。

**（五）改革城乡财税金融体制，变“卖地财政”为规范的“土地财政”**

在税收上，要尽快及时地开征房地产税，有效控制土地出让价和房价，以改革土地利用的直接税和间接税比例关系，提高土地保有成本，降低土地交易成本，促进土地市场和房地产市场的健康发展。开征房地产税，只要税率合适，土地价格将应声而落。同时，开征房地产税还有利于理顺土地所有者和土地行政管理者的关系。只要房地产税长期存在，就会改变目前极不合理的一次性收取多年土地出让金问题和土地出让年限问题（只要年年交税就不存在所谓年限问题），就可能会改目前的所谓“卖地财政”为规范的“土地财政”。优化土地资源配置，鼓励土地的经营开发。

在财政上，建立城市财政与城镇基础设施之间的新型关系，财政资金（主要是未来的房地产税）只管基础设施的运行，而不管投资，城镇基础设施投资主要靠其他途径解决，如民间资本、信贷、外资等。在金融体系建设上，可开办土地银行，统筹经营管理与土地出让、交换和开发有关的所有资金来源和用途。在近期内，应研究扩大城镇建设债券发行规模的可行性，以及进一步拓宽民间资本和国外资本进入城镇建设的渠道。

**（六）完善干部管理考核制度**

在干部管理考核和任用制度中，要淡化对经济发展的速度与规模指标的考核，强化对城镇所有居民的民生指标的考核，改革城镇建设主要靠土地财政的状况。在近期内，应突出对“城中村”改造力度的考核，从干部制度上确保城镇化和城镇建设的健康发展。

## 思考与测试

**一、思考题**

1. 为什么说城市是人类文明的重要标志？
2. 我国新型城镇化发展的基本趋势是什么？
3. 应采取哪些措施解决我国城镇化发展中出现的问题？
4. 如何改革体制机制，推进我国新型城镇化的健康发展？

**二、测试题**

（一）填空题

1. 城市化又称城镇化，是指由农业为主的（　　）向以工业和服务业为主的现代（　　）逐渐变化的历史过程。

2. 城镇化的程度是衡量一个国家和地区经济、社会、文化、（　　）的重要标志，也是衡量一个国家和地区（　　）程度和管理水平的重要标志。

3. 城镇化是（　　）必然要经过的过程，是人类社会（　　）中的一个重要线索，只有经过了城市化的洗礼之后，人类才能迈向更为辉煌的未来。

4. 我国城镇化发展的历史进程，大致经历了（　　）、加速发展、快速发展三个阶段，每个阶段都呈现出不断加快发展的（　　）。

5. 必须看到，我国的城镇化也存在着（　　）结构不合理，对外辐射能力弱，城镇宏观（　　）和内部空间布局不合理，城镇化水平总体不高等问题、质量还比较差等问题，必须在推进新型城镇化中解决。

6. 我国城镇化发展的趋势主要表现在构建大中小城市和小城镇协调发展的（　　），重点建设100万～200万人口规模的城市，以（　　）建设为主要方式推进城镇化。

7. 我国推进新型城镇化，要坚持（　　）有全局和长远的眼光，城镇管理引进先进理念和方法，积极探索（　　）的新路子，消除影响城镇化进程的体制性障碍，坚持（　　）的新型城镇化等策略。

8. 推进我国的城镇化，应采取（　　）、集约开发，规划先行、（　　），经营城镇、市场运作，民营经济、放手发展，注重商贸、优化结构等措施。

9. 由于自然条件、地理环境、总（　　）的差异和社会经济发展的不平衡，世界各国（　　）的水平和速度相差也很大。

10. 党的十八大提出了走新型城镇化的发展道路，我国的（　　）发展逐步进入良性发展的轨道，成为推动国民经济和社会发展的（　　）。

11. 进入21世纪以来，我国城镇化进程基本保持在年均提高（　　）的水平上，高于同期世界（　　）年均0.2个百分点的水平。

12. 从宏观上看，我国城镇空间合理布局的“（　　）、小集中”格局正在形成，表现为与我国地理环境资源基本相协调的（　　）、中散、西疏的总体态势。

13. 与发达国家相比，我国城镇体系的一个突出问题，就是位于（　　）的城市数目和人口都比较少。

14. 在推进新型城镇化建设中，必须坚持从各地的实际情况出发，（　　），大胆创新，努力探索出一条既符合现代城市发展规律，又具有（　　）的新型城镇化发展的路子。

15. 城镇管理要突出一个“严”字，完善管理法规，加大（　　），加强监督检查，规范执法行为，严格奖惩措施，使各类城镇的管理逐步走上（　　）、科学化、法制化的轨道。

（二）单项选择题

1. 我国城镇化率从1949年的10.64%提高到2011年的（　　），为中华民族的伟大复兴奠定了坚实基础。

A. 51.27%　　B. 48.3%　　C. 50.5%　　D. 55.0%

2. 在未来20年时间里，我国城镇化仍将处于（　　）时期，城市的数量、城镇人口、城镇建设将有较大的发展。

A. 稳定发展　　B. 缓慢发展　　C. 快速发展　　D. 高速发展

3. 城市的发展出现了以大城市为中心的（　　）或“城市群”，“城市带”发展比较快，小城镇的发展引起了人们的关注。

A. 工业城市　　B. 政治中心　　C. 商业中心　　D. 都市圈

4.（　　）年是我国城市化发展史上具有里程碑意义的一年，在这一年我国城镇人口占总人口的比重首次超过了50％。

A. 2000　　B. 2005　　C. 2008　　D. 2011

5. 不可否认的是，我国的城镇化在发展中也出现了许多问题，（　　）不同程度地在一些城市出现，引起了政府和社会的关注。

A. 城市病　　B. 就业难　　C. 交通拥堵　　D. 环境问题

6. 未来20年，我国城镇化将继续处于快速发展阶段，并将经历高峰发展时期和接近拐点，估计中国城镇化的拐点在（　　）。

A. 55％～60％　　B. 60％～65％　　C. 65％～75％　　D. 75％～80％

7. 我国未来的城市建设，将走中国特色集约化和紧凑型城镇化的道路，重点建设和发展（　　）人的中间规模的城市。

A. 50万～80万　　B. 80万～100万　　C. 100万～200万　　D. 200万～300万

8. 在未来，我国（　　）的发展将会越来越快，成为我国推进城镇化和集中人口的主要方式。

A. 中等城市　　B. 城市群　　C. 城市带　　D. 小城镇

答案见第208页"附录　测试题参考答案"。

# 第十章　农业现代化

**内容提要：**

农业是通过培育动植物生产食品及工业原料的产业。广义的农业包括种植业、林业、畜牧业、渔业、副业五种产业形式。我国是一个以农立国的文明古国，农业生产的历史十分悠久。农业是我国国民经济的基础产业，中华人民共和国成立以来，经过几十年的发展，我国农业取得了举世瞩目的成就，但与国际上现代农业的发展相比，我国还有较大的差距，必须促进农业从传统农业向现代农业的转变。

农业现代化是指从传统农业到现代农业转变的过程，具有动态性、区域性、世界性、整体性等特征。农业现代化的内涵十分丰富，包括农业机械化基础、农业现代化内容、农业信息化手段、劳动者素质等方面。农业现代化不仅是农业生产手段的现代化，还包括农业制度的变革。在工业化、城镇化过程中深入发展中同步推进农业现代化，关系到我国建成全面小康社会和现代化建设的全局。

党的十八大明确提出要坚持走中国特色新型工业化、信息化、城镇化、农业现代化道路，促进工业化、信息化、城镇化、农业现代化同步发展。进入21世纪以来，我国工业化、城镇化和农业现代化快速发展，有力地推动了全面建设小康社会和现代化建设。但我国在农业化的进程中，也存在农业劳动力素质低下，劳动生产率不高，可持续发展能力不强，生态环境不断恶化等问题，必须着眼于国民经济和社会发展的全局，发挥工业化和城镇化对农业现代化的支持与带动作用。

通过完善农业基础设施体系，形成资源节约型、环境友好型农业生产体系，加快建设农业信息体系，完善社会化服务体系、农民培训体系，构建起农业现代化建设的支撑体系，夯实我国农业现代化发展的基础。学习借鉴国外成功经验，立足国情、省情和县情，强化农业现代化与工业化、城镇化协调发展的思路，坚持提高农业效益和劳动生产率的目标，选择以技术创新为主的增长方式，走可持续的农业发展道路。

实现农业现代化是世界各国现代化发展不可逾越的一个历史过程。基于农业现代化的内涵要求和我国农业现代化建设的路径，我国农业现代化建设具有农业社会现代化、农业生态现代化和农业经济现代化三大目标，其中农业社会现代化是根本、农业生态现代化是保障、农业经济现代化是关键。

要实现我国农业现代化，需要促进农业发展方式的根本转变。如发展现代高效农业，提高农业产出效益；推进农业产业化经营，增强农业产业竞争力；推进农业科技进步，提升农业科技贡献率；加强农业基础设施建设，改善农业发展条件；加强农业生态环境建设，促进农业发展可持续；深化农村改革创新。还要采取加快调整农业和农村经济结构、多元化投入农业提高产出效率、培育龙头企业推进农业产业化经营、培养新型农民、推进农业科技进步、健全农业社会化服务体系等措施，推进农业现代化的进程。

**学习指导：**

了解农业的基本形式与发展进程，了解制约我国农业发展的主要因素；把握农业在我国国民经济和社会发展中的基础地位，掌握农业现代化的概念、特征和内涵，掌握农业现代化与工业化、城镇化“三化”协调的重要意义，掌握推进我国农业现代化的总体目标、支撑体系、基本路径和主要措施。

**实践建议：**

在教师指导下，学生选择有一定代表性的农村进行走访，了解当地新农村建设取得的进展情况，提出推进该地区农业现代化的政策建议。

党的十八大明确提出要坚持走中国特色新型工业化、信息化、城镇化、农业现代化道路，促进工业化、信息化、城镇化、农业现代化同步发展。由此进一步说明，农业现代化在国家发展总体布局中，和工业化、信息化、城镇化具有同样重要的地位，是增强农村发展活力，缩小城乡差距，促进城乡共同繁荣的重要方面。把握农业现代化的内涵与特征，了解农业现代化的制约因素，探索农业现代化发展的支撑体系与路径，对于推动我国社会主义新农村建设，促进城乡一体化发展，建成全面小康社会，都具有十分重要的意义。

## 第一节　农业现代化的内涵与特征

农业是通过培育动植物生产食品及工业原料的产业。广义的农业包括种植业、林业、畜牧业、渔业、副业五种产业形式；狭义的农业则指种植业，包括生产粮食作物、经济作物、饲料作物和绿肥等农作物的生产活动。农业的分布范围十分广泛，在地球表面除两极和沙漠外，其他区域几乎都可用于农业生产。农业是人类的衣食之源、生存之本，是一切生产的首要条件，是支撑国民经济建设与发展的基础产业。

### 一、我国农业的起源及其发展

我国学术界十分关注我国农业起源的问题，其中考古学界几十年来一直把它作为一个重要的学术课题进行探索。考古学家在中国广大地域进行调查、发掘，发现了一批涉及人类早期农业活动的遗址，如广西桂林甑皮岩、江西万年仙人洞、河北武安磁山、河南新郑裴李岗、河北徐水南庄头等遗址。前两处遗址已有距今一万年左右的历史。河北武安磁山遗址和河南新郑裴李岗遗址的年代，比中原地区的仰韶文化年代要早，距今已有七八千年之久。其中最令人注目的，是 1986 年在河北徐水县发现的南庄头遗址，在发掘的 60 余平方米的范围内，考古人员发现了一条小灰沟和草木灰层，出土了兽骨、禽骨、鹿角、蚌、螺壳、木炭、石料，以及石器、骨角器、木板、木棒、夹沙红陶片等与居民生活有关的遗物。特别是作为谷物加工工具的石磨盘和石磨棒在遗址中出土，说明当时农作物栽培业已出现。据碳 14 测年，河北徐水南庄头遗址的年代比广西桂林甑皮岩和江西万年仙人洞遗址还要早千年之久，是我国迄今发现的新石器时代遗址中年代最早的一处，由此把我国农业起源的时间推至 1 万年以前。

农业生产具有地域性和周期性的特征。农业生产的对象是动植物，开展农业活动需要依靠热量、光照、水、地形、土壤等自然条件。不同的动植物，生长发育需要的自然条件不同。世界各地的自然条件、经济技术条件和国家政策差别也很大，因此，农业生产具有明显的地域性。动植物的生长有着一定的规律，并且受自然因素的影响。自然因素（尤其是气候因素）随季节而变化，并有一定的周期。所以，农业生产的一切活动都与季节有关，必须按季节顺序安排农业生产，农业生产的季节性和周期性特征十分明显。

我国是一个以农立国的文明古国，农业生产的历史十分悠久，神农氏种五谷的故事流传千古。我国农业一直以种植业为主，农业的生产结构在数千年的历史进程中并没有发生太大的变化。由于我国人口众多，耕地面积相对较少，粮食生产在农业内部一直占据着主要的地位。在传统观念中，种植五谷，几乎就是农业生产的同义语。中华人民共和国成立后，党和政府十分重视农业的发展，我国的种植业、林业、畜牧业、渔业和副业等都在原有基础上有了较大发展，但它们在农业总产值构成中的比重并没有发生大的变化。1979年以后，我国农村进行经济体制改革，确立了“决不放松粮食生产，积极发展多种经营”的方针，农村经济向商品经济转化，变单一经营为多种经营，林业、畜牧业、渔业和副业等都在原有的基础上有了较快发展，农业生产结构也发生了重大变化。

## 二、农业现代化的概念与特征

### （一）农业现代化的概念

现代化指具有现代先进的科技水平，农业现代化是一个动态的历史过程。对此，我们可以通过四个阶段来理解农业现代化：①技术的发展；②农业的发展；③工业化；④都市化。从世界范围来看，现代化可以分为两个阶段：从农业社会向工业社会、农业经济向工业经济、农业文明向工业文明的转变为第一次现代化；从工业社会向知识社会、工业经济向知识经济、工业文明向知识文明、物质文明向生态文明的转变为第二次现代化。

关于农业现代化的概念，比较有代表性的观点有工业化论、转化论和综合论。随着对农业现代化认识的深化，我国学术界对农业现代化概念的描述也日渐完善。在20世纪五六十年代，我国学者认为，现代工业技术在农业中的运用是农业现代化的基础，于是就把农业现代化总结为“四化”，即机械化、化学化、水利化和电气化。20世纪80年代到90年代初，随着我国农村经济改革和农业现代化实践的起步，对于农业现代化的认识较有代表性的观点：农业现代化是运用现代物质装备、现代科学技术和现代管理方法改造农业，使传统农业转变为现代农业的过程。20世纪末，我国的一些学者意识到生存环境恶化带来的威胁，更注重生物技术的应用，在农业现代化概念中增加了可持续发展的内容，其中比较有代表性的观点：以科学方法管理农业，运用生产手段和科学技术装备农业，提高农业生产者的文化、技术，把传统农业逐步改造成为生产力水平高，能够持续发展的、保持和提高环境质量的现代农业的过程。这些观点，都把农业现代化看作传统农业向现代农业转化的过程。进入21世纪，随着学术界对农业现代化内涵认识的进一步深化，关于农业现代化概念的描述也日益完善，一些学者认为，农业现代化并非农业单一发展的过程，而是农业与经济、政治、文化、社会和生态和谐发展的过程。

总之，农业现代化是指从传统农业向现代农业转化的过程和手段。在这个过程中，农业借助现代工业、现代科学技术和现代经济管理方法将自身武装起来，不断提升农业生产力，由落后的传统农业转化为具有世界先进水平的农业。

### （二）农业现代化的特征

农业现代化既是一种过程，同时又是一种手段。农业现代化除具有农业自身的特征外，还具有与现代化相关的一些特征。归结起来，农业现代化的主要特征有动态性、区域性、世界性、整体性等。

1. 动态性

农业现代化是一个相对的概念，其内涵随着技术、经济和社会的进步而变化，即不同时期有不同的内涵，从这个意义上讲，农业现代化只有阶段性目标，而没有终极目标。农业现代化在不同时期应当选择不同的阶段目标，在不同的国民经济水平层面上，有不同的表现形式和特征。根据发达国家现代农业的历史进程，我们一般可将农业现代化分为五个阶段：准备阶段、起步阶段、初步实现阶段、基本阶段及发达阶段。一个国家、一个地区要推进农业现代化，就必须分析区域社会经济发展水平，特别是农业发展的现状，只有这样才能作出符合实际而又便于操作的决策。

2. 区域性

西方发达国家在现代农业发展中取得的成功经验非常丰富，但它们有不同于我国的历史背景、经济发展水平及生态资源条件。我国农业生产的环境和条件与西方发达国家有很大的不同，在借鉴西方发达国家发展现代农业的经验时，需要对其实现的条件进行分析。因为农业生产具有很强的区域性特点，不同国家有着不同的区域性特点，即使在同一个国家的不同区域、同一区域的不同地区，农业生产的条件都存在着很大的差异。因此，区域性是农业现代化的一个十分重要的特征。

3. 世界性

随着经济全球化的逐步推进，特别是在我国已加入世界贸易组织的宏观背景下，我国农业将全面融入国际市场竞争之中，面临着来自国内、国际两个市场的挑战。因此，从这个意义上讲，我们需要站在全球化的高度来分析我国的农业现代化，把区域农业现代化放在国际大舞台之上，并依据国际公认的标准，来判断农业现代化的战略目标是否能够实现。

4. 整体性

有的学者提出，农业现代化不仅包括农业生产条件的现代化、农业生产技术的现代化和农业生产组织管理的现代化，同时也包括资源配置方式的优化，以及与之相适应的制度安排。因此，在推进农业现代化的过程中，既要重视“硬件”建设，也要重视“软件”建设，特别是农业现代化必须与农业产业化、农村工业化相协调，与农村制度改革、农业社会化服务体系建设及市场经济体制建设相配套。如果忽视“软件”建设，“硬件”建设将无法顺利实施，也无法发挥应有的作用。我国实现农业现代化，本质上是要从根本上改造传统农业，缩小与发达国家农业的差距，在总体和平均水平上接近发达国家的水平。虽然各个国家或者地区的条件和情况各不相同，农业现代化不具有完全的可比性，但是，在最基本的特征方面应当是共同的，这也是得到了国际社会公认的。

## 三、农业现代化的基本内涵

### （一）我国农业现代化的提出

早在20世纪70年代，我国就提出要把实现农业现代化作为农业发展的奋斗标。在党的十五大会议上，中央提出我国到21世纪中叶时，要基本实现现代化，这其中自然就包括了农业现代化。1998年10月，中共十五届三中全会通过的《中共中央关于农业和农村工作若干重大问题的决定》，提出没有农村的稳定就没有全国的稳定，没有农民的小康就没有全国人民的小康，没有农业的现代化就没有整个国民经济的现代化。这时，中央已把农业现代化提到了关系国民经济发展的战略地位。2002年，党的十六大把建设现代农业作为全面建设小康社会的重大任务之一。2007年，党的十七大再次提出要加强农业基础地位，走中国特色农业现代化道路。经过“十五”“十一五”两个五年计划的努力，作为我国国民经济基础的农业取得了长足发展，农业生产基础条件得到改善，农民生活水平逐渐提高，农村社会和谐稳定，农业现代化进程加快。在国家制定的“十二五”国民经济和社会发展规划中，特别提出要在工业化、城镇化发展中同步推进农业现代化，加快发展现代农业，坚持走中国特色农业现代化道路。2012年，国务院专门印发了《全国现代农业发展规划（2011—2015年）》，在分析发展形势基础上，提出了发展现代农业的指导思想、基本原则、发展目标、重点任务、重点区域、重大工程、保障措施，指出加快发展现代农业，既是转变经济发展方式、全面建设小康社会的重要内容，也是提高农业综合生产能力、增加农民收入、建设社会主义新农村的必然要求。提出要抓住、用好现在难得的历史机遇，坚持用现代物质条件装备农业，用现代科学技术改造农业，用现代产业体系提升农业，用现代经营方式推进农业，用现代发展理念引领农业，用培养新型农民发展农业，着力突破瓶颈制约，努力探索出一条具有中国特色的农业现代化道路。2016年10月，国务院《关于印发全国农业现代化规划（2016—2020年）的通知》（国发〔2016〕58号）发布，这个规划以习近平新时代中国特色社会主义思想为指导，按照“五位一体”总体布局和“四个全面”的战略布局，牢固树立创新、协调、绿色、开放、共享的新发展理念，认真落实党中央、国务院决策部署，提出了以提高质量效益和竞争力为中心，以推进农业供给侧结构性改革为主线，以多种形式适度规模经营为引领，加快转变农业发展方式，构建现代农业产业体系、生产体系、经营体系，保障农产品有效供给、农民持续增收和农业可持续发展，走产出高效、产品安全、资源节约、环境友好的农业现代化发展道路的农业现代化发展思路，为我国实现“四化”同步发展和如期全面建成小康社会奠定了坚实基础，推动着我国农业现代化向纵深发展。

### （二）对农业现代化内涵的把握

农业现代化在不同的国家，其内涵并不完全一致。对我国农业现代化内涵的理解，可以从以下五个方面进行把握。

1. 农业现代化的基础：农业机械化

农业现代化可以概括为“四化”，即机械化、化学化、水利化和电气化。机械化排在了农业现代化的首要位置。所谓的农业机械化，是指运用先进设备代替人力的手工劳动，在产前、产中、产后各环节中大面积采用机械化作业，从而降低劳动的体力强度，提高劳动效率。需要指出的是，虽然在我国的一些山区、丘陵地区，由于土地面积较小，限制了农业机械的应用，甚至无法利用机械，但这并不能否认农业机械化在农业现代化中的基础性作用。

2. 农业现代化的动力：生产技术科学化

农业生产技术科学化，其含义是指把先进的科学技术广泛应用于农业，通过农业现代化提高农产品产量、提升农产品的质量、降低生产成本、保证食品安全。实现农业现代化的过程，其实就是一个不断将先进的农业生产技术应用于农业生产的过程，不断提高科技对农业增产贡献率的过程。新技术、新材料、新能源的出现，将使农业发生巨大的变化，农业增长方式也将从粗放经营转变为集约经营。科技在对传统农业进行改造、促进农业生产方式转变的过程中，将发挥至关重要的作用。

3. 农业现代化的内容：农业产业化

农业产业化是指农业生产单位或生产地区，根据自然条件和社会经济条件的特点，以市场为导向，以农户为基础，以龙头企业或合作经济组织为依托，以经济效益为中心，以系列化服务为手段，通过实现种养加、产供销、农工商一条龙综合经营，将农业再生产过程的产前、产中、产后诸环节，联结为一个完整的产业系统的过程。可以说，农业产业化的发展过程就是农业现代化的建设过程。一方面，农业产业化促进了农业专业化和规模经营的发展；另一方面，农业专业化和规模经营又促进了农业先进技术和设备的推广应用，促进了农业现代化的进程。需要指出的是，农业产业化模式不是万能的，不同区域在采取农业产业化模式时，需要进行相应的评估，盲目引进外界模式往往容易导致失败。

4. 农业现代化的手段：农业信息化

农业信息化是指利用现代信息技术和信息系统为农业产、供、销及相关的管理和服务提供有效的信息支持，以提高农业的综合生产力和经营管理效率的过程。农业信息化也是一个在农业领域全面地发展和应用现代信息技术，使之渗透到农业生产、市场、消费，以及农村社会、经济、技术等各个具体环节，以加速传统农业改造，大幅度地提高农业生产效率和农业生产力水平，促进农业持续、稳定、高效发展的过程。农业信息产业化是发展优质高效农业、促使农民进入市场、推进农村社会化服务的需要，也是农业信息部门转变职能、自我发展的需要，反映了农村经济发展的必然趋势，并将推动传统农业向信息时代的现代农业演进。

5. 农业现代化的决定因素：劳动者素质

农业现代化必须由高素质的农民这一主体来推进，没有农民自身素质的现代化，要实现农业的现代化是不可能的。这是因为农业不仅要依靠现代的工业装备及先进的科学技术，而且还要依靠先进的管理手段在农业上的应用，而这些都要由农业生产的主体——农民来实现。反过来，随着农业现代化进程的加快，农民素质必须不断提高，与农业现代化的要求相适应。在这一过程中，农业现代化与农民互相影响、互相促进，共同发展。

总之，在农业生产经营过程中，先进的生产工具要靠人去创造，先进的科学技术要靠人去摸索，先进的管理经验要靠人去总结，先进的经营体制和运行机制要靠人去应用。无论是增长方式的转变，还是生产绩效的提高，都是在人的主观能动作用下实现的。离开了人，农业现代化就无从谈起。从这个意义上说，我国要实现的农业现代化，是以人为本的农业现代化。

## 第二节 农业现代化的支撑体系

农业现代化主要指从传统农业到现代农业转变的过程。农业现代化不仅是农业生产手段的现代化，还包括农业制度的变革。在工业化、城镇化深入发展中同步推进农业现代化，关系到全面建设小康社会和现代化建设的全局。深刻认识农业现代化在国家发展整体布局中的重要意义，着力消除阻碍农业现代化的不利因素，构建农业现代化的支撑体系，将有助于农业现代化目标的实现。

### 一、推进农业现代化的重大意义

进入21世纪以来，我国工业化、城镇化和农业现代化快速发展，取得了举世瞩目的成就，有力地推动了全面建设小康社会和现代化建设。从总体上看，2010年我国工业增加值已占国内生产总值的40.2%，重工业产值占工业总产值的比重达到了70%以上，标志着我国工业化已进入中后期阶段。2011年我国城镇化率已达到51.27%，2019年上升到60.60%，8年时间提高9.33个百分点，年均提高约1.166个百分点，表明我国城镇化正处在加快发展的时期。但从反映农业现代化的主要指标看，2011年时我国农业机械化率和农业科技进步贡献率均为52%，可以说，这时我国的农业现代化正处在成长阶段。2019年，我国农业科技进步贡献率达到59.2%，全国农作物耕种收综合机械化率超过70%，主要农作物自主选育品种提高到95%以上。在8年时间里农业现代化取得了长足的进步。

从发展状态看，由于自然、历史等方面的原因，我国农业现代化明显滞后于工业化和城镇化，主要表现在三个方面。

一是农业就业结构的演进滞后于产业结构。2017年我国农业增加值占国内生产总值的7.9%，而农业从业人员占全社会从业人员总数的45.3%，农业增加值与从业人员之比，与全社会从业人员创造的国内生产总值增加值之比，两者相差约46个百分点，说明就业结构转换明显滞后于产业结构的转换，导致大量人口滞留在农村，大量剩余劳动力从事农业生产，农业没有形成规模经营，这在一定程度上影响了农业现代化的推进。

二是工农业劳动生产率差距扩大。2017年，我国第二产业劳动生产率为第一产业的6.2倍，比20世纪90年代初期还提高了40%。工农业发展不平衡，农业比较效益低，农业劳动生产率低，这也影响着农业现代化的顺利发展。

三是城乡收入消费差距持续扩大。2017年，城镇居民人均可支配收入为农村居民人均纯收入的2.71倍，比2010年城乡居民收入比3.23∶1下降了0.52，但短期内城乡居民收入差距进一步缩小的难度仍然很大。从消费差距来看，城乡居民人均生活消费支出比为2.23∶1，农村居民恩格尔系数比城镇居民高出约2.6个百分点，农村消费率低、城乡居民消费存在的较大差距，已成为我国当前扩大内需的制约因素。

从长期来看，随着人口的增加、城镇化水平的提高和人们消费水平的提升，我国对农产品的需求将持续增长，对农产品的质量要求也将进一步提升，保证粮食安全和主要农产品供给的压力将会进一步加大。我国是一个资源相对短缺的国家，土地、淡水资源日趋紧张，气候变化的影响日益加剧，农业生产面临的资源环境约束进一步增强。农业基础薄弱、物质装备水平不高、科技创新和技术推广能力较低、劳动力素质难以适应现代农业发展等问题日益凸显。另外，农产品市场体系、农业社会化服务体系、国家农业支持保护体系等尚未健全。农业现代化发展滞后于工业化、城镇化，已成为我国现代化建设的瓶颈，不仅影响了农村经济社会的持续发展，还会削弱工业化、城镇化进一步发展的基础，严重阻碍了"三化"的同步推进[1]。

实现全面建设小康社会的奋斗目标，最艰巨、最繁重的任务在农村；要实现我国的现代化，最艰巨、最繁重的任务在农业。只有着眼于国民经济和社会发展全局，加快推进农业现代化，发挥工业化和城镇化对农业现代化的支持和带动作用，才能从根本上解决"三农"问题，促进城乡经济社会一体化发展。

## 二、消除制约农业现代化的因素

通过几十年的发展，我国农业在从传统农业向现代农业转变的过程中，取得了令世人瞩目的成就，为农业现代化的发展奠定了坚实基础。但与世界现代农业发展相比，我国农业现代化还存在很大的差距，农业现代化的质量和水平还有待提高。农业发展还面临许多困难和问题，这些困难和问题制约和影响着我国农业现代化的进程，我们必须采取有效措施逐步消除。制约我国农业现代化的因素，主要表现在以下四个方面。

### （一）农业劳动力素质低下

由于长期以来存在的城乡二元结构的影响，我国农村劳动力受教育的程度大大低于城市，农村劳动力素质仍然较低，这不仅影响了农业自身的发展，导致了农业劳动力效率的低下，而且也阻碍了农村剩余劳动力的转移。由于工业化和城镇化对农村劳动力的吸纳，农村大批青壮年投入到了非农产业，而留在农村从事农业生产劳动的主要是妇女、儿童及老人。据有关资料介绍，我国农村的妇女承担着家庭60%的农活，有的地方甚至高达80%。从事农业的劳动力过度弱化，严重阻碍了我国农业现代化的发展。

### （二）农业劳动生产率不高

改革开放后，我国在农村普遍实行家庭联产承包责任制，农业生产的方式以家庭为主。2017年，我国约有2亿农户，除数量有限的国有农场和极少数农村实现了规模经营外，绝大部分地区还是一家一户的小农生产，这种分散的小农经济生产方式，不但劳动生产率十分低下，而且还阻碍了农业生产集约化、规模化发展。此外，我国农业生产经营仍以种植业为主，粮食作物占有很大的比重，经济作物的种植和经营规模还比较小，种植业内部结构的不尽合理，也在一定程度上影响了我国农产品在国际市场上的竞争。

### （三）农业可持续发展能力不强

在我国农村，特别是在中西部地区，农民对生产的投入大部分仍集中在土地与劳动上，普遍采用粗放经营、外延式的扩大再生产方式，广种薄收、超载过牧、乱砍滥伐现象在许多地方仍然存在。再加上水土流失，土地沙化、盐碱化，旱涝等自然灾害的加剧和频繁发生，农业可持续发展的能力受到限制。

### （四）农业生态环境不断恶化

工业化和城市化的发展，使农村的水和土地资源被大量挤占，农业面临着日趋严峻的水和土地资源短缺的困境，农业发展的生态环境不断恶化，这主要表现在以下几个方面。

一是水土流失严重。据统计，我国每年流失的表土总量达50亿吨，相当于全国耕地每年被剥去1厘米厚的肥土层，经济损失达100亿元以上。

二是土地荒漠化速度加快。2017年9月3日，《第四次中国荒漠化和沙化状况公报》发布，我国荒漠化土地总面积为262.2万平方千米，占国土总面积的27.3%；全国每年因荒漠化造成的直接经济损失达540多亿元。

三是水资源严重短缺且污染严重。河流断流、江河污染、人畜饮水困难的情况不时在一些地方发生，对农业发展造成了严重威胁。

只有着眼于国民经济和社会发展的全局，发挥工业化和城镇化对农业现代化的支持和带动作用，构建起农业现代化建设的支撑体系，才能够夯实农业现代化发展的基础。

## 三、构建农业现代化支撑体系

### （一）夯实农业基础设施体系

发达的现代农业，需要功能完善的基础设施条件做支撑。这些年，全国各地加大了以基础设施和公共服务为重点的新农村建设力度，农业生产条件有了很大改善，农村面貌发生了巨大变化。但农业现代化建设的支撑体系还不健全，功能还不完善，特别是水利设施建设还很薄弱，在某种程度上，农村"靠天吃饭"的局面还没有根本改变。

我们必须抓住国家大幅度增加"三农"投入的机遇，坚持从各地实际情况出发，锲而不舍地推进农村水、电、路等基础设施配套建设。水利要构建"江河湖库"防洪保安体系、现代农业排灌体系、水资源科学利用体系、城乡一体的饮水安全体系、水环境生态体系。电力能源要形成城乡同网同价的电网体系、沼气和太阳能等再生能源体系。道路要形成城乡对接的乡村公路体系、连通城乡路网的机耕道网络体系。

### （二）推进"两型"农业生产体系发展

党的十七届三中全会提出，到2020年时，我国要基本形成资源节约型、环境友好型农业生产体系，农村人居和生态环境明显改善，可持续发展能力不断增强。这是我国广大农村率先建设"两型"社会的重要内容，也是推进农业现代化的基本要求。"两型"农业生产体系是以新型工业化为引领，以现代科技为手段，以节约农业资源、改善生态环境、保障食品安全为核心，集生产、经营、管理、服务于一体的现代农业生产系统。针对我国现阶段土地资源、水资源和动植物资源减少、生态环境和食品安全压力加大，"两型"农业体系建设还任重道远的情况，应采取综合性的系统措施，使"两型"农业体系的建设更加完善。

在产业建设上，要大力发展特色农业、生态农业、循环农业和休闲农业等，扩大绿色食品、有机食品和无公害产品的生产规模，形成以绿色农业为标志的"两型"产业体系。在生产方式上，实行节约集约用地、用水、用肥、用药和清洁生产，促进资源持续高效利用和生态环境改善，形成以高效低耗环保为特征的"两型"农业经营体系。在经营管理上，坚持开发与保护并举，强化农业投入品使用监管，强化农产品质量检验检测，建立法治保障机制，形成以技术和规制为保障的“两型”监管体系。

**（三）加快建设农业信息体系**

推进信息化与农业现代化融合发展，必须把信息技术、数字资源广泛应用到现代农业建设的各环节，重点在软件提升和硬件覆盖上下功夫。充分利用农业资源普查成果和基础性技术参数，抓紧建立农业资源数字信息系统、农业地理环境数字信息系统、农业生产技术数字信息系统、农产品资源数字信息系统、农产品市场及价格数字信息系统等数字资源，形成完整准确、利用方便、手段科学的信息体系。

加快农村电脑进村入户，推进“三网融合”，发展电子商务和电子政务，推进固定电话、移动电话和宽带网提质改造，把数字信息系统融入农村“三网”，并延伸到农户和基地，加快农业的数字化进程，全面提高“三农”的信息化水平。

**（四）完善社会化服务体系**

农业社会化服务主要包括农业科技服务、流通服务、金融服务等，是农业现代化建设的重要保证。要根据新的特点和要求，转变传统的服务理念、服务方式和服务结构，创新服务体系。

农业科技服务体系的建设，应健全以政府机构为主导的多元化机制，一方面完善县乡基层农技推广服务网络和动物防疫体系，另一方面支持大学及科研单位和龙头企业建立专业化的涉农服务机制。

建立在城乡一体化、信息化基础之上的农村流通服务体系，把电子商务与各类市场建设有机结合起来，形成资源互促共享的流通网络和农超对接的新模式。

金融服务体系建设应立足现代金融发展，搭建农业信贷服务和农业融资平台，完善信用担保机制，健全农业保险体系，充分发挥现代金融对现代农业的支撑作用。在强化服务体系建设过程中，应注重发展农民专业合作组织，提高农民的组织化程度。

**（五）加快完善农民培训体系**

农业现代化需要农民知识化。随着教育的全面发展和农村劳动力转移就业，整体上农民的素质明显提高。工业文明和城市文明正在改变农民，改变农村社会。但我们必须看到，农业面临着新的人力资源结构性矛盾，农村劳动力富余与高素质有技能农业生产者短缺并存，科技、资本等先进要素需求扩大与农业生产经营者吸收应用能力弱化并存。要应对新的形势和挑战，必须尽快建立健全农民教育培训体系，把培养有文化、懂技术、会经营的现代农民作为公共服务能力建设的重点，整合教育培训资源，增加政府和社会投入，完善教育培训体系。要像普及义务教育一样，加快建立完整的农业职业教育体系，免费实行农村职业技术教育。积极发展成人教育、远程开放教育和社区教育，重点培养种养能手、科技带头人、农村经纪人、专业合作组织负责人。加快建立农民教育培训激励约束机制，促进农民教育与农业现代化协调发展。

## 第三节　农业现代化的路径选择

发达国家在推进农业现代化的过程中进行了有益的探索，形成了各具特色的农业现代化发展模式和可行路径。我国是一个发展中大国，农业资源相对不足，农村人口众多，有独特的国情，在学习借鉴国外成功经验时，必须坚持从中国国情出发，选择适合自身的农业现代化建设路径，走具有中国特色的农业现代化之路。

## 一、世界农业现代化模式

### （一）美国模式

美国地广人稀，人均土地资源非常丰富，采取的是资源优势型的农业现代化模式，机械技术在农业现代化中占据主导作用。因不同时期内外环境的变化，美国的农业现代化也先后经历了不同的阶段：第一阶段，农业发展积累阶段（19世纪60年代到20世纪初）以畜力代替人力提高劳动生产力；第二阶段，农业飞速发展的现代化初期阶段（20世纪20—50年代）完成从半机械化到机械化的过渡；第三阶段（20世纪50年代至今），农业拓展提升的全面现代化阶段[2]。

### （二）日本模式

日本资源禀赋与美国恰恰相反，所采取的是资源贫乏型的农业现代化模式，其主要特点是在农业中应用生物技术。日本的农业现代化可大体分为四个阶段：第一阶段，从明治维新到1900年，主要是学习西欧先进的农业技术；第二阶段，从1900年到第二次世界大战结束，农业是以多施化肥增加产量为主的劳动密集型产业；第三阶段，从第二次世界大战结束到20世纪70年代，这一阶段的重点是开发和推广现代农业技术；第四阶段，即从20世纪70年代至今，特点是在农业中大量应用化学技术和生物技术。

### （三）西欧模式

西欧的资源禀赋与美国和日本都不同，采取的是中间型的农业发展模式，机械技术和生物技术在其农业现代化进程中发挥了重要的作用。

### （四）韩国模式

韩国在20世纪70年代掀起了“新村运动”，国家对农业进行大规模投资，有力地推动了农业现代化的发展，采取的是农业与农村相结合的发展模式。

## 二、“三化”协调创新推动发展

加快我国农业现代化建设，必须立足我国国情、省情和县情。我国国土面积辽阔，各地的自然条件很不一样，在选择农业现代化建设的路径时，应根据各地具体的区位条件和环境做好规划，吸取发达国家和先进地区的经验教训，从农业内部发展规律和外部条件着手，选准发展路径，做好功能定位，不断推进农业现代化进程。

### （一）强化“三化”协调发展的思路

推进农业现代化发展，要不断强化“三化”协调发展的思路，即在工业化、城镇化的进程中同步推进农业现代化。

1. 把工业化与农业现代化结合起来

一是在遵循农业生产内在规律的基础上，用工业的发展模式发展农业，即农业工业化。农业之所以处于弱势的一个很重要的因素，就是农业生产具有季节性，要打破季节性、克服外围环境的影响，对农副产品进行进一步加工，延长加工链条，增加中间效益，就要用工业化的生产思路和模式来发展农业。二是大力发展农村工业，以农村工业带动农村服务业。只有农村的二、三产业都发展了，才能更好地改善农业的物质装备和服务，加快农业劳动力向非农产业的持续转移，增加农村居民收入，提高农民的生活质量和消费水平。

2. 把城镇化与农业现代化结合起来

城镇化的滞后，不仅限制了工业的发展，也限制了第三产业的发展，影响了农村人口和劳动力的转移。城镇化的发展使中国传统的城乡二元户籍管理制度失去了存在的价值，城乡二元的户籍管理制度逐渐被废除。因此，城镇化的推进，可以不断吸纳农村剩余人口，改变“三农”面貌，进而推动农业现代化。

**（二）坚持提高农业效益和劳动生产率的目标**

推进我国的农业现代化，必须依靠广大农民群众，形成发展的动力基础，并最终让农民得到实惠。因此，在提高土地生产率的同时，要以提高农业效益、农业劳动生产率及土地生产率为新的发展目标。这不仅是农业现代化的本质要求，也是由社会经济发展条件变化所决定的。当前，我国农业发展的主要矛盾不再是农产品的产量低和供给短缺，而是农业比较效益低，农业劳动生产率急需提高。因此，要提高农业效益，改变增产不增收的情况，应根据市场变化及时调整农业生产，不断提高农业劳动生产率，让农民持续增收，以提高农民种粮的积极性，保障国家粮食安全。

**（三）选择以技术创新为主的增长方式**

通过对发达国家农业现代化的研究，我们可以发现美国耕地面积多，走的是机械化发展的道路，而日本作为一个岛国，耕地资源贫乏，主要利用生物技术发展农业，但它们的一个共同点就是，农业现代化发展与本国的国情和基本条件相结合。中国农村人口多，耕地面积相对不足，目前农业发展仍然以劳动密集型为主。但从农业发展的进程来看，在资源约束越来越明显，增加投入所带来的效益不再显著，农业人口不断减少的趋势下，必须转变发展方式，把农业发展主要依靠资源和投入，转变到依靠科学技术创新和提高劳动者素质上来；农业生产方式由以劳动密集为主，转变到以利用科学技术为主、以劳动集约为基础、合理利用资源的增长方式上来；农业技术结构由应用机械化和化学技术为主，转变到应用生物技术为主上来。

**（四）走可持续的农业发展道路**

农业是其他产业得以发展的前提，是国民经济的基础，也是人类可持续发展的保证。因此在推进农业现代化建设过程中，必须走可持续的农业发展道路，在保障粮食安全的基础上，不断改善农业生态环境，合理有效地利用土地、水等自然资源，稳步提高农业生产率，以满足人们生活及国民经济长期发展的需要。

土地资源作为农业生产的根基，作为农业自然资源的核心，是农业生态环境的关键，必须注重土地的控制和解决农业生产的污染问题。在农业生产中，要科学合理地利用农业资源，防止水土流失，土地沙化、盐渍化等衰退现象的发生，减少化肥、农药、农膜等对土地的污染。注重预防和解决乡村工业企业和农村居民生活废水对农业水资源及农业生态环境的破坏，防止城市垃圾向农村的转移。

良好的生态环境是人民生活质量的保证，良好的农业生态环境是农业生产可持续发展的前提。要把资源环境保护与经济发展有机结合起来，使资源和环境能可持续地支撑农业的发展和经济的增长。

## 第四节 切实转变农业发展方式

实现农业现代化是世界各国现代化发展不可逾越的一个历史过程。以美国、西欧为代表的经济发达国家，已普遍实现了农业现代化。基于农业现代化的内涵要求和我国农业现代化建设的路径，我国农业现代化建设具有农业社会现代化、农业生态现代化和农业经济现代化三大目标，其中农业社会现代化是根本，农业生态现代化是保障，农业经济现代化是关键。而实现农业现代化的关键，就是要切实转变农业发展方式。

### 一、农业现代化建设的目标

农业现代化是世界各国共同追求的目标之一。关于什么是农业现代化，国内外专家学者给出了各种各样的定义和解释，但对于界定农业现代化建设的目标少有人问津。2000年，中国农业大学校长柯炳生教授提出，农业现代化有三大目标，即农业生产目标、农村收入目标和农村环境目标。2007 年，他进一步提出了建设现代农业要实现的主要目标：保障农产品供给的数量，保证农产品供给的质量，促进农民收入增加，促进生态环境保护和可持续发展。这四大目标比较切合我国现代农业的本质特征，但仍有待进一步完善。

我国农业现代化的可持续发展，首先是人与生态的可持续发展，然后才是经济发展的可持续，基于这一认识，我国农业现代化建设的目标，应落实到农业社会现代化、农业生态现代化和农业经济现代化三个方面。

#### （一）农业社会现代化

实现农业现代化的根本目的，就是通过农业现代化提高农业生产力、增加农民收入、繁荣农村社会经济，进而实现城乡共同富裕、社会经济协调发展。农业社会现代化建设是农业现代化建设的根本目标，也是实现其他目标的落脚点。农业社会现代化水平的提高，一方面能为农业经济发展提供稳定的社会环境，并能促进物质装备、科学技术、产出效率、经营管理等农业经济水平的提升；另一方面，还可以增强农民的生态意识，促进环境质量改善和生态农业发展。

农业社会现代化要求持续满足人类衣、食、住、行等基本需求和农村社会环境的良性发展，归根结底，就是实现人的可持续发展。农业社会现代化要求农村治理科学化，农村工业化，乡村城镇化，基础设施完善化，农民居住条件和生态环境优良化，教育文化活动丰富化以及社会福利事业全面化等。农业社会现代化水平，主要表现在城镇化、生活消费、社会保障等农村社会发展水平，以及收入、医疗、文化生活、信息化等农民生活质量水平两个方面。

#### （二）农业生态现代化

要推进农业现代化进程，必须用现代化手段保护农业资源环境，始终把环境保护摆在第一位。在注重合理利用自然资源和保护生态环境的同时，加快农业经济的高速发展。加强对生态环境的保护，注重农业生产与环境的协调，从而保证农业可持续发展战略的顺利实施，这是我国农业现代化必须坚持的根本原则。

农业生态现代化建设是农业现代化建设的重要方面，是实现其他目标的重要保障。农业生态现代化水平的提高，一方面可以保障农村社会的健康发展和农民生活质量的稳步提高，另一方面还可以保障农业经济的良性和可持续发展。

农业生态现代化要求永续利用农业自然资源并良好维护农业生态环境，归根到底，就是要实现生态的可持续。既要维护可再生资源（尤其是耕地资源）的质量、保持和改善其生产能力，还要合理利用非再生资源（尤其是水资源），减少浪费、防止环境污染等。农业生态现代化水平，主要表现为森林覆盖、农业减灾、治碱、水土流失、土壤有机质等生态环境质量水平，以及绿色农业发展水平、废弃物利用等生态农业发展水平两个方面。

**（三）农业经济现代化**

我国正处于社会主义初级阶段，一切工作必须围绕经济建设这个中心展开，农业现代化建设也不例外。邓小平同志多次强调“发展才是硬道理”，发展问题始终是农业现代化建设的核心问题。人口、资源与环境矛盾问题的解决，最终还是要靠发展。农业经济现代化建设是农业现代化建设的关键，它是实现其他目标的物质前提。农业经济现代化水平的提高，一方面能促进农村社会发展和农民生活质量提高，另一方面可以为改善生态环境和发展生态农业提供人力、物力、财力、科技、管理等方面的支持。

农业经济现代化要求农业生产率稳定、持续地提高，产出持续增长，不断满足社会对农产品数量和质量方面的需求，确保粮食安全并维护食品安全，归根到底，就是要实现经济发展的可持续。农业经济现代化水平，主要表现为机械、水利、化学、土地等物质装备水平，农业科技贡献、科技人员投入、科技成果推广普及、劳动力受教育程度等科学技术水平，土地、劳动、资金等产出的效率水平，以及商品化、产业化、加工、服务、劳动力就业结构等经营管理水平四个方面。

把农业社会现代化、农业生态现代化、农业经济现代化作为农业现代化建设的三大目标，符合科学的发展观要求，具有重要的现实意义和长远意义。我国农业现代化建设必须以农业社会现代化为根本，以农业生态现代化为保障，以农业经济现代化为关键，这既是我国农业现代化建设的核心内容，也是实现农业可持续发展的基本途径，三者协调发展才能使我国农业现代化建设真正走上可持续发展之路。

## 二、创新驱动农业现代化发展

加快农业现代化建设，必须以创新为根本动力，突出工作重点，加强政策扶持，加大推进力度，狠抓措施落实，确保农业现代化发展取得实效。

**（一）发展现代高效农业，提高农业产出效益**

加大农业结构战略性调整推进力度，大力发展蔬菜园艺业、规模畜牧业、特色水产业和休闲观光业，加快发展设施农业，提升现代高效农业发展水平。加强粮食综合生产能力建设，促进粮食生产稳定发展。拓展农业功能，提高农业的经济效益、社会效益和生态效益。

**（二）推进农业产业化经营，增强农业产业竞争力**

围绕农业优势特色产业发展，加大招商引资力度，积极扶持产业关联度大、市场竞争力强、辐射带动面广的农业产业化龙头企业。大力发展农产品精深加工，延长农业产业链，提高农产品附加值。创新农业龙头企业与基地和农户的利益联结机制，让农民更多地分享增值利润。加强农产品质量建设，加快发展无公害农产品、绿色食品、有机农产品。大力实施品牌化战略，鼓励开展商标注册、原产地保护，整合培育特色农产品品牌，延长品牌农产品产业链。加大农产品境外促销力度，拓展农产品国际市场，扩大优势农产品出口。

**（三）推进农业科技进步，提升农业科技贡献率**

加强农业科技自主创新，加大农业科技成果转化应用力度，建立健全农业科技创新、农业技术推广、农民教育培训“三大体系”。全面实施农业“三新”工程，积极培育推广一批优质、专用、特色的新品种，着力研发一批节约、高效、安全的新技术，加快开发普及一批立体、生态、高效的新模式。充分发挥农业院校、科研机构的功能与优势，积极推进产、学、研，农、科、教相结合，大力实施“挂县强农富民”工程，全面推进“科技入户”工程，组织农业科技人员下乡进村，推进农业科技人员进村服务全覆盖，提高农业科技到位率和入户率。加强对农村合作组织带头人、农民经纪人、种养大户、返乡农民工和村干部的培训，培养一批懂技术、会经营、能创业的现代新型农民。加强乡镇农业技术推广、动植物疫病防控、农产品质量监管、农村经营管理、农业信息服务能力建设，提高农业公共服务水平。

**（四）加强农业基础设施建设，改善农业发展条件**

按照灌排设施配套、土地平整肥沃、田间道路畅通、农田林网健全、生产方式先进、产出效益较高等要求，整合集聚各方面资源，加快高标准农田建设步伐，提高农业综合生产能力。加大农田水利建设力度，大力开展农村河道疏浚整治，着力推进中小河流综合治理、大中型泵站更新改造、大中型灌区配套建设，提高农田灌排标准，扩大有效灌溉面积。加强农业综合开发，积极推进丘陵山区、高寒地区、沿海滩涂、黄河故道农业综合开发。加快推进农业机械化，加大新型适用农业机械研发力度，大力推广农机新技术、新机具，积极发展高效设施农业机械，提高农业生产综合机械化水平。

**（五）加强农业生态环境建设，促进农业发展可持续**

加强无公害、绿色、有机食品基地建设，积极推广生态生产、健康养殖、农牧结合等环境友好型先进实用技术。严格保护基本农田，加强耕地质量建设，加大测土配方施肥力度，积极推广使用有机肥、缓释肥，扩大绿肥种植面积，减少化肥、农药使用量。加强农村清洁能源建设，积极推进农业废弃物循环利用，加快实施规模畜禽场沼气治理、秸秆气化集中供气工程和农村户用沼气工程，提高资源综合利用率。加大植树造林力度，加强重点林业生态工程和林业产业工程建设，全面开展村庄绿化，改善农村生态环境。

**（六）深化农村改革创新，增强农业发展活力**

大力推进城乡经济社会发展一体化，加快工业向园区集中、人口向城镇集中、居住向社区集中、土地向规模经营集中，促进城乡空间结构合理布局、要素资源优化配置、农村产业转型升级、公共服务趋于均衡。创新城乡建设用地增减挂钩方式，盘活农村土地资源。建立健全土地承包经营权流转市场，促进农村土地有序流转。加快发展农民专业合作、土地股份合作、社区股份合作，因地制宜发展劳务合作、富民合作、资金互助合作等多种形式的新型农民合作组织，提高对农户的覆盖率和带动力。加快发展合作经营型、土地集中型、统一服务型等多种形式的农业适度规模经营，扩大农业生产规模，提高农业规模效益。深入推进农村金融改革，鼓励金融机构增加农业农村货款投放，确保农业货款增长幅度大于货款总额增长幅度。加快发展高效农业保险，增强农业抵御自然灾害的能力。

转变农业发展方式，实现农业现代化是一项长期而艰巨的战略任务。必须深入学习贯彻科学发展观和习近平新时代中国特色社会主义思想，切实增强紧迫感和责任感，加快转变农业发展方式，加大力度推进农业现代化建设，为促进我国经济社会又好又快发展提供保障。

## 三、推进农业现代化的措施

### （一）加快调整农业和农村经济结构

调整农业经济结构，要立足各地自身优势，以市场为导向，以科技为支撑，提高农业效益和农产品的市场竞争力。一是大力推广粮食、经济作物、饲料作物种植，因地制宜发展畜牧业、林业和渔业等。二是按照比较效益，发展劳动集约和技术集约相结合的农产品，推动科技成果转化。三是加快调整农业品种结构，提高农产品质量和标准，增强竞争力。

在农村经济结构方面，一是大力发展农村非农产业，进一步发挥乡村企业的功效，提高二、三产业的比重。二是进一步深化农村改革，完善农村基本经济制度，加快农村劳动力的转移和创收，降低农业从业人员比重。

### （二）多元化投入农业提高产出效率

1. 加大政府对农业的投入力度

农业是国计民生的基础，我国作为发展中的农业大国，更应加强对农业的支持力度。应确保财政支农资金的增长幅度高于财政收入的增长，同时不断提升其所占比重。对农业的支持资金主要用于农田水利基础设施建设、农业科技成果转化与推广、农机设备购置补贴及农业贷款利息补贴等。

2. 保证农业贷款的规模

逐步建立和完善农业贷款担保抵押制度，对农业贷款实行低息，试点放开土地经营权的流转及抵押贷款，完善农民担保贷款制度。对一些有利于生态环境保护的项目进行贴息和支持。

3. 建立农业现代化发展基金

把占用耕地的税收收入返还给农业，支持农业生产、农业生态环境保护和农业现代化建设。

4. 引导社会资金投资农业领域

对于外商等社会机构投资农业领域，特别是中低产田改造和荒地开发的，给予优厚的政策支持，鼓励社会资金向农业领域转移。

### （三）培育龙头企业推进农业产业化经营

1. 积极培育和发展科技型龙头企业

要推进农业科技进步，加快科技成果的转化和推广，龙头企业将发挥举足轻重的作用。农业科技型龙头企业拥有现代企业的制度，是科技先导性的组织，具有很强的技术吸纳、转化和扩散能力，能够拉长和紧密产业链条，通过育种、栽培、加工、冷冻保险、储藏运输、现代管理等环节引进先进技术装备，通过利益联结机制，可以提高农业的组织化程度。培育农业科技龙头企业，要坚持多种所有制共同发展，多种经济成分相互竞争的发展思路。增强农业科技园区和农业产业化龙头企业的技术扩散和辐射带动能力，发挥其推进农业现代化的重要作用。

2. 发展重大的科技工程

培育和发展农业龙头企业，要有一定的载体来实现。一是要实施农作物品种选择科技工程，通过选用农民易于接受的，具有优质的农作物新品种，加强品种选育、农业生物种植资源创新利用和加速新品种的产业化进程，不断调整农业结构。二是加强农产品精深加工，延长农业产业链条，开发新的食品需求，增加农产品的附加值，为农业创效，为农民创收。三是实施绿色农业科技工程，加强环境监控和对无公害、绿色产品的检验检测，推进农产品标准化生产。

3. 推进农业产业化经营

农业产业化经营在农业现代进程中具有很重要的地位，发挥着重要的作用。它能更加有效地运用现代科技成果，便于扩大经营规模，采取现代管理方法，同时也能解决农民的市场进入问题。在发展各类农业龙头企业的同时，也要注重解决农业产业化中的利益联结与分配问题，将龙头企业与农户形成利益共同体，可根据实际情况采取会员制、股份制、合作制或契约制等形式。各地还可结合主导产业，发展区域特色农业，科学合理地调整农业布局，形成专业化生产、区域化布局、一体化经营的农业现代化格局。

**（四）培养新型农民推进农业科技进步**

构建科研、开发、推广和教育培训相结合的农业科技创新体系，提高农民素质，培育新型农民。加快农业和农村经济发展中农业科学技术的创新和科技成果的转化与推广运用，提高农业的科技贡献率。一是改革农业科研体制，推动农业科学技术的创新。发挥农业研究机构和农业院校的科研优势，立足传统农业技术和我国实际，加强生物技术与信息技术结合，在良种繁育和节水农业等易于推广应用的关键技术领域取得突破。二是改革农业科技推广机制和模式，加快科技成果的推广应用。要根据农民的需求和农业现代化发展趋势要求，不断提高推广队伍服务水平，完善推广网络，转变推广方式，积极发展龙头企业—中介组织—农户利益结合的新型农业科学技术推广模式。三是加强农业教育培训体系，提高农民文化素质，培育新型农民。农业科研院校要调整学科和专业布局，注意引导吸收和培养农村急需的高层次技术人才，发挥大中专院校和社会中介培训机构作用，开展“新型农民培训工程”，加强对农民科技文化、农业高新技术、先进生产技能及现代管理方法的培训，培育新型农民。

**（五）转移农村剩余劳动力促进农民增收**

农业劳动生产率的提高首先是总量的问题，可在降低农业增加值在三次产业比重的情况下，提高农业增加值，这就要求稳定农业发展和增效。其次是农业劳动力的问题，最有效的做法是减少农业劳动人数，多渠道转移农村剩余劳动力。要从过去农业劳动力的“兼业型”向“专业型”转变，从过去只强调“转移”向“减少”转变，这样才能使农业劳动力真正地转移出去和减少。劳动力的转移需要城镇化的带动，其中的关键问题是人口，农村人口向城镇流动，向非农产业转移，使农民变为市民，真正离开土地，减少农业从业人员的数量，缓解人地关系的矛盾。在有条件的地方进行农民变市民试点，统一户籍管理，提供健全的社会保障，使农业劳动力在进城和改变身份后无后顾之忧。一是要加快建立城乡统一的劳动力市场，促进农村剩余劳动力的合理流动；二是完善农村土地流转的法规和政策，使农民取得土地使用权转让的收益，也可为农民变市民后提供一定的社会保障。

**（六）健全农业社会化服务体系**

1. 大力发展各类新型合作经济组织和中介组织

为解决农民处于弱势地位和组织化程度低的问题，可引导农民在自愿基础上，按照民主管理和利益共享的原则，发展专业技术协会、专业合作社、研究会等合作经济组织。在农产品的产前、产中、产后环节，在农产品的生产、加工、流通和销售等方面，为农民提供专业技术和信息服务，提高农民的专业化和组织化程度，增强其抵御风险和市场竞争的能力。发展各类中介服务组织，多渠道、全方位地为农村农业经济发展和农业现代化提供服务，如劳务输入中介组织、融资中介组织、科技信息服务组织和法律援助服务中介组织等。

2. 建立健全农村市场体系

要大力发展开放和有序竞争的农产品市场体系，积极培育和完善农村要素市场。以农村集贸市场为基础，形成一批运输、交易、电信和结算多功能一体的专业批发市场和农产品集散中心，尽快实现全国大型农贸批发市场之间的衔接。引入现代物流理念，重点建立和完善农产品现代物流配送体系，以粮、棉、畜禽等优势农产品为突破口建立物流渠道，组建多种形式的物流模式和配送销售系统。大力发展农村劳动力、资金和技术等农村要素市场，逐步完善农村市场体系。

3. 构建统一的农村信息网络

因为农业生产的复杂性，所以要建立统一的农村信息网络。一是在农业科技信息方面，不仅可以快速地传播和推广成熟的农业科技成果，而且可以加速农业信息化建设。二是在涉及农业生产的环境、气象、病虫害、疫情、重大自然灾害等情况时，可通过信息网络及时加以预防和控制。三是农产品市场要及时传递市场价格信息和供求状况，引导生产者进行科学合理的农业生产，加速农产品的流通，缓解供需矛盾，减少价格大起大落。四是在农业政策方面，全面及时地向农民和农业生产者传递国家相关产业政策，增加其农业生产的积极性，促进农业生产结构调整。进一步完善国家和省、市、县四级农业科技信息网络平台，构建统一的农业信息搜集、筛选、共享和传递网络。

4. 完善农业保险体系

由于分散的小农经营、农民的经济承受能力较低、农业风险损失率较高、理赔复杂等情况，导致了一些农民和一些商业保险公司缺乏投保的积极性。对此，一是制定和推行完善的农业保险制度和相关法律法规；二是政府对农业保险业务进行补贴，增强各方的积极性；三是形成完善的农产品保险体系，如粮油棉种植业、畜禽养殖业、烟草经济作物等各类保险。通过各类措施，使农业保险事业形成体系，并覆盖到所有的乡村。

## 参 考 文 献

[1]　韩长赋. 加快推进农业现代化努力实现“三化”同步发展 [J]. 求是，2011 (19)：39－42.
[2]　逄锦彩. 日、美、法现代农业比较研究 [D]. 长春：吉林大学，2010.

## 思 考 与 测 试

### 一、思考题

1. 为什么说农业是我国国民经济的基础产业？

2. 你怎样认识党的十八大提出的我国工业化、信息化、城镇化、农业现代化同步发展的方针？

3. 你认为转变我国农业发展的方式，应从哪些方面入手？

4. 实现我国农业现代化，可采取的路径有哪些？

### 二、测试题

(一) 填空题

1. 农业是通过培育（　　）生产食品及工业原料的产业，广义农业包括（　　）、林业、畜牧业、渔业、副业五种产业形式。

2. 农业是我国国民经济的（　　）产业，中华人民共和国成立以来，经过几十年的发展，我国农业取得了举世瞩目的成就，但与国际上现代农业的发展相比，还有较大的差距，必须促进农业从传统农业向（　　）的转变。

3. 农业现代化是指从（　　）到现代农业转变的过程，具有动态性、（　　）、世界性、整体性等特征。

4. 农业现代化的内涵十分丰富，包括（　　）基础、农业现代化内容、农业信息化手段、（　　）等方面。

5. 在工业化、（　　）深入发展中同步推进农业现代化，关系到我国建成全面小康社会和（　　）建设的全局。

6. 在党的十八大会议上，胡锦涛明确提出要坚持走中国特色新型（　　）、信息化、城镇化、农业现代化道路，促进工业化、信息化、城镇化、农业（　　）同步发展。

7. 我国农业也存在农业劳动力素质低下，劳动生产率不高，（　　）能力不强，生态环境不断恶化等问题，必须着眼于国民经济和（　　）的全局，发挥工业化和城镇化对农业现代化的支持与带动作用。

8. 通过完善农业基础设施体系，形成（　　）、环境友好型农业生产体系，加快建设农业信息体系，完善社会化服务体系、农民培训体系，构建起农业现代化建设的（　　），夯实我国农业现代化发展的基础。

9. 坚持提高农业效益和（　　　　）的目标，选择以技术创新为主的增长方式，走（　　）的农业发展道路。

10. 我国农业现代化建设具有（　　）现代化、农业生态现代化和农业经济现代化三大目标，其中农业社会现代化是根本、（　　）现代化是保障、农业经济现代化是关键。

11. 我国是一个（　　）的文明古国，农业生产的历史十分悠久，（　　）种五谷的故事早已流传千古。我国是一个以农立国的文明古国，农业生产的历史十分悠久，神农氏种五谷的故事早已流传千古。

12. 我国是一个资源（　　）的国家，土地、淡水资源日趋紧张，气候变化的影响日益加剧，农业生产面临的（　　）约束进一步增强。

13. 实现全面建设小康社会的奋斗目标，最艰巨、最繁重的任务在（　　）；要实现我国的现代化，最艰巨、最繁重的任务也在（　　）。

14. 由于长期以来存在的城乡（　　）的影响，我国农村劳动力受教育的程度大大低于城市，农村劳动力的（　　）仍然较低。

15. 工业化和城市化的发展，使农村水和（　　）被大量挤占，农业面临着日趋严峻的水和土地资源短缺的困境，农业发展的（　　）不断恶化。

16. 推进农业现代化，要不断强化（　　）发展的思路，即在工业化、（　　）的进程中同步推进农业现代化。

17. 城镇化的滞后，不仅限制了工业的发展，也限制了（　　）的发展，影响了农村人口和（　　）的转移。

18. 在（　　）越来越明显，增加投入所带来的效益不再显著，农业人口不断减少的趋势下，必须转变（　　），把农业发展主要依靠资源和投入，转变到依靠（　　）创新和提高劳动者素质上来。

19. 实现农业现代化的根本目的，就是通过农业现代化提高农业生产力、增加（　　）、繁荣农村社会经济，进而实现城乡（　　）、社会经济协调发展。

20. 我国农业现代化建设必须以农业社会现代化目标为根本，以（　　）现代化目标为保障，以农业经济现代化目标为关键，这既是我国农业现代化建设的核心内容，也是实现农业（　　）的基本途径。

（二）单项选择题

1. 从发展状态看，由于自然、历史等方面的原因，我国农业现代化（　　）于工业化和城镇化。

A. 明显快于　　B. 明显滞后　　C. 同步发展　　D. 协调发展

2. 从长期来看，我国对农产品的需求将持续增长，对农产品的质量要求也将进一步提升，保证（　　）和主要农产品供给的压力会进一步加大。

A. 农业发展　　B. 科技创新　　C. 农民收入　　D. 粮食安全

3. 要应对新的形势和挑战，必须尽快建立健全农民教育培训体系，把培养有文化、懂技术、会经营的现代农民作为（　　）能力建设的重点。

A. 公共服务　　B. 农业生产　　C. 商品农业　　D. 管理农村

4. 农业生态现代化要求（　　）农业自然资源并良好维护农业生态环境，归根到底，就是要实现生态的可持续。

A. 有偿利用　　B. 永续利用　　C. 完全利用　　D. 尽快利用

答案见第 208 页“附录　测试题参考答案”。

# 附录 测试题参考答案

## 第一章

**（一）填空题**

1. 萌芽；2. 田园城市；3. 城乡相融合、全面发展；4. 二元经济、两部门；5. 农业剩余、剩余劳动力；6. 极化效应、涓滴效应；7. 利普顿、城市偏向；8. 网络、流；9. 城、乡、乡土性；10. 乡村、城市；11. 户籍；12. 增长极、以城带乡；13. 不可分割、双向互动、统筹城乡；14. 城乡联系、大系统；15. 城乡统筹发展、突破口。

**（二）单项选择题**

1. B；2. A；3. C；4. B；5. B。

## 第二章

**（一）填空题**

1. 本质联系；2. 城市化、市场为主导；3. 挪威、财政补贴；4. 农业资源、工业发展；5. 教育、核心竞争力；6. 农业现代化；7. 城市病；8. 中心村、单一化；9. 乡村文化、老教堂；10. 乡村保护协会；11. 城市规划、田园城市；12. 民主化、最舒适；13. 三农、平抑；14. 全体国民、免费；15. 政治架构、完全平等；16. 新大陆、农业规模化；17. 逐利行为、工业；18. 《农地法》、地价；19. 非均衡；20. 新村运动、农业现代化；21. 价格保护、农工地区计划；22. 政府主导；23. 购销倒挂、政府补贴。

**（二）单项选择题**

1. A；2. D；3. C；4. D。

## 第三章

**（一）填空题**

1. 通盘筹划、城乡一体化；2. 城乡居民、差距；3. 主动布局；4. 中期、系统；5. 空间布局；6. 城乡分离、三农；7. 户籍制度、城乡关系；8. 统筹城乡、工作机制；9. 城乡统筹、经济结构；10. 农业户口、城乡居民；11. 资源配置、教育机会；12. 土地制度、农民向市民；13. 弱质性、市场竞争力；14. 以人为本、效率与公平；15. 收入水平、统筹城乡；16. 总体思路、小康社会；17. 国民经济、平衡发展；18. 劳动就业、社会事业；19. 社会发展、科学发展观；20. 经济社会、社会发展；21. 可持续、人的全面；22. 战略性、城乡教育；23. 社会公平、人心向背；24. 三个增长、4%。

**（二）单项选择题**

1. C；2. B；3. B；4. C；5. B；6. D。

## 第四章

**（一）填空题**

1. 城乡关系、理论；2. 小康社会、二元结构、三农；3. 城市化、工业化；4. 经济社会、城乡联动；5. 统筹城乡、国家发展；6. 城乡发展、十分严峻；7. 城乡差距、二元结构；8. 统筹城乡、城乡关系；9. 城市对乡村、城乡一体化；10. 五个统筹、人和自然；11. 统筹城乡、城乡关系；12. 城乡关系、现代化建设；13. 城乡二元城乡一体化；14. 同步推进、发展方式；15. 重庆市、统筹城乡；16. 时空布局、自由流动；17. 重中之重、以工促农；18. 减免试点、皇粮国税；19. 经济社会、城乡一体化、克难攻坚；20. 生产发展、村容整洁；21. 国民经济、政治文明；22. 各项政策、三农；23. 执政地位、群众基础；24. 城乡关系、社会结构；25. 重城轻乡、利益结构、价值取向。

**（二）单项选择题**

1. B；2. B；3. B；4. B。

## 第五章

**（一）填空题**

1. 战略体系、工业反哺农业、农村发展；2. 科学思想、以人为本；3. 城市主导、城乡整体；4. 城镇化、深度融合、四化同步；5. 整体发展、根本途径；6. 城乡要素、工农互惠；7. 协调发展、公共服务、产业发展；8. 经济建设、全面进步；9. 质量和效率、依靠人民；10. 经济建设、文化；11. 各个环节、生产关系；12. 人与自然、生态良好；13. 产业布局、社会管理；14. 国民收入、财政收入；15. 习近平；16. 国计民生、全党工作；17. 新发展、总体布局、三农；18. 党管；19. 全面建成、战略安排；20. 乡村振兴；21. 美丽乡村、人居环境；22. 1 月 1 日、农业税；23. 省级统筹、养老保险；24. 城乡一体化；25. 帮技术；26. 一体化、实质内容；27. 人均纯收入、收入差距；28. 生态文明、美丽中国；29. 艰巨任务、城乡发展；30. 保基本、城乡居民；31. 国家安全、研究制定。

**（二）单项选择题**

1. D；2. B；3. B；4. A；5. C；6. A；7. D。

## 第六章

**（一）填空题**

1. 大农村、二元结构；2. 体制机制、以城带乡；3. 统筹城乡、五个加快；4. 出发点、发展成果；5. 制度体系、市场经济；6. 综合配套、统筹城乡；7. 基地改造、产业结构；8. 后发优势、先进技术；9. 区域发展、民生问题；10. 蓝天、环境质量；11. 一圈两翼、圈翼协调；12. 两头在内、无中生有；13. 国际贸易、渝新欧；14. 土地交易所、金融资产；15. 交巡警、1.1；16. 高端有约束、双轨制；17. 双联动、220 多；18. 农村土地、指标交易；19. 城乡教育、攻坚克难；20. 一体重庆、立体多元；21. 国家战略、户籍制度；22. 教育综合、教育公平；23. 城乡一体、创新实践；24. 三条主线、制度框架。

**(二) 单项选择题**

1. B；2. C；3. A；4. C。

## 第七章

**(一) 填空题**

1. 三个集中、基础工程；2. 集中发展、新型社区、规模经营；3. 城乡规划、城乡二元；4. 治理机制、综合整治；5. 自然之美、现代田园；6. 和谐相容、交相辉映；7. 城乡联动、政策体系；8. 三置换、公共服务；9. 股份化、专业合作；10. 工业化、城镇化；11. 宅基地换房、有保障；12. 承包责任制、农民自愿；13. 三改一化、华丽转身；14. 特色专业、产业和城镇；15. 工商业、农村；16. 中心村镇、园区、缺动力；17. 社会主义新农村、五新一好。

**(二) 单项选择题**

1. B；2. D；3. C；4. A。

## 第八章

**(一) 填空题**

1. 产业领域；2. 重工业、新型工业化；3. 发展战略、技术进步；4. 信息化、开放合作；5. 渗入与改造、全球配置；6. 双重约束、自主创新；7. 调整存量、虚拟经济；8. 以城带乡、农业农村；9. 科技含量、环境污染；10. 重工业、21 世纪；11. 产业结构、城市化；12. 低碳生产、节能环保；13. 信息化、工业化；14. 高科技、专业素质；15. 协调发展、比较优势；16. 可持续、劳动者；17. 人口压力、智力支撑；18. 创新体系、自主创新；19. 农业、城市。

**(二) 单项选择题**

1. B；2. A；3. B；4. D；5. A；6. A。

## 第九章

**(一) 填空题**

1. 农村社会、城市社会；2. 科技水平、社会组织；3. 人类进步、结构变革；4. 缓慢起步、基本态势；5. 城镇规模、区域布局；6. 城镇体系、城市群；7. 城镇规划、经营城镇、可持续；8. 工业进园、农民上楼；9. 人口数量、城市化；10. 城镇化、重要引擎；11. 1 个百分点、城镇化发展；12. 大分散、东密；13. 中间层次；14. 规划先行、自身特色；15. 执法力度、制度化。

**(二) 单项选择题**

1. A；2. C；3. D；4. D；5. A；6. C；7. C；8. B。

## 第十章

**(一) 填空题**

1. 动植物、种植业；2. 基础、现代农业；3. 传统农业、区域性；4. 农业机械化、劳动者素质；5. 城镇化、现代化；6. 工业化、现代化；7. 可持续发展、社会发展；8. 资源节约型、支撑体系；9. 劳动生产率、可持续；10. 农业社会、农业生态；11. 以农立国、神农氏；12. 相对短缺、资源环境；13. 农村、农业；14. 二元结构、素质低下；15. 土地资源、生态环境；16. 三化协调、城镇化；17. 第三产业、劳动力；18. 资源约束、发展方式、科学技术；19. 农民收入、共同富裕；20. 农业生态、可持续发展。

**（二）单项选择题**

1. B；2. D；3. A；4. B。

# 后　记

在成书的过程中，正值南川区大力实施乡村振兴计划之际。重庆广播电视大学南川分校、重庆广播电视大学乡村建设学院面向农村的人才培养，也纳入了中共南川区委乡村振兴人才培养规划，本教材的使用，无疑将使进入电大乡村振兴人才培养项目学习的学习者，能以更加开阔的视野，审视他们所从事的乡村振兴与脱贫攻坚事业，为乡村振兴与脱贫攻坚实践提供有益的帮助和指导。

中共南川区委常委、组织部部长余立祥，南川区人民政府副区长冉庆国，重庆广播电视大学副校长胡继明教授，对电大乡村振兴人才培养项目的实施和本教材的问世，给予了多方面的关心和指导。重庆广播电视大学余善云教授对本教材的编写与出版，给予了细心指导和大力帮助。西部文化创意产业集团下属子公司重庆策源地文化传播有限公司，对本教材的开发建设，给予了大力支持，在此一并表示感谢！

编者

2020 年 8 月

# 作 者 简 介

杨波：重庆广播电视大学南川分校、重庆市南川区教师进修学校校长助理，重庆市特级教师、市级骨干教师。研究方向：语文教育、成人教育、乡村建设人才培养。

张建华：重庆广播电视大学南川分校、重庆市南川区教师进修学校党委书记、校长，重庆市南川区社区教育学院院长，法学讲师。研究方向：法学、成人教育、教师教育、乡村建设人才培养。

侯永元：重庆广播电视大学南川分校、重庆市南川区教师进修学校副校长，语文高级教师。研究方向：农学、成人教育、乡村建设人才培养。